hänssler

Das Leben Jesu

Die authentische Biographie

zusammengestellt von
Kermit Zarley

Die Deutsche Bibliothek - CIP-Einheitsaufnahme

Zarley, Kermit:
Das Leben Jesu : die authentische Biographie / Kermit Zarley.
– Neuhausen-Stuttgart : Hänssler, 1991
ISBN 3-7751-1651-6

Bestell-Nr. 391.669 (kartonierte Ausgabe)
Bestell-Nr. 391.651 (gebundene Ausgabe)

© Copyright 1987 by Kermit Zarley
Published by Victor Books,
A Division of Scripture Press Publications
Inc., Wheaton, Illinois
Originaltitel: The Gospel
© Copyright der deutschen Ausgabe 1991 by
Hänssler-Verlag, Neuhausen-Stuttgart
Bibeltext: Neue Genfer Übersetzung
© Copyright 1988 by Genfer Bibelgesellschaft, Genf
Umschlaggestaltung: Heide Schnorr v. Carolsfeld
Printed in Germany

Es gibt viele Bücher über ihn. Schon viele Autoren haben aus der Distanz heraus ihr Jesus-Bild gezeichnet. Stets war es geprägt von der Fragestellung, mit der die Verfasser an ihre Untersuchung herangingen.

Diese »Jesus-Biographie« ist anders. Sie besteht aus den Berichten von vier Männern, die seine Freunde und Zeitgenossen waren. Zwei von ihnen haben unmittelbar mit ihm gefeiert und gelitten. Sie waren dabei, als er Menschen half und als er sich mit Gegnern auseinandersetzte. Sie lernten ihn kennen in seinen großen öffentlichen Erfolgen und in seiner zermürbenden Einsamkeit. Alle vier Berichterstatter haben als Zeitgenossen nach genauen Recherchen über diesen Jesus von Nazareth geschrieben. Die Rede ist von den vier Evangelisten des Neuen Testaments.

Was sie in vier Berichten veröffentlichten, wird in diesem Buch zu einer einzigen »Biographie« zusammengefaßt. In chronologischer Reihenfolge finden Sie hier in der Zusammenschau das Leben des Nazareners, der wie kein anderer die Welt- und Geistesgeschichte geprägt hat.

Die Herausgeber

DIE GEBURT JESU UND DIE SEINES VORLÄUFERS JOHANNES DES TÄUFERS

Jesus Christus – das Mensch gewordene Wort Gottes

Am Anfang war das Wort; das Wort war bei Gott, und das Wort war Gott. Der, der das Wort ist, war am Anfang bei Gott. Durch ihn ist alles entstanden; es gibt nichts, was ohne ihn entstanden ist. In ihm war das Leben, und dieses Leben war das Licht der Menschen. Das Licht leuchtet in der Finsternis, und die Finsternis hat es nicht auslöschen können.

Er, der das Wort ist, wurde ein Mensch von Fleisch und Blut und lebte unter uns. Wir sahen seine Herrlichkeit, eine Herrlichkeit voller Gnade und Wahrheit, wie nur er als der einzige Sohn sie besitzt, er, der vom Vater kommt.

Er war in der Welt, aber die Welt, die durch ihn geschaffen war, erkannte ihn nicht. Er kam zu seinem Volk, aber sein Volk wollte nichts von ihm wissen. All denen jedoch, die ihn aufnahmen und an seinen Namen glaubten, gab er das Recht, Gottes Kinder zu werden. Sie wurden es weder aufgrund ihrer Abstammung noch durch menschliches Wollen, noch durch den Entschluß eines Mannes; sie sind aus Gott geboren worden.

Wir alle haben aus der Fülle seines Reichtums Gnade und immer neu Gnade empfangen. Denn durch Mose wurde uns das Gesetz gegeben, aber durch Jesus Christus sind die Gnade und die Wahrheit zu uns gekommen. Niemand hat Gott je gesehen. Der einzige Sohn hat ihn uns offenbart, er, der selbst Gott ist und an der Seite des Vaters sitzt.

Ankündigung der Geburt Johannes des Täufers

In der Zeit, als Herodes König von Judäa war, lebte dort Zacharias, ein Priester, der zur Abteilung des Abija gehörte. Seine Frau stammte wie er aus dem Geschlecht Aarons; sie hieß Elisabeth. Beide lebten so, wie es Gott gefiel, und hielten sich in allem genau an die Gebote und Weisungen des Herrn. Sie hatten keine Kinder, denn Elisabeth war unfruchtbar, und jetzt waren sie beide alt.

Einmal, als Zacharias vor Gott seinen Dienst als Priester versah, weil seine Abteilung damit an der Reihe war, wurde er nach der für das Priesteramt geltenden Ordnung durch das Los dazu bestimmt, in den Tempel des Herrn zu gehen und das Rauchopfer darzubringen. Während der Zeit, in der das Rauchopfer dargebracht wurde, stand die ganze Volksmenge draußen und betete.

Da erschien dem Zacharias ein Engel des Herrn; er sah ihn auf der rechten Seite des Rauchopferaltars stehen. Zacharias erschrak und wurde von Furcht gepackt. Doch der Engel sagte zu ihm: »Du brauchst dich nicht zu fürchten, Zacharias! Dein Gebet ist erhört worden. Deine Frau Elisabeth wird dir einen Sohn schenken; dem sollst du den Namen Johannes geben. Du wirst voller Freude und Jubel sein, und auch viele andere werden sich über seine Geburt freuen. Denn er wird groß sein in den Augen des Herrn. Er wird keinen Wein und keine starken Getränke zu sich nehmen, und schon im Mutterleib wird er mit dem Heiligen Geist erfüllt sein. Viele Israeliten wird er zum Herrn, ihrem Gott, zurückführen. Erfüllt mit dem Geist und der Kraft des Elia wird er vor dem Herrn hergehen. Durch ihn werden sich die Herzen der Väter den Kindern zuwenden, und die Ungehorsamen werden ihre Gesinnung ändern und sich nach denen richten, die so leben, wie es Gott gefällt. So wird er dem Herrn ein Volk zuführen, das für ihn bereit ist.«

Zacharias sagte zu dem Engel: »Woran soll ich erkennen, daß das alles geschehen wird? Ich bin doch ein alter Mann, und meine Frau ist auch nicht mehr jung.« Der Engel erwiderte: »Ich bin Gabriel; ich stehe vor Gott und bin von ihm gesandt, um mit dir zu reden und dir diese gute Nachricht zu bringen. Doch nun höre: Du wirst stumm sein und nicht mehr reden können bis zu dem Tag, an dem diese Dinge eintreffen, denn du hast meinen Worten nicht geglaubt. Sie werden aber in Erfüllung gehen, wenn die Zeit dafür gekommen ist.«

Draußen wartete das Volk auf Zacharias, und alle wunderten sich, daß er so lange im Tempel blieb. Als er endlich herauskam, konnte er nicht mit ihnen sprechen. Da merkten sie, daß er im Tempel eine Erscheinung gehabt hatte. Er machte sich ihnen durch Zeichen verständlich, blieb aber stumm.

Als sein Priesterdienst zu Ende war, kehrte Zacharias nach Hause zurück. Bald darauf wurde seine Frau Elisabeth schwanger. Die ersten fünf Monate verbrachte sie in völliger Zurückgezogenheit. Sie sagte: »Der Herr hat Großes an mir getan! Die Menschen verachteten mich, aber er hat mich gnädig angesehen und hat meine Schande von mir genommen.«

Ankündigung der Geburt Jesu

Als Elisabeth im sechsten Monat schwanger war, sandte Gott den Engel Gabriel zu einer unverheirateten jungen Frau, die in Nazaret, einer Stadt in Galiläa, wohnte. Sie hieß Maria und war mit Josef, einem Mann aus dem Haus Davids, verlobt.

»Sei gegrüßt, dir ist eine hohe Gnade zuteil geworden!« sagte Gabriel zu ihr, als er hereinkam. »Der Herr ist mit dir.« Maria erschrak zutiefst, als sie so angesprochen wurde, und fragte sich, was dieser Gruß zu bedeuten habe. Da sagte der Engel zu ihr: »Du brauchst dich nicht zu fürchten, Maria, denn du hast Gnade bei Gott gefunden. Du wirst schwanger werden und einen Sohn zur Welt bringen; dem sollst du den Namen Jesus geben.

Er wird groß sein und wird Sohn des Höchsten genannt werden. Gott, der Herr, wird ihm den Thron seines Stammvaters David geben. Er wird für immer über die Nachkommen Jakobs herrschen, und seine Herrschaft wird niemals aufhören.«

»Wie soll das zugehen?« fragte Maria den Engel. »Ich bin doch noch gar nicht verheiratet.« Er gab ihr zur Antwort: »Der Heilige Geist wird über dich kommen, und die Kraft des Höchsten wird dich überschatten. Deshalb wird auch das Kind, das du zur Welt bringst, heilig sein und Gottes Sohn genannt werden.« Und er fügte hinzu: »Auch Elisabeth, deine Verwandte, ist schwanger und wird noch in ihrem Alter einen Sohn bekommen. Von ihr hieß es, sie sei unfruchtbar, und jetzt ist sie im sechsten Monat. Denn für Gott ist nichts unmöglich.«

Da sagte Maria: »Ich bin die Dienerin des Herrn. Was du gesagt hast, soll mit mir geschehen.« Hierauf verließ sie der Engel.

Marias Besuch bei Elisabeth

Nicht lange danach machte sich Maria auf den Weg ins Bergland von Juda. So schnell sie konnte, ging sie in die Stadt, in der Zacharias wohnte. Sie betrat sein Haus und begrüßte Elisabeth. Als Elisabeth den Gruß Marias hörte, hüpfte das Kind in ihrem Leib. Da wurde Elisabeth mit dem Heiligen Geist erfüllt und rief laut: »Du bist die gesegnetste aller Frauen, und gesegnet ist das Kind in deinem Leib! Doch wer bin ich, daß die Mutter meines Herrn

zu mir kommt? In dem Augenblick, als ich deinen Gruß
hörte, hüpfte das Kind vor Freude in meinem Leib. Glücklich bist du zu preisen, weil du geglaubt hast; denn was
der Herr dir sagen ließ, wird sich erfüllen.«

Marias Loblied

Da sagte Maria:
»Von ganzem Herzen preise ich den Herrn,
und mein Geist jubelt vor Freude über Gott, meinen
Retter.
Denn er hat mich, seine Dienerin, gnädig angesehen,
eine geringe und unbedeutende Frau.
Ja, man wird mich glücklich preisen -
jetzt und in allen kommenden Generationen.
Er, der Mächtige, hat Großes an mir getan.
Sein Name ist heilig,
und von Generation zu Generation
gilt sein Erbarmen denen, die sich ihm unterstellen.
Mit starkem Arm hat er seine Macht bewiesen;
er hat die in alle Winde zerstreut,
deren Gesinnung stolz und hochmütig ist.
Er hat die Mächtigen vom Thron gestürzt
und die Geringen emporgehoben.
Den Hungrigen hat er die Hände mit Gutem gefüllt,
und die Reichen hat er mit leeren Händen fortge-
schickt.
Er hat sich seines Dieners, des Volkes Israel, angenommen,

weil er sich an das erinnerte, was er unseren Vorfahren zugesagt hatte:
 daß er nie aufhören werde,
Abraham und seinen Nachkommen Erbarmen zu erweisen.«

Maria blieb etwa drei Monate bei Elisabeth und kehrte dann nach Hause zurück.

Die Geburt Johannes des Täufers

Für Elisabeth war die Zeit der Entbindung gekommen, und sie brachte einen Sohn zur Welt. Ihre Nachbarn und Verwandten hörten, daß der Herr Erbarmen mit ihr gehabt und ihr auf so wunderbare Weise geholfen hatte, und freuten sich mit ihr.

Als das Kind acht Tage alt war, kamen sie zu seiner Beschneidung zusammen. Sie wollten ihm den Namen seines Vaters Zacharias geben. Doch die Mutter des Kindes widersprach. »Nein«, sagte sie, »er soll Johannes heißen.« »Aber es gibt doch in deiner Verwandtschaft keinen, der so heißt!« wandten die anderen ein. Sie fragten deshalb den Vater durch Zeichen, wie er das Kind nennen wollte. Zacharias ließ sich ein Schreibtäfelchen geben und schrieb darauf: »Sein Name ist Johannes.« Während sich alle noch darüber wunderten, konnte Zacharias mit einem Mal wieder reden. Seine Zunge war gelöst, und er pries Gott.

Furcht und Staunen ergriff alle, die in jener Gegend wohnten, und im ganzen Bergland von Judäa sprach sich herum, was geschehen war. Alle, die davon hörten, wurden nachdenklich und fragten sich: »Was wird wohl aus diesem Kind einmal werden?« Denn es war offensichtlich, daß die Hand des Herrn mit ihm war.

Das Loblied des Zacharias

Zacharias, der Vater des Neugeborenen, wurde mit dem Heiligen Geist erfüllt und begann, prophetisch zu reden. Er sagte:

»Gepriesen sei der Herr, der Gott Israels!
Er hat sich seines Volkes angenommen und hat
ihm Erlösung gebracht.
Aus dem Haus seines Dieners David
hat er für uns einen starken Retter hervorgehen lassen,
wie er es schon vor langer Zeit
durch das Wort seiner heiligen Propheten angekündigt hatte -
einen, der uns aus der Gewalt unserer Feinde rettet
und uns aus den Händen all derer befreit, die uns
hassen.
So erbarmt sich Gott seines Volkes und hilft uns,
wie er es unseren Vorfahren zugesagt hat.
Er vergißt seinen heiligen Bund nicht;
er denkt an den Eid, den er unserem
Stammvater Abraham geschworen hat:
daß er uns aus den Händen unserer Feinde befreien
wird

und daß wir ihm unser ganzes Leben lang ohne Furcht
in Heiligkeit und Gerechtigkeit in seiner Gegenwart dienen werden.
Und du, Kind, wirst Prophet des Höchsten genannt werden.
Denn du wirst vor dem Herrn hergehen und ihm den Weg bereiten.
Du wirst sein Volk zu der Erkenntnis führen,
daß es durch die Vergebung seiner Sünden gerettet wird;
denn unser Gott ist voller Erbarmen.
Darum wird auch der helle Morgenglanz aus der Höhe zu uns kommen,
um denen Licht zu bringen, die in der Finsternis und im Schatten des Todes leben,
und um unsere Schritte auf den Weg des Friedens zu lenken.«

Johannes wuchs heran und wurde stark im Geist. Er lebte in der Wüste bis zu dem Tag, an dem er öffentlich in Israel auftrat.

Josefs Traum

Maria, seine Mutter, war mit Josef verlobt. Aber noch bevor die beiden geheiratet und Verkehr miteinander gehabt hatten, erwartete Maria ein Kind; sie war durch den Heiligen Geist schwanger geworden. Josef, ihr Verlobter, war ein gerechtigkeitsliebender Mann. Er nahm sich vor, die Verlobung aufzulösen, wollte es jedoch heimlich tun, um Maria nicht bloßzustellen. Während er sich noch mit diesem Gedanken trug, erschien ihm im Traum ein Engel des Herrn und sagte zu ihm: »Josef, Sohn Davids, zögere nicht, Maria als deine Frau zu dir zu nehmen! Denn das Kind, das sie erwartet, ist vom Heiligen Geist. Sie wird einen Sohn zur Welt bringen. Dem sollst du den Namen Jesus geben, denn er wird sein Volk von aller Schuld befreien.«

Das alles ist geschehen, weil sich erfüllen sollte, was der Herr durch den Propheten vorausgesagt hatte: *Seht, die Jungfrau wird schwanger werden und einen Sohn zur Welt bringen, und man wird ihm den Namen Immanuel geben.* (Immanuel bedeutet: Gott ist mit uns; Jes 7, 14.)

Als Josef aufwachte, folgte er der Weisung, die ihm der Engel des Herrn gegeben hatte, und nahm Maria als seine Frau zu sich. Er hatte jedoch keinen Verkehr mit ihr, bis sie diesen Sohn geboren hatte.

Der Stammbaum Jesu (über Maria)

Man hielt Jesus für den Sohn Josefs. Josef war der Schwiegersohn Elis, Eli der Sohn Mattats, Mattat der Sohn Levis, Levi der Sohn Melchis, Melchi der Sohn Jannais, Jannai der Sohn Josefs, Josef der Sohn Mattitjas, Mattitja der Sohn des Amos, Amos der Sohn Nahums, Nahum der Sohn Heslis, Hesli der Sohn Naggais, Naggai der Sohn Mahats, Mahat der Sohn Mattitjas, Mattitja der Sohn Schimis, Schimi der Sohn Josechs, Josech der

Sohn Jodas, Joda der Sohn Johanans, Johanan der Sohn
Resas, Resa der Sohn Serubbabels, Serubbabel der Sohn
Schealtiels, Schealtiel der Sohn Neris, Neri der Sohn
Melchis, Melchi der Sohn Addis, Addi der Sohn Kosams,
Kosam der Sohn Elmadams, Elmadam der Sohn Ers, Er
der Sohn Josuas, Josua der Sohn Eliesers, Elieser der
Sohn Jorims, Jorim der Sohn Mattats, Mattat der Sohn
Levis, Levi der Sohn Simeons, Simeon der Sohn Judas,
Juda der Sohn Josefs, Josef der Sohn Jonams, Jonam der
Sohn Eljakims, Eljakim der Sohn Meleas, Melea der
Sohn Mennas, Menna der Sohn Mattatas, Mattata der
Sohn Natans, Natan der Sohn Davids, David der Sohn
Isais, Isai der Sohn Obeds, Obed der Sohn des Boas, Bo-
as der Sohn Salmons, Salmon der Sohn Nachschons,
Nachschon der Sohn Amminadabs, Amminadab der
Sohn Admins, Admin der Sohn Arnis, Arni der Sohn
Hezrons, Hezron der Sohn des Perez, Perez der Sohn Ju-
das, Juda der Sohn Jakobs, Jakob der Sohn Isaaks, Isaak
der Sohn Abrahams, Abraham der Sohn Terachs, Terach
der Sohn Nahors, Nahor der Sohn Serugs, Serug der
Sohn Regus, Regu der Sohn Pelegs, Peleg der Sohn
Ebers, Eber der Sohn Schelachs, Schelach der Sohn Ke-
nans, Kenan der Sohn Arpachschads, Arpachschad der
Sohn Sems, Sem der Sohn Noahs, Noah der Sohn La-
mechs, Lamech der Sohn Metusalems, Metusalem der
Sohn Henochs, Henoch der Sohn Jereds, Jered der Sohn
Mahalalels, Mahalalel der Sohn Kenans, Kenan der Sohn
des Enosch, Enosch der Sohn Sets, Set der Sohn Adams;
Adam war von Gott erschaffen.

Der Stammbaum Jesu (über Josef)

Verzeichnis der Vorfahren von Jesus Christus, dem Sohn Davids und dem Sohn Abrahams: Abraham war der Vater Isaaks, Isaak der Vater Jakobs, Jakob der Vater Judas und seiner Brüder. Juda war der Vater von Perez und Serach; ihre Mutter war Tamar. Perez war der Vater von Hezron, Hezron der Vater von Ram, Ram von Amminadab, Amminadab von Nachschon, Nachschon von Salmon und Salmon von Boas; die Mutter des Boas war Rahab. Boas war der Vater Obeds; Obeds Mutter war Ruth. Obed war der Vater Isais, Isai der Vater des Königs David. David war der Vater Salomos; Salomos Mutter war die Frau des Urija. Salomo war der Vater von Rehabeam, Rehabeam der Vater von Abija, Abija von Asa, Asa von Joschafat, Joschafat von Joram, Joram von Usija, Usija von Jotam, Jotam von Ahas, Ahas von Hiskija, Hiskija von Manasse, Manasse von Amon und Amon von Joschija. Joschija war der Vater Jojachins und seiner Brüder; damals wurde das Volk nach Babylon in die Verbannung geführt.

Nach der Zeit der Verbannung folgte Schealtiel, der Sohn Jojachins. Schealtiel war der Vater von Serubbabel, Serubbabel der Vater von Abihud, Abihud von Eljakim, Eljakim von Azor, Azor von Zadok, Zadok von Achim, Achim von Eliud, Eliud von Eleasar, Eleasar von Mattan und Mattan von Jakob. Jakob war der Vater von Josef, dem Mann der Maria. Sie war die Mutter Jesu, der auch Christus genannt wird.

Insgesamt sind es also von Abraham bis David vierzehn Generationen, von David bis zur Verbannung nach

Babylon wieder vierzehn Generationen und von der Verbannung nach Babylon bis zu Christus noch einmal vierzehn Generationen.

Die Geburt Jesu

Dies ist die Geschichte der Geburt Jesu Christi.

In jener Zeit erließ Kaiser Augustus den Befehl an alle Bewohner seines Weltreichs, sich in Steuerlisten eintragen zu lassen. Es war das erste Mal, daß solch eine Erhebung durchgeführt wurde; damals war Quirinius Gouverneur von Syrien. So ging jeder in die Stadt, aus der er stammte, um sich dort eintragen zu lassen.

Auch Josef machte sich auf den Weg. Er gehörte zum Haus und zur Nachkommenschaft Davids und ging von seinem Wohnort Nazaret in Galiläa hinauf nach Betlehem, der Stadt Davids, in Judäa, um sich dort zusammen mit Maria, seiner Verlobten, eintragen zu lassen. Maria war schwanger. Während sie nun in Betlehem waren, kam für Maria die Zeit der Entbindung. Sie brachte ihr erstes Kind, einen Sohn, zur Welt, wickelte ihn in Windeln und legte ihn in eine Futterkrippe; denn sie hatten keinen Platz in der Unterkunft bekommen.

Engel und Hirten verkünden die Geburt des Messias

In der Umgebung von Betlehem waren Hirten, die mit ihrer Herde draußen auf dem Feld lebten. Als sie in jener Nacht bei ihren Tieren Wache hielten, stand auf einmal ein Engel des Herrn vor ihnen, und die Herrlichkeit des Herrn umgab sie mit ihrem Glanz. Sie erschraken sehr, aber der Engel sagte zu ihnen: »Ihr braucht euch nicht zu fürchten! Ich bringe euch eine gute Nachricht, über die im ganzen Volk große Freude sein wird. Heute ist euch in der Stadt Davids ein Retter geboren worden; es ist der Messias, der Herr. An folgendem Zeichen werdet ihr das Kind erkennen: Es ist in Windeln gewickelt und liegt in einer Futterkrippe.«

Mit einem Mal waren bei dem Engel große Scharen des himmlischen Heeres; sie priesen Gott und riefen:

»Ehre und Herrlichkeit Gott in der Höhe,
und Frieden auf der Erde
für die Menschen, auf denen sein Wohlgefallen ruht.«

Daraufhin kehrten die Engel in den Himmel zurück.

Da sagten die Hirten zueinander: »Kommt, wir gehen nach Betlehem! Wir wollen sehen, was dort geschehen ist und was der Herr uns verkünden ließ.« Sie machten sich auf den Weg, so schnell sie konnten, und fanden Maria und Josef und bei ihnen das Kind, das in der Futterkrippe lag. Nachdem sie es gesehen hatten, erzählten sie überall, was ihnen über dieses Kind gesagt worden war. Und alle, mit denen die Hirten sprachen, staunten über das, was ihnen da berichtet wurde. Maria aber prägte sich alle diese Dinge ein und dachte immer wieder darüber nach. Die Hirten kehrten zu ihrer Herde zurück. Sie rühmten und priesen Gott für alles, was sie gehört und gesehen hatten; es war alles so gewesen, wie der Engel es ihnen gesagt hatte.

Jesu Beschneidung, Namensgebung und Darstellung im Tempel

Acht Tage später, als die Zeit gekommen war, das Kind zu beschneiden, gab man ihm den Namen Jesus – den Namen, den der Engel genannt hatte, noch bevor Maria das Kind empfing.

Als dann die im Gesetz des Mose festgelegte Zeit der Reinigung vorüber war, brachten Joseph und Maria das Kind nach Jerusalem, um es dem Herrn zu weihen und so nach dem Gesetz des Herrn zu handeln, in dem es heißt: *Jede männliche Erstgeburt soll als heilig für den Herrn gelten* (2. Mose 13, 2. 12).

Außerdem brachten sie das Reinigungsopfer dar, für das das Gesetz des Herrn ein Turteltaubenpaar oder zwei junge Tauben vorschrieb (3. Mose 12, 8).

Damals lebte in Jerusalem ein Mann namens Simeon; er war rechtschaffen, richtete sich nach Gottes Willen und wartete auf die Hilfe für Israel. Der Heilige Geist ruhte auf ihm, und durch den Heiligen Geist war ihm auch gezeigt worden, daß er nicht sterben werde, bevor er den vom Herrn gesandten Messias gesehen habe. Vom Geist geleitet, war er an jenem Tag in den Tempel gekommen. Als nun Jesu Eltern das Kind hereinbrachten, um mit ihm zu tun, was nach dem Gesetz üblich war, nahm Simeon das Kind in seine Arme, pries Gott und sagte:

»Herr, nun kann dein Diener in Frieden sterben, denn du hast deine Zusage erfüllt.

Mit eigenen Augen habe ich das Heil gesehen,

das du für alle Völker bereitet hast -
ein Licht, das die Nationen erleuchtet,
und der Ruhm deines Volkes Israel.«

Jesu Vater und Mutter waren erstaunt, als sie Simeon so über ihr Kind reden hörten. Simeon segnete sie und sagte zu Maria, der Mutter Jesu: »Er ist dazu bestimmt, daß viele in Israel an ihm zu Fall kommen und viele durch ihn aufgerichtet werden. Er wird ein Zeichen sein, dem widersprochen wird – so sehr, daß auch dir ein Schwert durch die Seele dringen wird. Aber dadurch wird bei vielen an den Tag kommen, was für Gedanken in ihren Herzen sind.«

In Jerusalem lebte damals auch eine Prophetin namens Hanna, eine Tochter Penuels aus dem Stamm Ascher. Sie war schon sehr alt. Nach siebenjähriger Ehe war ihr Mann gestorben; sie war Witwe geblieben und war nun vierundachtzig Jahre alt. Sie verbrachte ihre ganze Zeit im Tempel und diente Gott Tag und Nacht mit Fasten und Beten. Auch sie trat jetzt zu Joseph und Maria. Voller Dank pries sie Gott, und zu allen, die auf die Erlösung Jerusalems warteten, sprach sie über dieses Kind.

Als Josef und Maria alles getan hatten, was das Gesetz des Herrn verlangte, kehrten sie nach Betlehem zurück.

Der Besuch der Sterndeuter

Als Jesus zur Zeit des Königs Herodes in Betlehem, einer Stadt in Judäa, geboren war, kamen bald darauf

Sterndeuter aus einem Land im Osten nach Jerusalem. »Wo ist der König der Juden, der kürzlich geboren wurde?« fragten sie. »Wir haben seinen Stern aufgehen sehen und sind gekommen, um ihm Ehre zu erweisen.«

Als König Herodes das hörte, erschrak er und mit ihm ganz Jerusalem. Er rief alle führenden Priester und alle Schriftgelehrten des jüdischen Volkes zusammen und erkundigte sich bei ihnen, wo der Messias geboren werden sollte. »In Betlehem in Judäa«, antworteten sie, »denn so ist es in der Schrift durch den Propheten vorausgesagt:

Und du, Betlehem im Land Juda,
du bist keineswegs die
unbedeutendste unter den Städten Judas;
denn aus dir wird ein Fürst hervorgehen,
der mein Volk Israel führen wird
wie ein Hirte seine Herde.« (Micha 5, 1)

Da rief Herodes die Sterndeuter heimlich zu sich und ließ sich von ihnen den genauen Zeitpunkt angeben, an dem der Stern zum erstenmal erschienen war. Daraufhin schickte er sie nach Betlehem. »Geht und erkundigt euch genau nach dem Kind«, sagte er, »und gebt mir Bescheid, sobald ihr es gefunden habt. Dann kann auch ich hingehen und ihm Ehre erweisen.«

Mit diesen Anweisungen des Königs machten sie sich auf den Weg. Und der Stern, den sie hatten aufgehen sehen, zog vor ihnen her, bis er schließlich über dem Ort stehenblieb, wo das Kind war. Als sie den Stern sahen, waren sie überglücklich. Sie gingen in das Haus und fanden dort das Kind und seine Mutter Maria. Da warfen sie sich vor ihm nieder und erwiesen ihm Ehre. Dann holten sie die Schätze hervor, die sie mitgebracht hatten, und gaben sie ihm: Gold, Weihrauch und Myrrhe.

In einem Traum erhielten sie daraufhin die Weisung, nicht zu Herodes zurückzukehren. Deshalb reisten sie auf einem anderen Weg wieder in ihr Land.

Die Flucht nach Ägypten

Als die Sterndeuter abgereist waren, erschien Josef im Traum ein Engel des Herrn und sagte: »Steh auf, nimm das Kind und seine Mutter und flieh nach Ägypten! Bleib dort, bis ich dir neue Anweisungen gebe. Denn Herodes wird das Kind suchen lassen, weil es um bringen will.« Da stand Josef mitten in der Nacht auf und machte sich mit dem Kind und dessen Mutter auf den Weg nach Ägypten. Dort blieb er bis zum Tod des Herodes. So erfüllte sich, was der Herr durch den Propheten vorausgesagt hatte: *Aus Ägypten habe ich meinen Sohn gerufen.* (Hosea 11, 1)

Als Herodes merkte, daß die Sterndeuter ihn getäuscht hatten, war er außer sich vor Zorn. Er schickte seine Leute nach Betlehem und ließ in den Familien der Stadt und der ganzen Umgebung alle Söhne im Alter von zwei Jahren und darunter töten. Das entsprach dem Zeitpunkt, den er von den Sterndeutern in Erfahrung gebracht hatte. Damals erfüllte sich, was durch den Propheten Jeremia vorausgesagt worden war:

Ein Geschrei ist in Rama zu hören,
lautes Weinen und Klagen:
Rahel weint um ihre Kinder
und will sich nicht trösten lassen,
denn sie sind nicht mehr da. (Jer 31, 15)

Die Rückkehr aus Ägypten

Als Herodes gestorben war, hatte Josef in Ägypten einen Traum; darin erschien ihm ein Engel des Herrn und sagte: »Steh auf, nimm das Kind und seine Mutter und geh wieder nach Israel! Denn die, die dem Kind nach dem Leben trachteten, sind tot.« Da stand Josef auf und kehrte mit dem Kind und dessen Mutter nach Israel zurück.

Doch er fürchtete sich davor, nach Judäa zu ziehen, weil er hörte, daß dort als Nachfolger von Herodes dessen Sohn Archelaus regierte. Auf eine Weisung hin, die er im Traum erhielt, ging er in das Gebiet von Galiläa. Dort ließ er sich in der Stadt Nazaret nieder. Auf diese Weise erfüllte sich, was durch die Propheten vorausgesagt worden war: Er sollte Nazarener genannt werden.

Jesus wuchs heran und wurde kräftig; er wurde mit Weisheit erfüllt, und Gottes Gnade ruhte auf ihm.

Der zwölfjährige Jesus im Tempel

Jesu Eltern zogen jedes Jahr zum Passafest nach Jerusalem hinauf. Als Jesus zwölf Jahre alt war, nahmen sie den Jungen mit und gingen wieder dorthin, wie es der Sitte entsprach. Doch als sie sich nach den Festtagen auf den Heimweg machten, blieb Jesus in Jerusalem, ohne daß seine Eltern etwas davon wußten. Sie dachten, er sei irgendwo in der Pilgerschar.

Erst nachdem sie eine Tagereise zurückgelegt hatten, fingen sie an, unter Verwandten und Bekannten nach ihm zu suchen. Als sie ihn nicht fanden, kehrten sie nach Jerusalem zurück, um ihn dort zu suchen. Endlich, nach drei Tagen, fanden sie ihn im Tempel; er saß mitten unter den Gesetzeslehrern, hörte ihnen zu und stellte Fragen. Alle, die dabei waren, staunten über die Klugheit seiner Antworten.

Seine Eltern waren völlig überrascht, ihn hier zu sehen. »Kind«, sagte seine Mutter zu ihm, »wie konntest du uns das antun? Dein Vater und ich haben dich verzweifelt gesucht.« Jesus erwiderte: »Warum habt ihr mich gesucht? Wußtet ihr nicht, daß ich im Haus meines Vaters sein muß?« Doch sie verstanden nicht, was er damit meinte.

Jesus kehrte mit seinen Eltern nach Nazaret zurück und war ihnen gehorsam. Seine Mutter behielt alle diese Dinge im Gedächtnis.

Jesus nahm weiter zu an Weisheit und wuchs zu einem jungen Mann heran. Gottes Gnade war mit ihm, und die Menschen hatten Freude an ihm.

Jesu Vorbereitung zum Dienst

Johannes der Täufer, Jesu Wegbereiter

Dies ist der Anfang des Evangeliums von Jesus Christus, dem Sohn Gottes.

Im fünfzehnten Jahr der Regierung des Kaisers Tiberius, als Pontius Pilatus Gouverneur von Judäa war, Herodes als Tetrarch in Galiläa regierte, sein Bruder Philippus in Ituräa und Trachonitis, Lysanias in Abilene, und als Hannas und Kajafas Hohepriester waren, trat ein Mensch auf, der von Gott gesandt war. Er hieß Johannes.

Johannes, der Sohn des Zacharias, hatte von Gott seinen Auftrag in der Wüste bekommen.

Er kam als Zeuge; sein Auftrag war es, als Zeuge auf das Licht hinzuweisen, damit durch ihn alle daran glauben. Er selbst war nicht das Licht; sein Auftrag war es, auf das Licht hinzuweisen, das wahre Licht, das jeden Menschen erleuchtet – das Licht, das in die Welt kommen sollte.

Er durchzog die ganze Jordangegend und rief die Menschen dazu auf, umzukehren und sich taufen zu lassen, um Vergebung der Sünden zu empfangen.

Er verkündete: »Kehrt um! Denn das Himmelreich ist nahe.«

Johannes war der, von dem der Prophet Jesaja sagt:

»Ich sende meinen Boten vor dir her; er wird dein Wegbereiter sein,
Hört, eine Stimme ruft in der Wüste:
Bereitet dem Herrn den Weg!
Ebnet seine Pfade!
Jedes Tal soll aufgefüllt
und jeder Berg und jeder Hügel abgetragen werden.
Krumme Wege müssen begradigt
und holprige eben gemacht werden.
Und die ganze Welt soll das Heil sehen,
das von Gott kommt.« (Jes 40, 3 – 5)

Johannes trug ein Gewand aus Kamelhaar und um seine Hüften einen Ledergürtel; Heuschrecken und wilder Honig waren seine Nahrung. Die Einwohner Jerusalems sowie die Bevölkerung von ganz Judäa und von der gesamten Jordangegend gingen zu ihm in die Wüste; sie bekannten ihre Sünden und ließen sich im Jordan von ihm taufen.

Es kamen auch viele Pharisäer und Sadduzäer zu Johannes, um sich taufen zu lassen. Zu ihnen sagte er: »Ihr Schlangenbrut! Wer hat euch auf den Gedanken gebracht, ihr könntet dem kommenden Gericht entgehen? Bringt Frucht, die zeigt, daß es euch mit der Umkehr ernst ist, und meint nicht, ihr könntet euch darauf berufen, daß ihr Abraham zum Vater habt. Ich sage euch:

Gott kann Abraham aus diesen Steinen hier Kinder erwecken. Die Axt ist schon an die Wurzel der Bäume gelegt, und jeder Baum, der keine guten Früchte bringt, wird umgehauen und ins Feuer geworfen.«

Da fragten ihn die Leute: »Was sollen wir denn tun?« Johannes gab ihnen zur Antwort: »Wer zwei Hemden hat, soll dem eins geben, der keines hat. Und wer etwas zu essen hat, soll es mit dem teilen, der nichts hat.«

Auch Zolleinnehmer kamen, um sich taufen zu lassen; sie fragten ihn: »Meister, was sollen wir tun?« Johannes erwiderte: »Verlangt nicht mehr von den Leuten, als festgesetzt ist.«

»Und wir«, fragten einige Soldaten, »was sollen wir denn tun?« Er antwortete: »Beraubt und erpreßt niemand, sondern gebt euch mit eurem Sold zufrieden!«

Das Volk war voll Erwartung, und alle fragten sich, ob Johannes etwa der Messias sei. Doch Johannes erklärte vor allen: »Ich taufe euch mit Wasser. Aber es kommt einer, der stärker ist als ich; ich bin es nicht einmal wert, ihm die Riemen seiner Sandalen zu lösen.

Er ist es, von dem ich sagte: 'Nach mir kommt einer, der größer ist als ich, denn er war schon vor mir da.'

Er wird euch mit dem Heiligen Geist und mit Feuer taufen. Er hat die Worfschaufel in der Hand und wird damit die Spreu vom Weizen trennen. Den Weizen wird er in die Scheune bringen, die Spreu aber wird er in nie erlöschendem Feuer verbrennen.«

Mit diesen und noch vielen anderen ernsten Worten verkündete Johannes dem Volk die Botschaft Gottes.

Die Taufe Jesu

In jener Zeit kam auch Jesus aus Nazaret in Galiläa zu Johannes, um sich von ihm taufen zu lassen.

Johannes wehrte sich entschieden dagegen: »*Ich* hätte es nötig, mich von dir taufen zu lassen, und du kommst zu mir?« Aber Jesus gab ihm zur Antwort: »Laß es für diesmal geschehen! Es ist richtig so, denn wir sollen alles erfüllen, was Gottes Gerechtigkeit fordert.« Da willigte Johannes ein.

Als Jesus nach seiner Taufe betete, öffnete sich der Himmel, und der Heilige Geist kam in sichtbarer Gestalt wie eine Taube auf ihn herab. Und aus dem Himmel sprach eine Stimme: »Du bist mein geliebter Sohn, an dir habe ich Freude.«

Jesus war damals ungefähr dreißig Jahre alt, und er fing dann an, öffentlich zu wirken.

Die Versuchung Jesu

Erfüllt mit dem Heiligen Geist, verließ Jesus die Jordangegend und wurde von ihm in die Wüste geführt, weil er dort vom Teufel versucht werden sollte.

Nachdem er vierzig Tage und Nächte gefastet hatte, war er sehr hungrig. Da trat der Versucher an ihn heran und sagte: »Wenn du Gottes Sohn bist, dann befiehl, daß diese Steine hier zu Brot werden!« Aber Jesus gab ihm zur Antwort: »Es heißt in der Schrift: *Der Mensch lebt*

nicht nur von Brot, sondern von jedem Wort, das aus Gottes
Mund kommt.« (5. Mose 8,3)

Dann führte der Teufel ihn auch nach Jerusalem, stellte ihn auf einen Vorsprung des Tempeldaches und sagte: »Wenn du Gottes Sohn bist, dann stürz dich von hier hinab! Denn es heißt in der Schrift:

Er wird seine Engel schicken,
damit sie dich behüten.
Sie werden dich auf ihren Händen tragen,
damit du mit deinem Fuß nicht an einen Stein stößt.«
(Ps 91, 11 – 12)

Jesus erwiderte: »Es heißt aber auch: *Du sollst den Herrn, deinen Gott, nicht herausfordern!«*

Schließlich führte der Teufel ihn an eine hochgelegene Stelle, zeigte ihm in einem einzigen Augenblick alle Reiche der Erde und sagte: »Alle diese Macht und Herrlichkeit will ich dir geben. Denn mir ist das alles übergeben, und ich gebe es, wem ich will. Du brauchst mich nur anzubeten, und alles gehört dir.« Aber Jesus entgegnete: »Es heißt in der Schrift: *Den Herrn, deinen Gott, sollst du anbeten; ihm allein sollst du dienen.«* (5. Mose 6, 13)

Nachdem der Teufel alles versucht hatte, um Jesus zu Fall zu bringen, ließ er ihn für einige Zeit in Ruhe, und Engel kamen, um Jesus zu dienen.

Was Johannes der Täufer über sich selbst sagt

In welcher Weise Johannes auf ihn hinwies, macht folgende Begebenheit deutlich: Die führenden Männer des jüdischen Volkes schickten aus Jerusalem Priester und Leviten zu Johannes und ließen ihn fragen, wer er selbst eigentlich sei. Johannes wies alle falschen Vorstellungen zurück; unmißverständlich erklärte er: »Ich bin nicht der Messias.« »Wer bist du dann?« wollten sie wissen. »Bist du Elia?« »Nein«, antwortete er, »der bin ich nicht.« »Bist du der Prophet, der kommen soll?« »Nein«, erwiderte er. Da sagten sie zu ihm: »Wer bist du denn? Wir müssen doch denen, die uns geschickt haben, eine Antwort geben. Was sagst du selbst, wer du bist?« Johannes antwortete: »Ich bin, wie der Prophet Jesaja gesagt hat,

eine Stimme, die in der Wüste ruft:
Ebnet den Weg für den Herrn!« (Jes 40, 3)

Es waren auch Abgesandte der Pharisäer gekommen. Sie fragten ihn: »Wenn du weder der Messias bist noch Elia, noch der verheißene Prophet, warum taufst du dann?« »Ich taufe mit Wasser«, erwiderte Johannes. »Aber mitten unter euch steht einer, den ihr nicht kennt. Es ist der, der nach mir kommt. Ich bin nicht einmal würdig, ihm die Riemen seiner Sandalen zu öffnen.« Diese Begebenheit spielte sich in Betanien ab, einer Ortschaft auf der Ostseite des Jordans, wo Johannes taufte.

Was Johannes der Täufer über Christus sagt

Am nächsten Tag kam Jesus zu Johannes. Als dieser ihn kommen sah, rief er: »Seht, hier ist das Opferlamm Gottes, das die Sünde der ganzen Welt wegnimmt! Er ist es, von dem ich sagte: Nach mir kommt einer, der größer ist als ich, denn er war schon vor mir da. Auch ich kannte ihn nicht. Aber weil Israel erkennen soll, wer er ist, bin ich gekommen und taufe mit Wasser.«

Weiter bezeugte Johannes: »Ich sah den Geist Gottes wie eine Taube vom Himmel herabkommen und auf ihm bleiben. Ich kannte ihn bis dahin nicht; aber der, der mich gesandt und mir den Auftrag gegeben hat, mit Wasser zu taufen, hatte zu mir gesagt: Der, auf den du den Geist herabkommen siehst und auf dem er bleiben wird, der ist es, der mit dem Heiligen Geist tauft. Das habe ich nun mit eigenen Augen gesehen, und darum bezeuge ich, daß dieser Mann der Sohn Gottes ist.«

Die ersten Jünger Jesu

Am nächsten Tag stand Johannes wieder am gleichen Ort; zwei seiner Jünger waren bei ihm. Da ging Jesus vorüber. Johannes blickte ihn an und sagte: »Seht, dieser ist das Opferlamm Gottes!« Als die beiden Jünger das hörten, folgten sie Jesus. Jesus wandte sich um und sah, daß sie ihm folgten. »Was sucht ihr?« fragte er. »Rabbi«, erwiderten sie, »wo wohnst du?« (Rabbi bedeutet »Meister«.) Jesus antwortete: »Kommt mit, dann werdet ihr es sehen.« Da gingen die beiden mit ihm; es war etwa vier Uhr nachmittags. Sie sahen, wo er wohnte, und blieben für den Rest des Tages bei ihm.

Einer der beiden Männer, die Jesus gefolgt waren, weil sie gehört hatten, was Johannes über ihn gesagt hat-

te, war Andreas, der Bruder von Simon Petrus. Andreas
sah kurz darauf seinen Bruder Simon. »Wir haben den
Messias gefunden!« berichtete er ihm. (Messias ist das
hebräische Wort für Christus.) Dann nahm er ihn mit zu
Jesus. Jesus blickte ihn an und sagte: »Du bist Simon, der
Sohn des Johannes. Du sollst Kephas heißen.« (Kephas
ist das hebräische Wort für Petrus und bedeutet »Fels«.)

Phillipus und Nathanael

Als Jesus am nächsten Tag nach Galiläa aufbrechen
wollte, begegnete ihm Philippus. »Folge mir nach!« sagte Jesus zu ihm.

(Philippus stammte aus Betsaida, der Stadt, aus der
auch Andreas und Petrus kamen.) Philippus sah Natanael und sagte zu ihm: »Wir haben den gefunden, über
den Mose im Gesetz geschrieben hat und der auch bei
den Propheten angekündigt ist! Es ist Jesus, der Sohn Josefs; er kommt aus Nazaret.« »Aus Nazaret?« entgegnete Natanael. »Was kann aus Nazaret Gutes kommen?«
Doch Philippus sagte nur: »Komm mit und überzeuge
dich selbst!«

Als Jesus Natanael kommen sah, sagte er: »Seht, da
kommt ein wahrer Israelit, ein durch und durch aufrich-
tiger Mann!« Verwundert fragte Natanael: »Woher
kennst du mich?« Jesus antwortete: » Schon bevor Philippus dich rief, habe ich dich gesehen; ich sah dich, als
du unter dem Feigenbaum warst.« Da rief Natanael:
»Rabbi, du bist der Sohn Gottes, du bist der König von

Israel!« Jesus entgegnete: »Weil ich dir gesagt habe, daß ich dich unter dem Feigenbaum sah, glaubst du. Aber du wirst noch viel Größeres erleben.« Und er fuhr fort: »Ich versichere euch: Ihr werdet erleben, daß der Himmel offensteht und die Engel Gottes von dem Menschensohn hinauf- und zu ihm heruntersteigen.«

Die Hochzeit zu Kana

Zwei Tage später fand in Kana, einer Ortschaft in Galiläa, eine Hochzeit statt. Die Mutter Jesu nahm daran teil, und Jesus selbst und seine Jünger waren ebenfalls unter den Gästen.

Während des Festes ging der Wein aus. Da sagte die Mutter Jesu zu ihrem Sohn: »Sie haben keinen Wein mehr!« Jesus erwiderte: »Ist es deine Sache, liebe Frau, mir zu sagen, was ich zu tun habe? Meine Zeit ist noch nicht gekommen.« Da wandte sich seine Mutter zu den Dienern und sagte: »Tut, was immer er euch befiehlt!«

In der Nähe standen sechs steinerne Wasserkrüge, wie sie die Juden für die vorgeschriebenen Waschungen benutzen. Die Krüge faßten jeder zwischen achtzig und hundertzwanzig Liter. Jesus befahl den Dienern: »Füllt die Krüge mit Wasser!« Sie füllten sie bis zum Rand. Dann sagte er zu ihnen: »Tut etwas davon in ein Gefäß, und bringt es dem, der für das Festessen verantwortlich ist.« Sie brachten dem Mann ein wenig von dem Wasser, und er kostete davon; es war zu Wein geworden. Er konnte sich nicht erklären, woher dieser Wein kam; nur die Diener, die das Wasser gebracht hatten, wußten es. Er rief den Bräutigam und sagte zu ihm: »Jeder andere bietet seinen Gästen zuerst den besseren Wein an, und wenn sie dann reichlich getrunken haben, den weniger guten. Du aber hast den besseren Wein bis zum Schluß zurückbehalten!«

Durch das, was Jesus in Kana in Galiläa tat, bewies er zum erstenmal seine Macht. Er offenbarte mit diesem Wunder seine Herrlichkeit, und seine Jünger glaubten an ihn.

Jesus reinigt den Tempel

Danach ging Jesus mit seiner Mutter, seinen Brüdern und seinen Jüngern nach Kafarnaum hinab. Dort blieben sie einige Tage.

Kurz bevor die Juden ihr Passafest feierten, ging Jesus nach Jerusalem hinauf. Im Vorhof des Tempels stieß er auf die Händler, die ihre Rinder, Schafe und Tauben zum Verkauf anboten, und auf die Geldwechsler, die an ihren Tischen saßen. Da machte er sich aus Stricken eine Peitsche und trieb sie alle mit ihren Schafen und Rindern aus dem Tempelbezirk hinaus. Er schüttete das Geld der Wechsler auf den Boden und stieß ihre Tische um, und den Taubenverkäufern befahl er: »Schafft das alles weg! Macht aus dem Haus meines Vaters kein Kaufhaus!«

Seine Jünger erinnerten sich dabei an die Schriftstelle: *Der Eifer für dein Haus wird mich verzehren.* (Ps 69, 10)

Die führenden Männer des jüdischen Volkes stellten Jesus zur Rede: »Kannst du uns mit einem Wunder beweisen, daß du das Recht hast, so zu handeln?« Jesus gab ihnen zur Antwort: »Reißt diesen Tempel ab, und ich werde ihn in drei Tagen wieder aufbauen.« »Wie?« entgegneten sie. »Sechsundvierzig Jahre lang wurde an diesem Tempel gebaut, und du willst ihn in drei Tagen wieder aufbauen?« Doch Jesus hatte mit dem Tempel seinen eigenen Körper gemeint. Später, als Jesus von den Toten auferstanden war, erinnerten sich seine Jünger an diesen Ausspruch, und sie glaubten den Voraussagen der Schrift und dem, was Jesus selbst gesagt hatte.

Während des Passafestes war Jesus in Jerusalem. Viele glaubten an ihn, als sie die Wunder sahen, die er tat. Aber Jesus blieb zurückhaltend, denn er kannte sie alle. Er wußte genau, wie es im Innersten des Menschen aussieht; niemand brauchte ihm etwas darüber zu sagen.

Jesus und Nikodemus

Einer der führenden Männer des jüdischen Volkes, ein Pharisäer namens Nikodemus, suchte Jesus einmal bei Nacht auf. »Rabbi«, sagte er zu ihm, »wir wissen, daß du ein Lehrer bist, den Gott gesandt hat. Denn niemand kann solche Wunder tun wie du, wenn Gott nicht mit ihm ist.« Jesus entgegnete: »Ich sage dir: Wenn jemand nicht von neuem geboren wird, kann er das Reich Gottes nicht sehen.« »Wie kann ein Mensch, wenn er alt geworden ist, noch einmal geboren werden?« wandte

Nikodemus ein. »Er kann doch nicht in den Leib seiner Mutter zurückkehren und ein zweites Mal auf die Welt kommen!«

Jesus erwiderte: »Ich sage dir eins: Wenn jemand nicht aus Wasser und Geist geboren wird, kann er nicht ins Reich Gottes hineinkommen. Natürliches Leben bringt natürliches Leben hervor; geistliches Leben wird aus dem Geist geboren. Darum sei nicht erstaunt, wenn ich dir sage: Ihr müßt von neuem geboren werden.

Der Wind weht, wo er will. Du hörst zwar sein Rauschen, aber woher er kommt und wohin er geht, weißt du nicht. So ist es bei jedem, der aus dem Geist geboren ist.«

»Aber wie kann das geschehen?« fragte Nikodemus. »Du als Lehrer Israels weißt das nicht?« entgegnete Jesus. »Ich will dir etwas sagen: Wir reden von Dingen, die wir kennen; das, was wir bezeugen, haben wir gesehen. Wir bezeugen es, aber ihr nehmt es nicht an. Und da ihr mir nicht einmal glaubt, wenn ich über die irdischen Dinge zu euch rede, wie werdet ihr mir dann glauben können, wenn ich über die himmlischen Dinge zu euch rede? Es ist noch nie jemand in den Himmel hinaufgestiegen; der einzige, der dort war, ist der, der aus dem Himmel herabgekommen ist – der Menschensohn. Und wie Mose damals in der Wüste die Schlange erhöhte, so muß auch der Menschensohn erhöht werden, damit jeder, der glaubt, in ihm das ewige Leben hat. Denn Gott hat der Welt seine Liebe dadurch gezeigt, daß er seinen einzigen Sohn für sie hergab, damit jeder, der an ihn glaubt, das ewige Leben hat und nicht verlorengeht. Gott hat seinen Sohn nicht in die Welt gesandt, um sie zu verurteilen, sondern um sie durch ihn zu retten. Wer an ihn glaubt, wird nicht verurteilt. Wer aber nicht glaubt, ist damit schon verurteilt; denn der, an dessen Namen er nicht geglaubt hat, ist Gottes eigener Sohn. So vollzieht sich das Gericht an den Menschen. Das Licht ist in die Welt gekommen, und die Menschen liebten die Finsternis mehr als das Licht, weil ihr Tun böse war. Denn jeder, der Schlechtes tut, haßt das Licht; er tritt nicht ans Licht, damit sein Tun nicht aufgedeckt wird. Wer sich jedoch in dem, was er tut, nach der Wahrheit richtet, der tritt ans Licht, und es wird offenbar, daß sein Tun in Gott gegründet ist.«

Der Auftrag Johannes' des Täufers und der Auftrag Jesu

Danach ging Jesus mit seinen Jüngern in das Gebiet von Judäa. Er blieb einige Zeit mit ihnen dort und taufte.

Auch Johannes, der damals noch nicht im Gefängnis war, taufte noch, und zwar in Änon, einem Ort in der Nähe von Salim, wo es reichlich Wasser gab. Die Menschen kamen auch dort zu ihm und ließen sich taufen.

Eines Tages kam es zwischen den Jüngern des Johannes und einem jüdischen Mann zu einer Auseinandersetzung über die Reinigungsvorschriften. Sie wandten sich deswegen an Johannes. »Rabbi«, sagten sie, »jener Mann, der auf der anderen Seite des Jordans bei dir war und auf den du die Menschen hingewiesen hast – der tauft jetzt auch, und alle gehen zu ihm!« Johannes erwiderte: »Ein Mensch kann sich nicht das Geringste selber nehmen; es muß ihm vom Himmel her gegeben werden. Ihr selbst könnt bezeugen, daß ich sagte: Ich bin nicht der Messias; ich bin nur als sein Wegbereiter vor ihm hergesandt. Er ist der Bräutigam, ihm gehört die Braut. Der Freund des Bräutigams steht dabei und hört ihm zu und freut sich, seine Stimme zu hören. Das ist auch meine Freude; jetzt ist sie vollkommen. Er muß immer größer werden und ich immer geringer.

Der, der von oben kommt, steht über allen. Wer von der Erde ist, gehört zur Erde und redet aus irdischer Sicht. Der, der vom Himmel kommt, steht über allen. Er verkündet das, was er gesehen und gehört hat, aber keiner nimmt seine Botschaft an. Doch wer seine Botschaft angenommen hat, hat damit bestätigt, daß das, was Gott sagt, wahr ist. Denn der, den Gott gesandt hat, verkündet Gottes eigene Worte; Gott gibt ihm den Geist in unbegrenzter Fülle. Der Vater liebt den Sohn und hat alles in seine Hand gelegt. Wer an den Sohn glaubt, hat das ewige Leben. Wer dem Sohn nicht gehorcht, wird das Leben nicht sehen; der Zorn Gottes bleibt auf ihm.«

Johannes der Täufer im Gefängnis

Inzwischen hatte Herodes Johannes festnehmen und ins Gefängnis werfen lassen. Der Anlaß dazu war Herodias gewesen, die Frau von Philippus, dem Bruder des Herodes. Herodes hatte sie Philippus weggenommen, worauf Johannes zu ihm gesagt hatte: »Du hattest nicht das Recht, sie zur Frau zu nehmen.« Herodes hätte ihn am liebsten umgebracht, fürchtete sich aber vor dem Volk, denn es hielt Johannes für einen Propheten.

Als die Pharisäer hörten, daß Jesus mehr Menschen zu Jüngern machte und taufte als Johannes, (allerdings war es nicht Jesus selbst, der taufte, sondern seine Jünger,) und als Jesus erfuhr, daß Johannes gefangengenommen worden war, verließ er Judäa und ging wieder nach Galiläa.

Jesus und die Samaritanerin

Dabei mußte er durch Samarien reisen.

Sein Weg führte ihn durch Sychar, eine samaritanische Ortschaft, in deren Nähe das Feld lag, das Jakob einst seinem Sohn Josef gegeben hatte, und wo sich auch der Jakobsbrunnen befand. Es war um die Mittagszeit; müde von der Reise hatte sich Jesus an den Brunnen gesetzt. Seine Jünger waren in den Ort gegangen, um etwas zu essen zu kaufen.

Da kam eine samaritanische Frau zum Brunnen, um Wasser zu holen. Jesus bat sie: »Gib mir zu trinken!« Überrascht fragte die Frau: »Wie kannst du mich um etwas zu trinken bitten? Du bist doch ein Jude, und ich bin eine Samaritanerin!« (Die Juden meiden nämlich jeden Umgang mit den Samaritanern.) Jesus antwortete: »Wenn du wüßtest, worin die Gabe Gottes besteht, und wer es ist, der zu dir sagt: Gib mir zu trinken, dann hättest *du ihn* gebeten, und er hätte dir Quellwasser gegeben, lebendiges Wasser.«

»Herr«, wandte die Frau ein, »du hast doch nichts, womit du Wasser schöpfen kannst, und der Brunnen ist tief. Woher willst du denn dieses lebendige Wasser nehmen? Bist du etwa mehr als unser Stammvater Jakob, der uns diesen Brunnen gegeben und selbst von seinem Wasser getrunken hat – er und seine Söhne und seine Herden?« Jesus gab ihr zur Antwort: »Jeder, der von *diesem* Wasser trinkt, wird wieder Durst bekommen. Wer aber von dem Wasser trinkt, das ich ihm geben werde, wird niemals mehr durstig sein. Das Wasser, das ich ihm gebe, wird in ihm zu einer Quelle werden, die unaufhörlich fließt – bis ins ewige Leben.« »Herr, bitte gib mir von diesem Wasser!« sagte die Frau. »Dann werde ich nie mehr Durst haben und muß nicht mehr hierher kommen, um Wasser zu holen.« »Geh und rufe deinen Mann!« entgegnete Jesus. »Komm mit ihm hierher!« »Ich habe keinen Mann«, sagte die Frau. »Das stimmt«, erwiderte Jesus. »Du hast keinen Mann. Fünf Männer hast du gehabt, und der, den du jetzt hast, ist nicht dein Mann. Da hast du die Wahrheit gesagt.«

»Herr, ich sehe, daß du ein Prophet bist«, sagte die Frau. »Unsere Vorfahren haben Gott auf diesem Berg hier angebetet. Ihr Juden dagegen sagt, der richtige Ort, um Gott anzubeten, sei Jerusalem.« Jesus erwiderte: »Glaube mir, Frau, es kommt eine Zeit, wo ihr den Vater weder auf diesem Berg noch in Jerusalem anbeten werdet. Ihr Samaritaner betet an, ohne zu wissen, was ihr anbetet. Wir jedoch wissen, was wir anbeten, denn die Rettung der Welt kommt von den Juden. Aber die Zeit kommt, ja sie ist schon da, wo Menschen Gott als den

Vater anbeten werden, Menschen, die vom Geist erfüllt sind und die Wahrheit erkannt haben. Das sind die wahren Anbeter; so möchte der Vater die haben, die ihn anbeten. Gott ist Geist, und die, die ihn anbeten wollen, müssen ihn im Geist und in der Wahrheit anbeten.«

»Ich weiß, daß der Messias kommen wird«, entgegnete die Frau. (Messias ist das hebräische Wort für Christus.) »Wenn er kommt, wird er uns alle diese Dinge erklären.« Da sagte Jesus zu ihr: »Du sprichst mit ihm; ich bin es.«

Jesus und die Jünger

In diesem Augenblick kamen seine Jünger zurück. Sie waren erstaunt, Jesus im Gespräch mit einer Frau anzutreffen, doch keiner wagte, ihn zu fragen, was er von ihr wollte oder worüber er mit ihr redete.

Die Frau ließ ihren Wasserkrug stehen, ging in den Ort zurück und sagte zu den Leuten: »Kommt mit, ich habe einen Fremden getroffen, der mir alles auf den Kopf zugesagt hat, was ich getan habe! Ob er wohl der Messias ist?« Da machten sich die Leute aus dem Ort auf den Weg zu Jesus.

Währenddessen drängten ihn die Jünger: »Rabbi, iß doch etwas!« Aber Jesus sagte: »Ich lebe von einer Nahrung, von der ihr nichts wißt.« Verwundert fragten sich die Jünger untereinander: »Hat ihm denn jemand etwas zu essen gebracht?« Jesus erwiderte: »Meine Nahrung ist, daß ich den Willen dessen tue, der mich gesandt hat, und das Werk vollende, das er mir aufgetragen hat. Sagt ihr nicht: Es dauert noch vier Monate, dann beginnt die Ernte? Nun, ich sage euch: Blickt euch einmal um, und seht euch die Felder an. Sie sind reif für die Ernte! Ja, die Ernte wird jetzt schon eingebracht, und der, der erntet, erhält seinen Lohn; er sammelt Frucht für das ewige Leben. So freuen sich beide zugleich – der, der sät, und der, der erntet. Das Sprichwort sagt: Einer sät, und ein anderer erntet. Das trifft hier zu. Ich habe euch zum Ernten auf ein Feld geschickt, auf dem ihr vorher nicht gearbeitet habt. Andere haben darauf gearbeitet, und ihr erntet die Frucht ihrer Arbeit.«

Samaritaner kommen zum Glauben

Viele Samaritaner aus jenem Ort glaubten jetzt an Jesus. Die Frau hatte ihnen bezeugt: »Er hat mir alles gesagt, was ich getan habe«, und auf ihr Wort hin glaubten sie. Die Leute aus dem Ort, die zu Jesus hinausgegangen waren, baten ihn, bei ihnen zu bleiben. Er blieb zwei Tage dort, und auf sein Wort hin glaubten noch viel mehr Menschen an ihn. »Wir glauben jetzt nicht mehr nur aufgrund von dem, was du uns erzählt hast«, erklärten sie der Frau. »Wir haben ihn jetzt mit eigenen Ohren gehört und wissen, daß er wirklich der Retter der Welt ist.«

Jesu Dienst in Galiläa

Jesu erstes öffentliches Wirken in Galiläa

Nach diesen zwei Tagen in Sychar ging Jesus weiter nach Galiläa. Er selbst hatte ausdrücklich erklärt: »Ein Prophet gilt in seiner Heimat nichts.« Doch als er nun nach Galiläa kam, wurde er von den Leuten freundlich aufgenommen. Denn sie waren auch beim Fest in Jerusalem gewesen und hatten alles miterlebt, was er dort getan hatte.

Von da an begann Jesus zu verkünden: »Kehrt um! Denn das Himmelreich ist nahe.«

Bald sprach man in der ganzen Gegend von ihm. Er lehrte in den Synagogen und wurde von allen hoch geachtet.

Jesus heilt den Sohn eines königlichen Beamten

Jesus kam auch wieder nach Kana, jenem Ort in Galiläa, wo er das Wasser in Wein verwandelt hatte. Dort suchte ihn ein Beamter des Königs auf, der in Kafarnaum lebte und einen Sohn hatte, der an einer schweren Krankheit litt. Er hatte gehört, daß Jesus von Judäa nach Galiläa zurückgekehrt war, und bat ihn jetzt, nach Kafarnaum herabzukommen und seinen Sohn zu heilen, der im Sterben lag. »Wenn ihr nicht Wunder und außergewöhnliche Dinge seht, glaubt ihr nicht«, hielt Jesus ihm entgegen. Aber der Beamte des Königs flehte ihn an: »Herr, bitte komm, bevor mein Kind stirbt!« Da sagte Jesus zu ihm: »Geh nach Hause, dein Sohn lebt und ist gesund!« Der Mann glaubte dem, was Jesus zu ihm sagte; auf sein Wort hin machte er sich auf den Weg hinunter nach Kafarnaum. Er war noch nicht dort angelangt, da kamen ihm seine Diener mit der Nachricht entgegen, daß sein Sohn lebte und gesund war. Er fragte sie, seit wann es ihm besser gehe. »Gestern mittag um ein Uhr hatte er mit einem Mal kein Fieber mehr«, antworteten sie. Da wußte der Vater, daß es genau zu dem Zeitpunkt geschehen war, an dem Jesus zu ihm gesagt hatte: »Dein Sohn lebt und ist gesund!« Und er glaubte an Jesus, er und alle aus seinem Haus. Dieses Wunder tat Jesus, nachdem er von Judäa zurückgekehrt war, und er bewies dadurch in Galiläa ein zweites Mal seine Macht.

Jesus in seiner Heimatstadt Nazaret

Während seines Dienstes in Galiläa kam Jesus auch nach Nazaret, wo er aufgewachsen war. Am Sabbat ging er, wie er es gewohnt war, in die Synagoge. Er stand auf, um aus der Schrift vorzulesen, und man reichte ihm die

Buchrolle des Propheten Jesaja. Er rollte sie auf und las die Stelle, an der es heißt:

Der Geist des Herrn ruht auf mir,
denn der Herr hat mich gesalbt.
Er hat mich gesandt mit dem Auftrag,
den Armen gute Botschaft zu bringen,
den Gefangenen zu verkünden, daß sie frei sein sollen,
und den Blinden, daß sie sehen werden,
den Unterdrückten die Freiheit zu bringen
und ein Jahr der Gnade des Herrn auszurufen.

(Jes 61, 1 – 2; 58, 6)

Jesus rollte die Buchrolle zusammen, gab sie dem Synagogendiener zurück und setzte sich. Alle in der Synagoge sahen ihn gespannt an. Er begann zu reden. »Heute hat sich dieses Schriftwort erfüllt«, sagte er zu ihnen. »Ihr seid Zeugen.«

Alle waren von ihm beeindruckt und staunten über seine Worte. Sie mußten zugeben, daß das, was er sagte, ihm von Gott geschenkt war. »Aber ist er denn nicht der Sohn Josefs?« fragten sie.

Da sagte Jesus zu ihnen: »Ihr werdet mir sicher das Sprichwort vorhalten: Arzt, hilf dir selbst! und werdet sagen: Wie wir gehört haben, hast du in Kafarnaum große Dinge getan. Nun, dann tu sie auch hier in deiner Vaterstadt!« »Ich sage euch«, fuhr Jesus fort, »kein Prophet gilt etwas in seiner Vaterstadt. Im übrigen erinnere ich euch an folgendes: Es gab in Israel viele Witwen, als es in den Tagen Elias drei Jahre und sechs Monate nicht regnete und im ganzen Land eine große Hungersnot herrschte. Und doch wurde Elia zu keiner von ihnen geschickt, sondern zu einer Witwe in Sarepta im Gebiet von Sidon. Und zur Zeit des Propheten Elisa gab es in Israel viele Aussätzige. Aber nicht einer von ihnen wurde geheilt, nur der Syrer Naaman.«

Als die Leute in der Synagoge das hörten, packte sie alle die Wut. Sie sprangen auf, zerrten Jesus zur Stadt hinaus und führten ihn an einen Abhang des Hügels, auf dem ihre Stadt erbaut war; dort wollten sie ihn hinabstürzen. Jesus aber schritt mitten durch die Menge hindurch und ging fort.

Jesu neuer Wohnort: Kafarnaum

Von da an wohnte Jesus nicht mehr in Nazaret, sondern in Kafarnaum, einer Stadt am See, im Gebiet von Sebulon und Naftali. So erfüllte sich, was durch den Propheten Jesaja vorausgesagt worden war:

Das Land Sebulon und das Land Naftali,
das Gebiet gegen den See hin,
die Gegend jenseits des Jordans,
das Galiläa der heidnischen Völker -
das Volk, das in der Finsternis lebt,
sieht ein großes Licht;
über denen, die im Land der Todesschatten wohnen,
ist ein helles Licht aufgegangen. (Jes 8, 23 – 9, 1)

Als Jesus eines Tages am See Gennesaret stand, drängte sich eine große Menschenmenge um ihn und wollte das Wort Gottes hören. Da sah er zwei Boote am Ufer liegen. Die Fischer waren ausgestiegen und reinigten ihre Netze. Jesus stieg in das Boot, das Simon gehörte, und bat ihn, ein Stück weit auf den See hinauszufahren. So konnte er im Boot sitzen und von dort aus zu den Menschen sprechen.

Als er aufgehört hatte zu reden, wandte er sich an Simon und sagte: »Fahr jetzt weiter hinaus auf den See; werft dort eure Netze zum Fang aus!« Simon antwortete: »Meister, wir haben uns die ganze Nacht abgemüht und haben nichts gefangen. Aber weil du es sagst, will ich die Netze auswerfen.« Das taten sie dann auch, und sie fingen eine solche Menge Fische, daß ihre Netze zu reißen begannen. Deshalb winkten sie den Fischern im anderen Boot, sie sollten kommen und mit anpacken. Zusammen füllten sie die beiden Boote, bis diese schließlich so voll waren, daß sie zu sinken drohten.

Als Simon Petrus das sah, warf er sich vor Jesus auf die Knie und sagte: »Herr, geh fort von mir! Ich bin ein sündiger Mensch.« Denn ihm und allen, die bei ihm im Boot waren, war der Schreck in die Glieder gefahren, weil sie solch einen Fang gemacht hatten, und genauso ging es Jakobus und Johannes, den Söhnen des Zebedäus, die zusammen mit Simon Fischfang betrieben. Doch Jesus sagte zu Simon: »Du brauchst dich nicht zu fürchten!« Und zu ihnen allen sagte er: »Kommt, folgt mir nach! Ich will euch zu Menschenfischern machen.« Da zogen sie die Boote an Land, ließen ihre Netze liegen und folgten ihm.

Als er von dort weiterging, sah er wieder zwei Brüder, Jakobus, den Sohn des Zebedäus, und Johannes; sie waren mit ihrem Vater Zebedäus im Boot und brachten ihre Netze in Ordnung. Jesus forderte sie auf, mit ihm zu kommen. Da ließen sie ihren Vater Zebedäus mit den Arbeitern im Boot zurück und schlossen sich Jesus an.

Austreibung eines bösen Geistes in der Synagoge von Kafarnaum

Danach kamen sie nach Kafarnaum. Gleich am darauffolgenden Sabbat ging Jesus in die Synagoge und sprach dort zu den Menschen. Sie waren von seiner Lehre tief beeindruckt, denn er lehrte sie nicht wie die Schriftgelehrten, sondern mit Vollmacht.

In der Synagoge war auch ein Mann, der einen bösen Geist hatte, einen Dämon. Er schrie mit lauter Stimme: »Was willst du von uns, Jesus von Nazaret? Bist du gekommen, um uns zugrunde zu richten? Ich weiß, wer du bist: der Heilige Gottes!« »Schweig!« befahl ihm Jesus. »Verlaß diesen Mann!« Da warf der Dämon den Mann mitten in der Synagoge zu Boden, riß ihn hin und her und verließ ihn mit lautem Schrei, ohne ihm noch etwas antun zu können.

Alle waren erstaunt und erschrocken, und einer sagte zum anderen: »Was hat das zu bedeuten? Hier wird mit Vollmacht eine neue Lehre verkündet. Sogar den bösen Geistern befiehlt er, und sie gehorchen ihm!«

Jesu machtvolles Wirken in Kafarnaum

Nachdem sie die Synagoge verlassen hatten, gingen sie in das Haus von Simon und Andreas; auch Jakobus und Johannes kamen mit. Simons Schwiegermutter lag mit Fieber im Bett, und man bat Jesus, ihr zu helfen. Er ging zu ihr, ergriff sie bei der Hand und richtete sie auf. Da verschwand das Fieber, und sie sorgte für das Wohl Jesu und seiner Begleiter.

Am Abend, als die Sonne untergegangen war, brachten alle Leute ihre Kranken zu Jesus – Menschen mit den verschiedensten Leiden und viele Besessene. Die ganze Stadt war vor dem Haus versammelt. Er legte jedem einzelnen der Kranken die Hände auf und heilte sie.

So erfüllte sich, was durch den Propheten Jesaja vorausgesagt worden war:

Er selbst hat unsere Leiden auf sich genommen,
er hat unsere Krankheiten getragen. (Jes 53, 4)

Die Geister trieb er durch sein Wort aus. Von vielen fuhren auch Dämonen aus; diese schrieen: »Du bist der Sohn Gottes!« Aber Jesus trat ihnen mit Nachdruck entgegen und verbot ihnen zu reden; denn sie wußten, daß er der Messias war.

Früh am Morgen, als es noch völlig dunkel war, stand Jesus auf, verließ das Haus und ging an einen einsamen Ort, um dort zu beten.

Simon und die, die bei ihm waren, eilten ihm nach, und als sie ihn gefunden hatten, sagten sie zu ihm: »Alle fragen nach dir.« Er aber erwiderte: »Laßt uns von hier weggehen in die umliegenden Ortschaften, damit ich auch dort die Botschaft vom Reich Gottes verkünden kann; denn dazu bin ich gekommen.«

Auch die Leute suchten ihn, bis sie ihn gefunden hatten. Sie wollten ihn festhalten und verhindern, daß er von ihnen wegging. Aber er sagte zu ihnen: »Ich muß auch den anderen Städten die Botschaft vom Reich Gottes verkünden, denn dazu bin ich gesandt worden.«

So zog er durch ganz Galiläa, lehrte in den Synagogen, verkündete die Botschaft vom Reich Gottes und heilte alle Kranken und Leidenden im Volk.

Heilung eines Aussätzigen

In einer der Städte, durch die Jesus kam, war ein Mann, der am ganzen Körper Aussatz hatte. Als er Jesus sah, warf er sich vor ihm auf die Knie und flehte ihn an: »Herr, wenn du willst, kannst du mich rein machen.«

Von tiefem Mitleid ergriffen, streckte Jesus die Hand aus und berührte ihn. »Ich will es«, sagte er, »sei rein!« Im selben Augenblick verschwand der Aussatz, und der

Mann war geheilt. Jesus schickte ihn daraufhin sofort weg und verbot ihm, mit jemand darüber zu sprechen.« »Geh statt dessen zum Priester«, befahl er, »zeig dich ihm und bring für deine Reinigung das Opfer dar, das Mose vorgeschrieben hat. Das soll ein Zeichen für sie sein.«

Doch der Mann fing sofort an, überall zu erzählen, wie er geheilt worden war. Bald war die Sache so bekannt, daß Jesus in keine Stadt mehr gehen konnte, ohne Aufsehen zu erregen. Er hielt sich daher außerhalb der Ortschaften in unbewohnten Gegenden auf, auch dort strömten die Menschen in Scharen herbei, um ihn zu hören und von ihren Krankheiten geheilt zu werden.

Heilung eines Gelähmten

Einige Tage später kehrte Jesus nach Kafarnaum zurück.

Es sprach sich schnell herum, daß er wieder zu Hause war. Da versammelten sich so viele Menschen bei ihm, daß kein Platz mehr war, nicht einmal vor dem Haus. Auch Pharisäer und Gesetzeslehrer waren aus allen Dörfern Galiläas und aus Judäa und Jerusalem gekommen. Die Kraft des Herrn war durch Jesus wirksam, so daß Heilungen geschehen konnten. Während er das Wort Gottes verkündigte, brachten einige Männer einen Gelähmten auf einer Tragbahre. Sie versuchten, ihn ins Haus hineinzutragen, um ihn vor Jesus niederzulegen. Doch es herrschte ein solches Gedränge, daß sie keinen

Weg fanden, den Kranken zu ihm zu bringen. Da stiegen sie auf das Dach des Hauses, deckten einige Ziegel ab und ließen den Gelähmten samt seiner Bahre mitten in den Raum hinunter, genau vor Jesus. Als Jesus ihren Glauben sah, sagte er zu dem Mann: »Mein Freund, deine Sünden sind dir vergeben!«

Einige Schriftgelehrte und Pharisäer, dachten im stillen: »Wie kann dieser Mensch es wagen, so etwas zu sagen? Das ist ja Gotteslästerung! Niemand kann Sünden vergeben außer Gott.« Jesus hatte in seinem Geist sofort erkannt, was in ihnen vorging. »Warum gebt ihr solchen Gedanken Raum in euren Herzen?« fragte er sie. »Was ist leichter – zu dem Gelähmten zu sagen: Deine Sünden sind dir vergeben oder: Steh auf, nimm deine Matte und geh umher!? Doch ihr sollt wissen, daß der Menschensohn die Vollmacht hat, hier auf der Erde Sünden zu vergeben.« Er wandte sich zu dem Gelähmten und sagte: »Ich befehle dir: Steh auf, nimm deine Matte und geh nach Hause!«

Sofort stand der Mann auf, nahm vor ihren Augen die Bahre, auf der er gelegen hatte, und ging, Gott lobend und preisend, nach Hause. Da gerieten alle außer sich vor Staunen und priesen Gott.

Voller Ehrfurcht sagten sie: »Heute haben wir unglaubliche Dinge erlebt. So etwas haben wir noch nie erlebt. Welche Vollmacht hat Gott diesem Menschen gegeben.«

Die Berufung des Zolleinnehmers Levi

Danach ging Jesus wieder hinaus an den See. Die ganze Menschenmenge kam zu ihm, und er lehrte sie.

Als er weiterging und am Zollhaus vorbeikam, sah er dort Levi, den Sohn des Alphäus, sitzen. Jesus sagte zu ihm: »Folge mir nach!« Da stand Levi auf und folgte Jesus.

Später war Jesus in Levis Haus zu Gast. Zusammen mit ihm und seinen Jüngern nahmen viele Zolleinnehmer und andere Leute, die als Sünder galten, an dem Essen teil; die Zahl derer, die ihm nachfolgten, war groß. Als nun die Schriftgelehrten, die zur Partei der Pharisäer gehörten, sahen, daß Jesus mit solchen Leuten aß, waren sie darüber empört und stellten die Jünger zur Rede. »Wie könnt ihr nur zusammen mit Zolleinnehmern und Sündern essen und trinken?« fragten sie.

Jesus hörte das und erwiderte: »Nicht die Gesunden brauchen den Arzt, sondern die Kranken. Geht und denkt einmal darüber nach, was jenes Wort bedeutet: *Barmherzigkeit will ich und nicht Opfer!* (Hos 6, 6)

Dann versteht ihr, daß ich nicht gekommen bin, um Gerechte zu rufen, sondern Sünder.«

Die Fastenfrage

Einmal, als die Jünger des Johannes und die Pharisäer fasteten, kamen einige Leute zu Jesus und fragten:

»Die Jünger des Johannes fasten oft und verrichten Gebete, ebenso die Jünger der Pharisäer; deine Jünger jedoch fasten nicht, sondern essen und trinken.« Jesus entgegnete ihnen: »Könnt ihr etwa bei einer Hochzeit die Gäste fasten lassen, während der Bräutigam noch bei ihnen ist? Es kommt allerdings eine Zeit, wo ihnen der Bräutigam entrissen sein wird; dann werden sie fasten. Niemand schneidet ein Stück Stoff aus einem neuen Kleid und flickt damit ein altes; sonst ist das neue Kleid zerschnitten, und zu dem alten paßt das herausgeschnittene Stück ja gar nicht. Auch füllt niemand jungen Wein in alte Schläuche. Er gärt ja noch und würde die Schläuche zum Platzen bringen; der Wein würde auslaufen, und auch die Schläuche wären nicht mehr zu gebrauchen. Nein, jungen Wein füllt man in neue Schläuche. Aber niemand, der vom alten Wein getrunken hat, will vom jungen etwas wissen. »Der alte ist besser«, sagt er.

Heilung einer Gelähmten am Sabbat

Einige Zeit später war wieder ein jüdisches Fest, und Jesus ging nach Jerusalem hinauf. In Jerusalem befindet sich in der Nähe des Schaftors eine Teichanlage mit fünf Säulenhallen; sie wird auf hebräisch Betesda genannt. In diesen Hallen lagen überall kranke Menschen, Blinde, Gelähmte und Verkrüppelte.

Unter ihnen war ein Mann, der seit achtunddreißig Jahren krank war. Jesus sah ihn dort liegen, und es war ihm klar, daß er schon lange litt. »Willst du gesund werden?« fragte er ihn. Der Kranke antwortete: »Herr, ich habe niemand, der mir hilft, in den Teich zu kommen, wenn das Wasser sich bewegt. Und wenn ich es allein versuche, steigt ein anderer vor mir hinein.« Da sagte Jesus zu ihm: »Steh auf, nimm deine Matte und geh!« Im selben Augenblick war der Mann gesund; er nahm seine Matte und ging.

Der Tag, an dem das geschah, war ein Sabbat. Deshalb wiesen die führenden Männer des jüdischen Volkes den Mann, der geheilt worden war, zurecht: »Heute ist Sabbat! Da ist es dir nicht erlaubt, deine Matte zu tragen.« Er entgegnete: »Der, der mich gesund gemacht hat, hat zu mir gesagt: Nimm deine Matte und geh!« »Und wer ist dieser Mann?« fragten sie. »Wer hat zu dir gesagt: 'Nimm deine Matte und geh!'?« Aber der Geheilte wußte nicht, wer es war, denn Jesus war unbemerkt in der Menschenmenge verschwunden.

Später traf Jesus den Mann im Tempel wieder. »Du bist jetzt gesund«, sagte er zu ihm. »Sündige nicht mehr, damit dir nicht noch etwas Schlimmeres geschieht, als was du bis jetzt durchgemacht hast.« Der Geheilte ging zu den führenden Männern zurück und berichtete ihnen, daß es Jesus war, der ihn gesund gemacht hatte.

Jesu Gottessohnschaft

Von da an begannen die führenden Männer des jüdischen Volkes, Jesus zu verfolgen, weil er solche Dinge am Sabbat tat. Aber Jesus sagte zu ihnen: »Mein Vater hat bis heute nie aufgehört zu wirken, und weil er wirkt, wirke auch ich.« Das brachte sie noch mehr gegen ihn auf; sie waren jetzt entschlossen, ihn zu töten. Denn er hatte nicht nur den Sabbat entheiligt, sondern darüber hinaus Gott seinen Vater genannt und sich damit Gott gleichgestellt.

Zu diesen Anschuldigungen erklärte Jesus: »Ich sage euch: Der Sohn kann nichts von sich selbst aus tun; er tut nur, was er den Vater tun sieht. Was immer der Vater tut, das tut auch der Sohn. Denn der Vater hat den Sohn lieb und zeigt ihm alles, was er tut. Ja, der Sohn wird noch viel größere Dinge tun, weil der Vater sie ihm zeigt – Dinge, über die ihr staunen werdet. Denn wie der Vater die Toten zum Leben erweckt, so gibt auch der Sohn denen Leben, denen er es geben will. Dem Sohn ist nämlich auch das Gericht übertragen. Der Vater selbst richtet niemand; er hat das Gericht ganz dem Sohn übergeben, damit alle den Sohn ebenso ehren wie den Vater. Wer den Sohn nicht ehrt, ehrt auch den Vater nicht, der den Sohn gesandt hat.

Ich versichere euch: Wer auf mein Wort hört und dem glaubt, der mich gesandt hat, der hat das ewige Leben. Auf ihn kommt keine Verurteilung mehr zu; er hat den Schritt vom Tod ins Leben getan. Ich sage euch: Die Zeit kommt, ja sie ist schon da, wo die Toten die Stimme des Sohnes Gottes hören werden, und wer sie hört, wird leben. Denn wie der Vater aus sich selbst heraus Leben hat, so hat er auch dem Sohn die Macht gegeben, aus sich selbst heraus Leben zu haben. Und er hat ihm die Vollmacht gegeben, Gericht zu halten; denn er ist der Menschensohn.

Seid deshalb nicht erstaunt, wenn ich euch sage, daß

der Tag kommt, an dem die Toten in ihren Gräbern die Stimme des Sohnes hören und herauskommen werden. Die, die getan haben, was gut ist, werden zu neuem Leben auferweckt werden; die aber, die getan haben, was schlecht ist, werden zu ihrer Verurteilung auferweckt werden.

Von mir selbst aus kann ich nichts tun. Auch dann, wenn ich urteile, höre ich auf den Vater. Und mein Urteil ist gerecht, weil es mir nicht um meinen eigenen Willen geht, sondern um den Willen dessen, der mich gesandt hat.«

Die Glaubwürdigkeit der Aussagen Jesu über sich selbst

»Wenn ich keinen anderen Zeugen hätte als mich selbst, dann wäre das, was ich über mich sage, nicht glaubwürdig. Nun gibt es aber einen anderen, der mein Zeuge ist, und ich weiß, daß das, was er über mich sagt, wahr ist.

Ihr habt eure Leute zu Johannes geschickt, und er hat euch die Wahrheit klar bezeugt. Nicht, daß ich auf die Aussage eines Menschen angewiesen wäre; ich sage das nur, weil ich möchte, daß ihr gerettet werdet. Johannes war eine brennende Lampe, die einen hellen Schein gab; aber alles, was ihr wolltet, war, euch eine Zeitlang an ihrem Licht zu begeistern.

Doch ich habe etwas, was noch mehr für mich spricht als das, was Johannes über mich ausgesagt hat: Es sind die Dinge, die ich tue, um den Auftrag zu erfüllen, den der Vater mir gegeben hat. Sie zeugen davon, daß er es ist, der mich gesandt hat. Und auch der Vater selbst, der mich gesandt hat, hat als mein Zeuge gesprochen. Aber ihr habt seine Stimme nie gehört und seine Gestalt nie gesehen. Und ihr verschließt euch seinem Wort gegenüber; es bleibt nicht in euch. Sonst würdet ihr dem glauben, den er gesandt hat. Ihr forscht in der Schrift, weil ihr meint, durch sie das ewige Leben zu finden. Aber gerade die Schrift weist auf mich hin. Und doch wollt ihr nicht zu mir kommen, obwohl ihr bei mir das Leben finden würdet.

Ich bin nicht darauf aus, von Menschen Anerkennung zu bekommen. Aber bei euch ist es anders. Ich kenne euch und weiß, daß ihr der Liebe zu Gott keinen Raum in eurem Leben gebt. Ich bin im Namen meines Vaters gekommen, und ihr lehnt mich ab. Doch wenn jemand anders in seinem eigenen Namen kommt, werdet ihr ihn mit offenen Armen aufnehmen. Wie solltet ihr auch glauben können? Bei euch ist jeder darauf aus, von den anderen Anerkennung zu bekommen; nur die Anerkennung bei dem einen, wahren Gott sucht ihr nicht.

Denkt nicht, daß ich euch beim Vater anklagen werde. Mose wird euch anklagen – er, auf den ihr eure Hoffnung gesetzt habt. Denn wenn ihr Mose wirklich glauben würdet, würdet ihr auch mir glauben; er hat ja über mich geschrieben. Wenn ihr aber dem nicht glaubt, was Mose geschrieben hat, wie wollt ihr dann dem glauben, was ich euch sage?«

Zu jener Zeit ging Jesus an einem Sabbat durch die Felder. Seine Jünger waren hungrig und fingen an, Ähren abzureißen, zerrieben sie mit den Händen und aßen die Körner. Da sagten die Pharisäer zu ihm: »Hast du gesehen, was sie da tun? Das ist doch am Sabbat nicht erlaubt!« Jesus entgegnete: »Habt ihr nie gelesen, was David tat, als er und seine Begleiter nichts zu essen hatten und Hunger litten? Wie er damals – zur Zeit des Hohenpriesters Abjatar – ins Haus Gottes ging und von den geweihten Broten aß, von denen doch nur die Priester essen dürfen, und wie er auch seinen Begleitern davon gab?«

»Und habt ihr nicht im Gesetz gelesen, daß die Priester auch am Sabbat im Tempel Dienst tun? Sie übertreten also die Sabbatvorschriften und werden trotzdem nicht schuldig. Und ich sage euch: Hier ist einer, der mehr ist als der Tempel! Wenn ihr begriffen hättet, was das heißt: *Barmherzigkeit will ich und nicht Opfer*, (Hosea 6,6), dann hättet ihr nicht Unschuldige verurteilt.«

Und Jesus fügte hinzu: »Der Sabbat ist für den Menschen gemacht, nicht der Mensch für den Sabbat. Darum ist der Menschensohn Herr auch über den Sabbat.«

Daraufhin ging Jesus weiter; er suchte die Synagoge jenes Ortes auf. Dort war ein Mann dessen rechte Hand verkrüppelt war.

Die Schriftgelehrten und Pharisäer, die einen Vorwand suchten, um Jesus anklagen zu können, beobachteten aufmerksam, ob er ihn am Sabbat heilen würde.

Man fragte ihn: »Ist es erlaubt, am Sabbat zu heilen?« Da Jesus wußte, was sie dachten, sagte er zu dem Mann mit der verkrüppelten Hand: »Steh auf und komm nach vorn.« Der Mann stand auf und trat vor. Nun wandte sich Jesus zu den Schriftgelehrten und Pharisäern und sagte: »Ich frage euch: Was ist richtig – am Sabbat Gutes zu tun oder Böses? Einem Menschen das Leben zu retten oder ihn ins Verderben zu stürzen?«

»Angenommen, jemand von euch hat ein Schaf, und es fällt am Sabbat in eine Grube – würde er es da nicht sofort herausziehen? Nun ist aber doch ein Mensch viel mehr wert als ein Schaf! Also ist es erlaubt, am Sabbat Gutes zu tun.«

Danach sah er sie der Reihe nach an, voll Zorn und zugleich tief betrübt über ihr verstocktes Herz. Er befahl dem Mann: »Streck die Hand aus!« Der Mann streckte die Hand aus, und sie war wieder heil wie die andere.

Da wurden sie von sinnloser Wut gepackt. Sobald sie die Synagoge verlassen hatten, faßten sie zusammen mit den Anhängern des Herodes den Plan, Jesus zu beseitigen.

Jesus, der Diener Gottes

Da Jesus wußte, was sie vorhatten, zog er sich mit seinen Jüngern an den See zurück. Scharen von Menschen folgten ihm, und er heilte alle Kranken.

So wurde er über Galiläa hinaus in ganz Syrien bekannt. Man brachte alle Leidenden zu ihm, Menschen, die von den verschiedensten Krankheiten und Beschwerden geplagt waren, auch Besessene, Epileptiker und Gelähmte, und er machte sie gesund. Große Menschenmengen kamen auch aus dem Zehnstädtegebiet, aus Jerusalem und Judäa, aus Idumäa, aus dem Gebiet jenseits des Jordans und aus der Gegend von Tyrus und Sidon zu ihm. Die Menge war so groß, daß sie ihn fast erdrückte. Deshalb befahl er seinen Jüngern, ihm ein Boot bereitzuhalten. Weil er nämlich so viele heilte, drängten sich alle, die ein Leiden hatten, an ihn heran, um ihn zu berühren. Und wenn die von bösen Geistern Besessenen ihn sahen, fielen sie vor ihm nieder und riefen: »Du bist der Sohn Gottes!« Doch mit aller Entschiedenheit verbot ihnen Jesus, bekanntzumachen, wer er war. So erfüllte sich, was durch den Propheten Jesaja vorausgesagt worden war:

Seht, das ist mein Diener, den ich erwählt habe,
den ich liebe und an dem ich Freude habe.
Ich will meinen Geist auf ihn legen,
und er wird den Völkern das Recht verkünden.
Er wird nicht streiten und lärmen,
er wird nicht wie ein Marktschreier auf den
Straßen zu hören sein.
Das geknickte Rohr wird er nicht zerbrechen
und den glimmenden Docht nicht auslöschen.
So wird er schließlich dem Recht zum Sieg verhelfen.
Und auf seinen Namen werden die Völker ihre Hoffnung
setzen. (Jes 42, 1 – 4)

DIE WAHL DER ZWÖLF APOSTEL
UND DIE BERGPREDIGT

Die zwölf Apostel

Zu jener Zeit zog sich Jesus auf einen Berg zurück, um zu beten.

Die ganze Nacht verbrachte er im Gebet. Als es Tag wurde, rief er die Jünger zu sich und bestimmte zwölf, die er Apostel nannte. Sie sollten ständig bei ihm sein, und er wollte sie aussenden, damit sie seine Botschaft verkündeten und in seiner Vollmacht die Dämonen austrieben.

Die Zwölf, die er bestimmte, waren:

Simon, dem er den Namen Petrus gab,

Jakobus, der Sohn des Zebedäus,

Johannes, der Bruder des Jakobus

– diese beiden nannte er Boanerges

(das bedeutet »Donnersöhne«) –,

Andreas,

Philippus,

Bartholomäus,

Matthäus,

Thomas,
Jakobus, der Sohn des Alphäus,
Thaddäus,
Simon, der Zelot,
und Judas Iskariot, der Jesus verriet.

Wer ist glücklich zu preisen?

Dann stieg Jesus mit ihnen den Berg hinunter bis zu einem ebenen Platz, wo sich eine große Schar seiner Jünger und eine große Menschenmenge aus dem ganzen jüdischen Land, aus Jerusalem und aus dem Küstengebiet von Tyrus und Sidon um ihn versammelte.

Er setzte sich, seine Jünger sammelten sich um ihn, und er begann sie zu lehren.

Er sagte:

»Glücklich zu preisen sind die, die arm sind vor Gott;
denn ihnen gehört das Himmelreich.
Glücklich zu preisen sind die, die trauern;
denn sie werden getröstet werden.
Glücklich zu preisen sind die Sanftmütigen;
denn sie werden die Erde als Besitz erhalten.
Glücklich zu preisen sind die, die nach der Gerechtigkeit hungern und dürsten;
denn sie werden satt werden.
Glücklich zu preisen sind die Barmherzigen;
denn sie werden Erbarmen finden.
Glücklich zu preisen sind die, die ein reines Herz haben;
denn sie werden Gott sehen.

Glücklich zu preisen sind die, die Frieden stiften;
denn sie werden Söhne Gottes genannt werden.
Glücklich zu preisen sind die, die um der Gerechtigkeit willen verfolgt werden;
denn ihnen gehört das Himmelreich.
Glücklich zu preisen seid ihr, wenn man euch um
meinetwillen beschimpft und verfolgt und euch zu
Unrecht die schlimmsten Dinge nachsagt. Freut euch
und jubelt! Denn im Himmel wartet eine große Belohnung auf euch. Genauso hat man ja vor euch
schon die Propheten verfolgt.«

Salz der Erde und Licht der Welt

»Ihr seid das Salz der Erde. Wenn jedoch das Salz seine Kraft verliert, womit soll man sie ihm wiedergeben?
Es taugt zu nichts anderem mehr, als weggeworfen und
von den Leuten zertreten zu werden.

Ihr seid das Licht der Welt. Eine Stadt, die auf einem
Berg liegt, kann nicht verborgen bleiben. Auch zündet
niemand eine Lampe an und stellt sie dann unter ein
Gefäß. Im Gegenteil: Man stellt sie auf den Lampenstän-
der, damit sie allen im Haus Licht gibt. So soll auch euer
Licht vor den Menschen leuchten: Sie sollen eure guten
Werke sehen und euren Vater im Himmel preisen.«

Die Erfüllung des Gesetzes

»Denkt nicht, ich sei gekommen, um das Gesetz oder die Propheten außer Kraft zu setzen. Ich bin nicht gekommen, um außer Kraft zu setzen, sondern um zu erfüllen. Denn ich sage euch: Solange Himmel und Erde nicht vergehen, wird auch kein einziger Buchstabe und nicht ein einziges Strichlein vom Gesetz vergehen; alles muß sich erfüllen. Wer darum eines dieser Gebote – und wäre es das geringste – für ungültig erklärt und die Menschen in diesem Sinn lehrt, der gilt im Himmelreich als der Geringste. Wer aber danach handelt und entsprechend lehrt, der gilt viel im Himmelreich. Denn ich sage euch: Wenn euer Leben der Gerechtigkeit Gottes nicht besser entspricht als das der Schriftgelehrten und Pharisäer, werdet ihr mit Sicherheit nicht ins Himmelreich kommen.«

Erfüllung des Gebotes, nicht zu töten

»Ihr wißt, daß zu den Vorfahren gesagt worden ist: *Du sollst keinen Mord begehen!* (2. Mose 20,13) Wer einen Mord begeht, soll vor Gericht gestellt werden. Ich aber sage euch: Jeder, der auf seinen Bruder zornig ist, gehört vor Gericht. Wer zu seinem Bruder sagt: Du Dummkopf, der gehört vor den Hohen Rat. Und wer zu ihm sagt: Du Idiot, der gehört ins Feuer der Hölle.«

Aufforderung zur Versöhnung

»Wenn du also deine Gabe zum Altar bringst und dir dort einfällt, daß dein Bruder etwas gegen dich hat, dann laß deine Gabe dort vor dem Altar; geh und versöhne dich zuerst mit deinem Bruder! Danach komm und bring Gott deine Gabe dar.

Wenn du jemand eine Schuld zu bezahlen hast, dann einige dich mit ihm, solange du noch mit ihm auf dem Weg zum Gericht bist. Tu es schnell, sonst übergibt er dich dem Richter, und dieser übergibt dich dem Gerichtsdiener, und du wirst ins Gefängnis geworfen. Ich sage dir: Du wirst von dort nicht herauskommen, bevor du alles bis auf den letzten Heller bezahlt hast.«

Erfüllung des Gebotes, die Ehe nicht zu brechen

»Ihr wißt, daß es heißt: *Du sollst nicht die Ehe brechen!* (3. Mose 19, 12; 4. Mose 30, 3) Ich aber sage euch: Jeder, der eine Frau mit begehrlichem Blick ansieht, hat damit in seinem Herzen schon Ehebruch mit ihr begangen.

Wenn du durch dein rechtes Auge zu Fall kommst, dann reiß es aus und wirf es weg! Es ist besser, du verlierst eines deiner Glieder, als daß du mit unversehrtem Körper in die Hölle geworfen wirst. Und wenn du durch deine rechte Hand zu Fall kommst, dann hau sie ab und wirf sie weg! Es ist besser, du verlierst eines deiner Glieder, als daß du mit unversehrtem Körper in die Hölle kommst.«

Auch Ehescheidung ist Ehebruch

»Es heißt: *Wer sich von seiner Frau scheiden will, muß ihr eine Scheidungsurkunde aushändigen.*(5. Mose 24, 1) Ich aber sage euch: Jeder, der sich von seiner Frau scheidet – es sei denn, daß sie ihm untreu geworden ist –, treibt sie in den Ehebruch; und wer eine geschiedene Frau heiratet, begeht ebenfalls Ehebruch.«

Erfüllung des Gebotes, den Eid zu halten

»Ihr wißt auch, daß zu den Vorfahren gesagt worden ist: *Einen Eid darfst du nicht brechen; du sollst alles halten, was du dem Herrn geschworen hast.*(3. Mose 19, 12; 4. Mose 30, 3) Ich aber sage euch: Ihr sollt überhaupt nicht schwören, weder beim Himmel, denn er ist Gottes Thron, noch bei der Erde, denn sie ist der Schemel seiner Füße, noch bei Jerusalem, denn sie ist die Stadt des großen Königs. Nicht einmal mit deinem eigenen Kopf sollst du dich verbürgen, wenn du schwörst; denn du bist nicht in der Lage, auch nur ein einziges deiner Haare weiß oder schwarz werden zu lassen. Euer Ja sei ein Ja und euer Nein ein Nein; jedes weitere Wort ist vom Bösen.«

Erfüllung des Gesetzes, das die Vergeltung regelt

»Ihr wißt, daß es heißt: *Auge um Auge, Zahn um Zahn.* (2. Mose 21, 24) Ich aber sage euch: Setzt euch nicht zur

Wehr gegen den, der euch etwas Böses antut. Im Gegenteil: Wenn dich jemand auf die rechte Backe schlägt, dann halt ihm auch die linke hin. Wenn einer mit dir vor Gericht gehen will, um zu erreichen, daß er dein Hemd bekommt, dann laß ihm auch den Mantel. Und wenn jemand von dir verlangt, eine Meile mit ihm zu gehen, dann geh zwei mit ihm. Gib dem, der dich bittet, und weise den nicht ab, der etwas von dir ausleihen möchte. Und wenn dir jemand etwas nimmt, dann fordere es nicht zurück. Handelt allen Menschen gegenüber so, wie ihr es von ihnen euch gegenüber erwartet.«

Erfüllung des Gebotes der Nächstenliebe

»Ihr wißt, daß es heißt: *Du sollst deine Mitmenschen lieben, und du sollst deine Feinde hassen.* (3. Mose 19,18) »Aber euch, die ihr mir zuhört, sage ich: Liebt eure Feinde; tut denen Gutes, die euch hassen; segnet die, die euch verfluchen; betet für die, die euch Böses tun. Damit erweist ihr euch als Söhne eures Vaters im Himmel. Denn er läßt seine Sonne über Bösen und Guten aufgehen und läßt es regnen für Gerechte und Ungerechte. Wenn ihr nur die liebt, die euch Liebe erweisen, was für einen Lohn habt ihr dafür zu erwarten? Tun das nicht sogar Leute wie die Zolleinnehmer? Wenn ihr die liebt, die euch Liebe erweisen, verdient ihr dafür etwa besondere Anerkennung? Auch die Menschen, die nicht nach Gott fragen, lieben die, von denen sie Liebe erfahren. Und wenn ihr nur zu euren Brüdern freundlich seid, was tut ihr damit Besonderes? Tun das nicht sogar die Heiden, die Gott nicht kennen? Und wenn ihr denen leiht, von denen ihr ebenfalls etwas erwarten könnt, verdient ihr dafür besondere Anerkennung? Auch bei denen, die nicht nach Gott fragen, leiht einer dem anderen in der Hoffnung auf eine entsprechende Gegenleistung. Nein, gerade eure Feinde sollt ihr lieben! Tut Gutes und leiht, ohne etwas zurückzuerwarten. Dann wartet eine große Belohnung auf euch, und ihr werdet Söhne des Höchsten sein; denn auch er ist gütig gegen die Undankbaren und Bösen. Seid barmherzig, wie euer Vater barmherzig ist.

Ihr aber sollt vollkommen sein, wie euer Vater im Himmel vollkommen ist.«

Wahre und falsche Frömmigkeit

»Hütet euch, eure Frömmigkeit vor den Menschen zur Schau zu stellen! Sonst habt ihr von eurem Vater im Himmel keinen Lohn mehr zu erwarten.«

... beim Geben

»Wenn du zum Beispiel den Armen etwas gibst, laß es nicht vor dir her mit Posaunen ankündigen, wie es die Heuchler in den Synagogen und auf den Gassen tun, um von den Leuten geehrt zu werden. Ich sage euch: Sie haben ihren Lohn damit schon erhalten. Wenn du den

Armen etwas gibst, soll deine linke Hand nicht wissen, was die rechte tut. Was du gibst, soll verborgen bleiben. Dann wird dein Vater, der ins Verborgene sieht, dich belohnen.«

... beim Beten

»Und wenn ihr betet, macht es nicht wie die Heuchler, die sich zum Gebet gern in die Synagogen und an die Straßenecken stellen, um von den Leuten gesehen zu werden. Ich sage euch: Sie haben ihren Lohn damit schon erhalten. Wenn du beten willst, geh in dein Zimmer, schließ die Tür, und dann bete zu deinem Vater, der auch im Verborgenen gegenwärtig ist; und dein Vater, der ins Verborgene sieht, wird dich belohnen.

Beim Beten sollt ihr nicht leere Worte aneinanderreihen wie die Heiden, die Gott nicht kennen. Sie meinen, sie werden erhört, wenn sie viele Worte machen. Macht es nicht wie sie, denn euer Vater weiß, was ihr braucht, und zwar schon bevor ihr ihn darum bittet.

Ihr sollt so beten:
Unser Vater im Himmel!
Dein Name werde geheiligt,
dein Reich komme,
dein Wille geschehe auf der Erde,
wie er im Himmel geschieht.
Gib uns heute unser tägliches Brot.
Und vergib uns unsere Schuld,

wie auch wir denen vergeben haben,
die an uns schuldig wurden.
Und laß uns nicht in Versuchung geraten,
sondern errette uns vor dem Bösen.
Wenn ihr den Menschen ihre Verfehlungen vergebt,
wird euer Vater im Himmel euch auch vergeben. Wenn
ihr aber den Menschen nicht vergebt, wird euer Vater im
Himmel euch eure Verfehlungen auch nicht vergeben.«

... beim Fasten

»Wenn ihr fastet, setzt keine Leidensmiene auf wie
die Heuchler. Sie vernachlässigen ihr Aussehen, damit
die Leute ihnen ansehen, daß sie fasten. Ich sage euch:
Sie haben ihren Lohn damit schon erhalten. Wenn du
fastest, pflege dein Haar und wasche dir das Gesicht wie
sonst auch, damit die Leute dir nicht ansehen, daß du
fastest; nur dein Vater, der auch im Verborgenen gegenwärtig ist, soll es wissen. Dann wird dein Vater, der ins
Verborgene sieht, dich belohnen.«

Zweierlei Reichtum

»Sammelt euch keine Reichtümer hier auf der Erde,
wo Motten und Rost sie zerfressen und wo Diebe einbrechen und sie stehlen. Sammelt euch statt dessen Reichtümer im Himmel, wo weder Motten noch Rost sie zerfressen und wo auch keine Diebe einbrechen und sie

stehlen. Denn wo dein Reichtum ist, da wird auch dein Herz sein.

Das Auge gibt dem Körper Licht. Ist dein Auge gut, dann ist dein ganzer Körper im Licht. Ist dein Auge jedoch schlecht, dann ist dein ganzer Körper im Finstern. Wenn nun das Licht in dir Finsternis ist, welch eine Finsternis wird das sein!

Ein Mensch kann nicht zwei Herren dienen. Er wird dem einen ergeben sein und den anderen abweisen. Für den einen wird er sich ganz einsetzen, und den anderen wird er verachten. Ihr könnt nicht Gott dienen und zugleich dem Mammon.«

Gottes Reich und irdische Sorgen

»Deshalb sage ich euch: Macht euch keine Sorgen um das, was ihr an Essen und Trinken zum Leben und an Kleidung für euren Körper braucht. Ist das Leben nicht wichtiger als die Nahrung, und ist der Körper nicht wichtiger als die Kleidung? Seht euch die Vögel an! Sie säen nicht, sie ernten nicht, sie sammeln keine Vorräte, und euer Vater im Himmel ernährt sie doch. Seid ihr nicht viel mehr wert als sie? Wer von euch kann dadurch, daß er sich Sorgen macht, sein Leben auch nur um eine einzige Stunde verlängern? Und warum macht ihr euch Sorgen um eure Kleidung? Seht euch die Lilien auf dem Feld an und lernt von ihnen! Sie wachsen, ohne sich abzumühen und ohne zu spinnen und zu weben. Und doch sage ich euch: Sogar Salomo in all seiner

Pracht war nicht so schön gekleidet wie eine von ihnen. Wenn Gott die Feldblumen, die heute blühen und morgen ins Feuer geworfen werden, so herrlich kleidet, wird er sich dann nicht erst recht um euch kümmern, ihr Kleingläubigen? Macht euch also keine Sorgen! Fragt nicht: Was sollen wir essen? Was sollen wir trinken? Was sollen wir anziehen? Denn um diese Dinge geht es den Heiden, die Gott nicht kennen. Euer Vater im Himmel aber weiß, daß ihr das alles braucht. Es soll euch zuerst um Gottes Reich und Gottes Gerechtigkeit gehen, dann wird euch das übrige alles dazugegeben. Macht euch keine Sorgen um den nächsten Tag! Der nächste Tag wird für sich selbst sorgen. Es genügt, daß jeder Tag seine eigene Last mit sich bringt.«

Warnung vor selbstgerechtem Urteil, aber kein Verzicht auf notwendige Beurteilung.

»Verurteilt niemand, damit auch ihr nicht verurteilt werdet. Denn so, wie ihr über andere urteilt, werdet ihr selbst beurteilt werden. Sprecht frei, und ihr werdet freigesprochen werden. Gebt, und es wird euch gegeben werden. Ein volles Maß wird man euch in den Schoß schütten, ein reichliches Maß, bis an den Rand gefüllt und überfließend. Denn das Maß, das ihr verwendet, wird auch bei euch verwendet werden.«

Jesus gebrauchte noch einen Vergleich; er sagte: »Kann ein Blinder einen Blinden führen? Werden nicht beide in die Grube fallen? Ein Jünger steht nicht über seinem Meister; wenn er alles von ihm gelernt hat, ist er höchstens so weit gekommen wie dieser. Wie kommt es, daß du den Splitter im Auge deines Bruders siehst, aber den Balken in deinem Auge nicht bemerkst? Wie kannst du zu deinem Bruder sagen: Halt still! Ich will dir den Splitter aus dem Auge ziehen – und dabei sitzt ein Balken in deinem eigenen Auge? Du Heuchler! Zieh zuerst den Balken aus deinem eigenen Auge; dann wirst du klar sehen und kannst den Splitter aus dem Auge deines Bruders ziehen.

Gebt das Heilige nicht den Hunden, werft eure Perlen nicht vor die Schweine! Sie könnten sonst eure Perlen zertrampeln und sich dann gegen euch selbst wenden und euch zerreißen.«

Bitten und Empfangen

»Bittet, und es wird euch gegeben; sucht, und ihr werdet finden; klopft an, und es wird euch geöffnet. Denn jeder, der bittet, empfängt, und wer sucht, findet, und wer anklopft, dem wird geöffnet. Oder würde jemand unter euch seinem Kind einen Stein geben, wenn es ihn um Brot bittet? Würde er ihm eine Schlange geben, wenn es ihn um einen Fisch bittet? Wenn also ihr, die ihr doch böse seid, das nötige Verständnis habt, um euren Kindern gute Dinge zu geben, wieviel mehr wird dann euer Vater im Himmel denen Gutes geben, die ihn darum bitten.

Handelt den Menschen gegenüber in allem so, wie

ihr es von ihnen euch gegenüber erwartet. Das ist es, was das Gesetz und die Propheten fordern.«

Der breite und der schmale Weg

»Geht durch das enge Tor! Denn das weite Tor und der breite Weg führen ins Verderben, und viele sind auf diesem Weg. Doch das enge Tor und der schmale Weg führen ins Leben, und nur wenige finden diesen Weg.«

Warnung vor falschen Propheten

»Hütet euch vor den falschen Propheten! Sie kommen im Schafskleid zu euch, in Wirklichkeit aber sind sie reißende Wölfe. An ihren Früchten werdet ihr sie erkennen. Erntet man etwa Trauben von Dornbüschen oder Feigen von Disteln? So trägt jeder gute Baum gute Früchte; ein schlechter Baum hingegen trägt schlechte Früchte. Ein guter Baum kann keine schlechten Früchte tragen; ebensowenig kann ein schlechter Baum gute Früchte tragen. Jeder Baum, der keine guten Früchte trägt, wird umgehauen und ins Feuer geworfen. Deshalb sage ich: Man erkennt den Baum an seinen Früchten.

Ein guter Mensch bringt Gutes hervor, weil sein Herz mit Gutem erfüllt ist. Ein böser Mensch dagegen bringt Böses hervor, weil sein Herz mit Bösem erfüllt ist. Denn wie der Mensch in seinem Herzen denkt, so redet er.«

Warnung vor Selbsttäuschung

»Warum nennt ihr mich immerfort Herr, wenn ihr doch nicht tut, was ich sage? Nicht jeder, der zu mir sagt: Herr, Herr!, wird ins Himmelreich kommen, sondern nur der, der den Willen meines Vaters im Himmel tut. Viele werden an jenem Tag zu mir sagen: Herr, Herr! Haben wir nicht in deinem Namen prophetisch geredet, in deinem Namen Dämonen ausgetrieben und in deinem Namen viele Wunder getan? Dann werde ich zu ihnen sagen: Ich habe euch nie gekannt. Geht weg von mir, ihr mit eurem gesetzlosen Treiben!«

Auf Fels oder Sand gebaut

»Wißt ihr, wem der gleicht, der zu mir kommt, meine Worte hört und danach handelt? Ich will es euch sagen. Er gleicht einem Mann, der ein Haus baut und dabei tief ausschachtet und das Fundament auf felsigen Grund legt.

Wenn dann ein Wolkenbruch niedergeht und die Wassermassen heranfluten und wenn der Sturm tobt und mit voller Wucht über das Haus hereinbricht, stürzt es nicht ein, so gut ist es gebaut.

Wer aber meine Worte hört und nicht danach handelt, gleicht einem Mann, der ein Haus baut, ohne auszuschachten und ohne ein Fundament zu legen. Wenn dann ein Wolkenbruch niedergeht und die Wassermassen heranfluten und wenn der Sturm tobt und mit voller

Wucht über das Haus hereinbricht, stürzt es ein und wird völlig zerstört.«

Als Jesus seine Rede beendet hatte, war die Menge von seiner Lehre tief beeindruckt, denn er lehrte sie nicht wie ihre Schriftgelehrten, sondern mit Vollmacht.

JESU WEITERER DIENST IN GALILÄA UND VERSCHIEDENE GLEICHNISSE

Der Hauptmann von Kafarnaum

Als Jesus seine Rede beendet hatte, ging er nach Kafarnaum.

Der Hauptmann einer dort stationierten Einheit hatte einen Diener, den er sehr schätzte; dieser war schwer krank und lag im Sterben. Als der Hauptmann von Jesus hörte, schickte er einige Älteste der jüdischen Gemeinde zu ihm; sie sollten ihn bitten, zu kommen und seinem Diener das Leben zu retten. Die Männer gingen zu Jesus und baten ihn inständig, mit ihnen zu kommen. »Er ist es wert, daß du ihm diese Bitte erfüllst«, sagten sie. »Er liebt unser Volk und hat uns sogar die Synagoge gebaut.«

Jesus machte sich mit ihnen auf den Weg. Doch als er nicht mehr weit vom Haus des Hauptmanns entfernt war, schickte dieser ihm einige Freunde entgegen und ließ ihm ausrichten: »Herr, bemühe dich nicht! Ich bin es nicht wert, daß du mein Haus betrittst. Deshalb hielt ich mich auch nicht für würdig, selbst zu dir zu kommen.

Sprich nur ein Wort, und mein Diener wird gesund. Ich bin ja selbst dem Befehl eines anderen unterstellt und habe meinerseits Soldaten unter mir. Wenn ich zu einem von ihnen sage: Geh!, dann geht er, und wenn ich zu einem sage: Komm!, dann kommt er; und wenn ich zu meinem Diener sage: Tu das und das!, dann tut er es.«

Jesus hatte ihm erstaunt zugehört, er wandte sich um und sagte zu der Menge, die ihm folgte: »Ich versichere euch: Solch einen Glauben habe ich in ganz Israel nicht gefunden. Ja, ich sage euch: Viele werden von Osten und Westen kommen und sich mit Abraham, Isaak und Jakob im Himmelreich zu Tisch setzen. Aber die Bürger des Reiches werden in die Finsternis hinausgeworfen, dorthin, wo es nichts gibt als lautes Jammern und angstvolles Zittern und Beben.«

Hierauf wandte sich Jesus zu dem Hauptmann und sagte: »Du kannst nach Hause gehen. Was du geglaubt hast, soll geschehen.« Und zur gleichen Zeit wurde der Diener gesund.

Auferweckung eines Toten in Nain

Bald darauf zog Jesus in die Stadt Nain weiter, begleitet von seinen Jüngern und einer großen Menschenmenge. Als er sich dem Stadttor näherte, kam ihm ein Trauerzug entgegen. Der Tote war der einzige Sohn einer Witwe gewesen. Zahlreiche Menschen aus dem Ort begleiteten die Mutter zum Grab. Als der Herr die Frau sah, ergriff ihn tiefes Mitgefühl. »Weine nicht!« sagte er zu ihr. Er trat näher und berührte die Bahre. Die Träger blieben stehen, und Jesus sagte zu dem Toten: »Junger Mann, ich befehle dir: Steh auf!« Da richtete sich der Tote auf und fing an zu sprechen, und Jesus gab ihn seiner Mutter zurück.

Alle waren voller Ehrfurcht; sie priesen Gott und sagten: »Ein großer Prophet ist unter uns aufgetreten. Gott hat sich seines Volkes angenommen.« Die Nachricht von diesem Ereignis verbreitete sich im ganzen jüdischen Land; sogar in allen umliegenden Gebieten sprach man von Jesus.

Jesus und Johannes der Täufer

Durch seine Jünger erfuhr auch Johannes von all diesen Dingen. Er rief zwei von ihnen zu sich und gab ihnen den Auftrag, zum Herrn zu gehen und ihn zu fragen: »Bist du der, der kommen soll, oder müssen wir auf einen anderen warten?« Die beiden kamen zu Jesus und sagten: »Johannes der Täufer hat uns zu dir geschickt und läßt dich fragen: Bist du der, der kommen soll, oder müssen wir auf einen anderen warten?« Dabei wurden sie Zeugen, wie Jesus viele Kranke und Leidende und von bösen Geistern Geplagte heilte und vielen Blinden das Augenlicht schenkte.

Er gab den Boten zur Antwort: »Geht zu Johannes und berichtet ihm, was ihr gesehen und gehört habt: Blinde sehen, Lahme gehen, Aussätzige werden geheilt, Taube hören, Tote werden auferweckt, und den Armen wird Gottes gute Botschaft verkündet. Und glücklich zu preisen ist, wer nicht an mir Anstoß nimmt.«

Als die Boten des Johannes wieder gegangen waren, wandte sich Jesus an die Menge und fing an, zu ihnen über Johannes zu sprechen. »Was wolltet ihr euch eigentlich ansehen, als ihr zu ihm in die Wüste hinausgingt?« fragte er sie. »Ein Schilfrohr, das sich im Wind hin- und herbewegt? Nein? Was wolltet ihr denn sonst dort draußen sehen? Einen Mann in feiner Kleidung? Ihr wißt doch: Leute, die vornehme Kleider tragen und im Überfluß leben, sind in den Königspalästen zu finden. Was wolltet ihr also sehen, als ihr hinausgingt? Einen Propheten? Ja, ich sage euch: Ihr habt einen Propheten gesehen, und noch mehr als das. Johannes ist der, über den es in der Schrift heißt:

Ich sende meinen Boten vor dir her;
er wird dir vorangehen und dein Wegbereiter sein.
(Mal 3, 1)

Ich sage euch: Unter allen Menschen, die je geboren wurden, gibt es keinen Größeren als Johannes; und doch ist selbst der Geringste im Reich Gottes größer als er.

Alle, die Johannes zuhörten – das ganze Volk und sogar die Zolleinnehmer –, gaben Gott in seinem Urteil recht; sie haben sich von Johannes taufen lassen. Nur die Pharisäer und die Gesetzeslehrer machten den Plan zunichte, den Gott für sie hatte; sie haben sich nicht von Johannes taufen lassen.

Mit wem soll ich also die Menschen dieser Generation vergleichen? Welches Bild trifft auf sie zu? Sie sind wie Kinder, die auf dem Marktplatz sitzen und einander

zurufen: Wir haben euch auf der Flöte lustige Lieder ge-
spielt, und ihr habt nicht getanzt; wir haben Klagelieder
angestimmt, und ihr habt nicht geweint. So ist es doch:
Johannes der Täufer ist gekommen, hat gefastet und keinen Wein getrunken, und schon habt ihr gesagt: Er ist
von einem bösen Geist besessen. Der Menschensohn ist
gekommen, ißt und trinkt wie jedermann, und da sagt
ihr: Was für ein Schlemmer und Säufer, dieser Freund
der Zolleinnehmer und Sünder! Und doch hat die Weisheit Gottes recht; das zeigt sich an all denen, die sie angenommen haben.«

Der Pharisäer und die Sünderin vor Jesus

Ein Pharisäer hatte Jesus zu sich zum Essen eingeladen, und Jesus war gekommen und hatte am Tisch Platz
genommen. In jener Stadt lebte eine Frau, die für ihren
unmoralischen Lebenswandel bekannt war. Als sie erfuhr, daß Jesus im Haus des Pharisäers zu Gast war,
nahm sie ein Alabastergefäß voll Salböl und ging dorthin. Sie trat von hinten an das Fußende des Polsters, auf
dem Jesus Platz genommen hatte, und brach in Weinen
aus; dabei fielen ihre Tränen auf seine Füße. Da trocknete sie ihm die Füße mit ihrem Haar, küßte sie und salbte
sie mit dem Öl.

Als der Pharisäer, der Jesus eingeladen hatte, das sah,
dachte er: »Wenn dieser Mann wirklich ein Prophet wäre, würde er die Frau kennen, von der er sich da berühren läßt; er wüßte, was für eine sündige Person das ist.«

Da wandte sich Jesus zu ihm. »Simon«, sagte er, »ich habe dir etwas zu sagen.« Simon erwiderte: »Meister, bitte sprich!« »Zwei Männer hatten Schulden bei einem Geldverleiher«, begann Jesus. »Der eine schuldete ihm fünfhundert Denare, der andere fünfzig. Keiner der beiden konnte seine Schulden zurückzahlen. Da erließ er sie ihnen. Was meinst du: Welcher von den beiden wird ihm gegenüber wohl größere Dankbarkeit empfinden?« Simon antwortete: »Ich nehme an, der, dem er die größere Schuld erlassen hat.« »Richtig«, erwiderte Jesus.

Dann wies er auf die Frau und sagte zu Simon: »Siehst du diese Frau? Ich bin in dein Haus gekommen, und du hast mir kein Wasser für meine Füße gereicht; sie aber hat meine Füße mit ihren Tränen benetzt und mit ihrem Haar getrocknet. Du hast mir keinen Kuß zur Begrüßung gegeben; sie aber hat, seit ich hier bin, nicht aufgehört, meine Füße zu küssen. Du hast meinen Kopf nicht einmal mit gewöhnlichem Öl gesalbt, sie aber hat meine Füße mit kostbarem Salböl gesalbt. Ich kann dir sagen, woher das kommt. Ihre vielen Sünden sind ihr vergeben worden, darum hat sie mir viel Liebe erwiesen. Wem aber wenig vergeben wird, der liebt auch wenig.« Und zu der Frau sagte Jesus: »Deine Sünden sind dir vergeben.«

Die anderen Gäste fragten sich: »Wer ist dieser Mann, der sogar Sünden vergibt?« Jesus aber sagte zu der Frau: »Dein Glaube hat dich gerettet. Geh in Frieden!«

In der nun folgenden Zeit zog Jesus von Stadt zu Stadt und von Dorf zu Dorf. Überall verkündete er die Botschaft vom Reich Gottes. Dabei begleiteten ihn die Zwölf sowie einige Frauen, die von bösen Geistern und von Krankheiten geplagt gewesen waren und durch ihn Heilung gefunden hatten: Maria aus Magdala, aus der er sieben Dämonen ausgetrieben hatte, Johanna, die Frau des Chuzas, eines Beamten des Herodes, sowie Susanna und viele andere. Alle diese Frauen dienten Jesus und seinen Jüngern mit dem, was sie besaßen.

Jesus und Beelzebub

Einmal wurde ein Besessener, der blind und stumm war, zu Jesus gebracht. Jesus heilte ihn, und der Mann konnte wieder reden und sehen. Die Menge war außer sich vor Staunen, und alle fragten sich: »Ist er denn etwa der Sohn Davids?«

Als die Pharisäer das hörten, sagten sie: »Wißt ihr, wie der die Dämonen austreibt? Er tut es mit Hilfe von Beelzebul, dem Obersten der Dämonen!«

Jesus wußte, was sie dachten, und sagte zu ihnen: »Jedes Reich, das mit sich selbst im Streit liegt, geht zugrunde, und keine Stadt oder Familie, in der man miteinander im Streit liegt, wird bestehen bleiben. Wenn nun der Satan den Satan austreibt, liegt er mit sich selbst im Streit. Wie kann sein Reich da bestehen? Und wenn ich die Dämonen tatsächlich mit Hilfe von Beelzebul austreibe, mit wessen Hilfe treiben dann eure eigenen Leute sie aus? Sie selbst sind es daher, die über euch das Urteil sprechen werden. Wenn ich die Dämonen nun aber mit der Hilfe von Gottes Geist austreibe, dann ist doch das Reich Gottes zu euch gekommen.

Oder wie kann jemand in das Haus eines Starken eindringen und ihm seinen Besitz rauben, wenn er den Starken nicht vorher fesselt? Dann allerdings kann er sein Haus ausrauben.

Wer nicht auf meiner Seite steht, ist gegen mich, und wer nicht mit mir sammelt, zerstreut. Darum sage ich euch: Jede Sünde, ja sogar jede Gotteslästerung kann den Menschen vergeben werden; wenn aber jemand den Heiligen Geist lästert, wird ihm nicht vergeben werden. Auch dem, der etwas gegen den Menschensohn sagt, kann vergeben werden; wer aber gegen den Heiligen Geist redet, dem wird nicht vergeben werden, weder in dieser Welt noch in der kommenden.

Wenn ein Baum gut ist, sind auch seine Früchte gut. Ist ein Baum jedoch schlecht, dann sind auch seine Früchte schlecht. An den Früchten erkennt man den Baum. Ihr Schlangenbrut! Wie solltet ihr auch Gutes reden können, wo ihr doch böse seid? Denn wie der Mensch in seinem Herzen denkt, so redet er. Ein guter Mensch bringt Gutes hervor, weil sein Herz von Gutem erfüllt ist. Ein böser Mensch dagegen bringt Böses hervor, weil sein Herz von Bösem erfüllt ist. Ich sage euch: Am Tag des Gerichts werden die Menschen Rechenschaft ablegen müssen über jedes unnütze Wort, das sie geredet haben. Denn aufgrund deiner Worte wirst du freigesprochen werden, und aufgrund deiner Worte wirst du verurteilt werden.«

Das Zeichen des Propheten Jona

Da sagten einige Schriftgelehrte und Pharisäer zu Jesus: »Meister, wir möchten ein Zeichen von dir sehen!« Er aber gab ihnen zur Antwort: »Ein Zeichen verlangt diese Generation, die doch böse ist und sich von Gott abgewandt hat! Aber es wird ihr kein Zeichen gegeben werden, nur das des Propheten Jona. Denn wie Jona drei Tage und drei Nächte im Bauch des großen Fisches war, so wird auch der Menschensohn drei Tage und drei Nächte in der Tiefe der Erde sein.

Im Gericht werden die Leute von Ninive gegen die heutige Generation auftreten und sie verurteilen; denn sie sind auf Jonas Predigt hin umgekehrt – und hier ist einer, der mehr ist als Jona! Im Gericht wird auch die Königin aus dem Süden gegen die heutige Generation auftreten und sie verurteilen; denn sie kam vom Ende der Erde, um die Weisheit Salomos zu hören – und hier ist einer, der mehr ist als Salomo!

Wenn ein böser Geist einen Menschen verlassen hat, zieht er durch öde Gegenden und sucht einen Ruheplatz, findet aber keinen. Dann sagt er sich: Ich will wieder in mein Haus gehen, das ich verlassen habe. Er kehrt zurück und findet das Haus leer, sauber und aufgeräumt. Daraufhin geht er und holt sieben andere Geister, die noch schlimmer sind als er selbst, und sie ziehen in das Haus ein und wohnen dort. So ist dieser Mensch am Ende schlimmer dran als am Anfang. Genauso wird es auch dieser bösen Generation ergehen.«

Die wahren Verwandten Jesu

Einmal kamen Jesu Mutter und seine Brüder und wollten ihn sprechen. Doch wegen der Menschenmenge konnten sie nicht bis zu ihm durchkommen.

Während Jesus noch zu der Menge redete, waren seine Mutter und seine Brüder vor dem Haus und schickten jemand zu ihm, um ihn zu rufen. Die Menschen saßen dicht gedrängt um Jesus herum, als man ihm ausrichtete: »Deine Mutter und deine Brüder sind draußen und wollen dich sprechen.« »Wer ist meine Mutter, und wer sind meine Brüder?« erwiderte Jesus. Er sah die an, die rings um ihn herum saßen.

Dann wies er mit der Hand auf seine Jünger und fuhr fort: »Seht, das sind meine Mutter und meine Brüder! Denn wer den Willen meines Vaters im Himmel tut, der ist mein Bruder, meine Schwester und meine Mutter.«

Das Gleichnis von der Saat, die auf vielerlei Boden fällt

Später an jenem Tag verließ Jesus das Haus und setzte sich ans Ufer des Sees, um zu lehren. Die Menschenmenge, die sich um ihn versammelte, war so groß, daß er sich in ein Boot setzte; so konnte er zu der ganzen Menge reden, die am Ufer stand. Er sprach über vieles zu ihnen, und er gebrauchte dazu Gleichnisse.

»Hört zu!« begann er. »Ein Bauer ging aufs Feld, um zu säen. Beim Ausstreuen der Saat fiel einiges auf den Weg. Da kamen die Vögel und pickten es auf. Einiges fiel auf felsigen Boden, der nur von einer dünnen Erdschicht bedeckt war. Weil die Saat dort so wenig Erde hatte, ging sie rasch auf. Als dann aber die Sonne höher stieg, wurden die jungen Pflanzen versengt, und weil sie keine kräftigen Wurzeln hatten, verdorrten sie. Einiges fiel mitten ins Dornengestrüpp. Die Dornbüsche wuchsen mit der Saat und erstickten sie. Einiges jedoch fiel auf guten Boden ging auf, wuchs und brachte Frucht, dreißigfach oder sechzigfach oder sogar hundertfach.«

Jesus schloß mit den Worten: »Wer Ohren hat, der höre!«

Als die Zwölf und die anderen, die zum Jüngerkreis gehörten, mit Jesus allein waren, fragten sie ihn: »Warum verwendest du Gleichnisse, wenn du zu den Leuten redest?« Er antwortete: »Euch ist es von Gott gegeben, die Geheimnisse des Himmelreichs zu verstehen; ihnen ist es nicht gegeben. Denn wer hat, dem wird gegeben, und er wird im Überfluß haben; wer aber nicht hat, dem wird auch das genommen, was er hat. Das ist der Grund, warum ich in Gleichnissen zu ihnen rede. Sie sehen und sehen doch nicht, sie hören und hören doch nicht und verstehen auch nichts. An ihnen erfüllt sich die Prophezeiung Jesajas:

Hört zu – ihr werdet doch nichts verstehen.
Seht hin – ihr werdet doch nichts erkennen.
Denn das Herz dieses Volkes ist verstockt,
ihre Ohren sind verstopft,
und ihre Augen halten sie geschlossen.
Sie wollen mit ihren Augen nichts sehen,
mit ihren Ohren nichts hören
und mit ihrem Herz nichts verstehen
und wollen nicht umkehren,
so daß ich sie heilen könnte. (Jes 6, 9 – 10)

Ihr aber seid glücklich zu preisen! Denn eure Augen sehen, und eure Ohren hören. Ich sage euch: Viele Propheten und Gerechte sehnten sich danach, zu sehen, was ihr seht, und haben es nicht gesehen; sie sehnten sich danach, zu hören, was ihr hört, und haben es nicht gehört.«

Dann fuhr er fort: »Dieses Gleichnis versteht ihr nicht? Wie wollt ihr dann überhaupt Gleichnisse verstehen?

Das Gleichnis bedeutet folgendes:

Die Saat ist das Wort Gottes. Bei einigen, die es hören, ist es wie mit der Saat, die auf den Weg fällt. Der Teufel kommt und nimmt das Wort wieder aus ihrem Herzen weg, so daß sie nicht glauben und daher auch nicht gerettet werden. Bei anderen ist es wie mit der Saat, die auf felsigen Boden fällt. Wenn sie das Wort hören, nehmen sie es mit Freuden auf. Aber sie sind wie Pflanzen ohne Wurzeln; zunächst glauben sie, doch wenn eine Zeit der Prüfung kommt, wenden sie sich wieder ab. Wieder bei anderen ist es wie mit der Saat, die ins Dorngestrüpp fällt. Sie hören das Wort, doch im Lauf der Zeit wird es von den Sorgen, dem Reichtum und den Freuden, die das Leben bietet, verdrängt, so daß keine Frucht reifen kann. Bei anderen jedoch ist es wie mit der Saat, die auf guten Boden fällt. Mit aufrichtigem und bereitwilligem Herzen hören sie das Wort; sie halten daran fest, lassen sich nicht entmutigen und bringen Frucht.«

Der Vergleich mit der Lampe

Weiter sagte Jesus zu ihnen: »Bringt man etwa eine Lampe in einen Raum, um sie unter ein Gefäß oder unter das Bett zu stellen?

Niemand zündet eine Lampe an und verbirgt sie dann unter einem Gefäß oder stellt sie unter das Bett. Im Gegenteil: Man stellt sie auf einen Lampenständer, damit jeder, der hereinkommt, Licht hat und sehen kann. So gibt es auch nichts Geheimes, was geheim bleibt; alles wird offenbar werden. Und es gibt nichts Verborgenes, was verborgen bleibt; alles soll öffentlich bekanntgemacht werden.

Wenn jemand Ohren hat und hören kann, dann höre er! Achtet also darauf, wie ihr mit dem umgeht, was ihr hört! Denn wer hat, dem wird gegeben; aber wer nicht hat, dem wird auch das genommen, was er zu haben meint.«

Das Gleichnis vom Wachsen der Saat

»Mit dem Reich Gottes«, so erklärte Jesus weiter, »ist es wie mit einem Bauern, der die Saat auf seinem Acker ausgestreut hat. Er legt sich schlafen, er steht wieder auf, ein Tag folgt dem anderen; und die Saat geht auf und wächst – wie, das weiß er selbst nicht. Ganz von selbst bringt die Erde Frucht hervor: zuerst die Halme, dann die Ähren und schließlich das ausgereifte Korn in den Ähren. Sobald die Frucht reif ist, läßt er das Getreide schneiden; die Zeit der Ernte ist da.«

Das Gleichnis vom Unkraut im Weizenfeld

Jesus erzählte der Menge noch ein anderes Gleichnis: »Mit dem Himmelreich ist es wie mit einem Mann, der guten Samen auf seinen Acker säte. Eines Nachts, als alles schlief, kam sein Feind, säte Unkraut zwischen den Weizen und machte sich davon. Als dann die Saat aufging und Ähren ansetzte, kam auch das Unkraut zum Vorschein.

Da gingen die Arbeiter zum Gutsherrn und fragten: Herr, hast du nicht guten Samen auf deinen Acker gesät? Woher kommt jetzt dieses Unkraut? Ein Feind von mir hat das getan, gab er zur Antwort. Die Arbeiter fragten: Möchtest du, daß wir hingehen und das Unkraut ausreißen und einsammeln? Nein, entgegnete der Gutsherr, ihr würdet mit dem Unkraut auch den Weizen ausreißen. Laßt beides miteinander wachsen, bis die Zeit der

Ernte da ist. Dann werde ich zu den Erntearbeitern sagen: Reißt zuerst das Unkraut aus, sammelt es ein und bündelt es, um es zu verbrennen; und dann bringt den Weizen in meine Scheune!«

Die Gleichnisse vom Senfkorn und vom Sauerteig

Jesus erzählte der Menge ein weiteres Gleichnis: »Womit sollen wir das Reich Gottes noch vergleichen? Mit dem Himmelreich ist es wie mit einem Senfkorn, das ein Mann auf sein Feld sät. Es ist zwar das kleinste aller Samenkörner. Aber was daraus wächst, ist größer als alle anderen Gartenpflanzen. Ein Baum wird daraus, auf dem die Vögel sich niederlassen und in dessen Zweigen sie nisten. Mit dem Himmelreich ist es wie mit dem Sauerteig. Eine Frau nimmt eine Handvoll davon, mengt ihn unter einen halben Sack Mehl, und am Ende ist die ganze Masse durchsäuert.«

Das alles sagte Jesus der Menge, indem er Gleichnisse gebrauchte; er sprach ausschließlich in Gleichnissen zu ihnen. So erfüllte sich, was durch den Propheten vorausgesagt worden war:

Ich will in Gleichnissen reden;
ich will verkünden, was seit der Erschaffung
der Welt verborgen war. (Ps 78, 2)

Seinen Jüngern aber legte er alles aus, wenn er mit ihnen allein war.

Erklärung des Gleichnisses vom Unkraut im Weizenfeld

Dann trennte sich Jesus von der Menge und ging ins Haus. Dort wandten sich seine Jünger an ihn und baten ihn: »Erkläre uns das Gleichnis vom Unkraut auf dem Acker!«

Jesus antwortete: »Der Mann, der den guten Samen sät, ist der Menschensohn. Der Acker ist die Welt. Der gute Same sind die Kinder des Himmelreichs, das Unkraut sind die Kinder des Bösen. Der Feind, der das Unkraut sät, ist der Teufel. Die Ernte ist das Ende der Welt, und die Erntearbeiter sind die Engel. Das Unkraut wird eingesammelt und verbrannt, und so wird es auch am Ende der Welt sein: Der Menschensohn wird seine Engel aussenden, und sie werden aus seinem Reich alle zusammenholen, die andere zu Fall gebracht und die ein gesetzloses Leben geführt haben, und werden sie in den Feuerofen werfen, dorthin, wo es nichts gibt als lautes Jammern und angstvolles Zittern und Beben. Dann werden die Gerechten im Reich ihres Vaters leuchten wie die Sonne.

Wer Ohren hat, der höre!«

Die Gleichnisse vom Schatz im Acker und von der Perle

»Mit dem Himmelreich ist es wie mit einem Schatz, der in einem Acker vergraben war und von einem Mann entdeckt wurde. Der Mann freute sich so sehr, daß er, nachdem er den Schatz wieder vergraben hatte, alles verkaufte, was er besaß, und dafür den Acker kaufte.

Mit dem Himmelreich ist es auch wie mit einem Kaufmann, der schöne Perlen suchte. Als er eine besonders wertvolle fand, verkaufte er alles, was er besaß, und kaufte dafür diese eine Perle.«

Das Gleichnis vom Fischernetz

Mit dem Himmelreich ist es auch wie mit einem Netz, das auf dem See ausgeworfen wird und mit dem man Fische aller Art fängt. Wenn es voll ist, ziehen die Fischer es ans Ufer, setzen sich hin und lesen die Fische aus. Die guten legen sie in Körbe, aber die ungenießbaren werfen sie weg. So wird es auch am Ende der Welt sein. Die Engel werden kommen und die Bösen aussondern; sie werden sie von den Gerechten trennen und in den Feuerofen werfen, dorthin, wo es nichts gibt als lautes Jammern und angstvolles Zittern und Beben.«

»Habt ihr das alles verstanden?« fragte Jesus seine Jünger. »Ja!« erwiderten sie. Da sagte er zu ihnen: »Dann wißt: Jeder Schriftgelehrte, der in der Schule des Himmelreichs ausgebildet ist, gleicht einem Hausherrn, der aus seinem reichen Schatz Neues und Altes hervorholt.«

Als Jesus diese Gleichnisrede beendet hatte, zog er weiter.

DIE WUNDER JESU

Der Sturm auf dem See

Am Abend jenes Tages war die Menschenmenge, die sich um Jesus drängte, so groß, daß er seinen Jüngern befahl, mit ihm auf die andere Seite des Sees hinüberzufahren. Die Jünger schickten die Menge nach Hause, stiegen in das Boot, in dem Jesus bereits war, und fuhren ab. Einige andere Boote begleiteten sie. Während der Fahrt schlief Jesus ein.

Plötzlich brach auf dem See ein schwerer Sturm los; die Wellen schlugen ins Boot, und es begann sich mit Wasser zu füllen. Jesus aber schlief im hinteren Teil des Bootes auf einem Kissen.

Die Jünger weckten ihn und schrien: »Herr, rette uns, wir sind verloren! Macht es dir nichts aus, daß wir umkommen?« Aber Jesus sagte zu ihnen: »Warum habt ihr solche Angst, ihr Kleingläubigen?«

Dann stand Jesus auf, wies den Wind in seine Schranken und befahl dem See: »Schweig! Sei still!« Da legte sich der Sturm, und es trat eine große Stille ein. »Wo ist euer Glaube?« fragte Jesus seine Jünger. »Habt ihr immer noch keinen Glauben?« Sie aber sagten voll Furcht und Staunen zueinander: »Wer ist dieser Mann? Er befiehlt sogar dem Wind und dem Wasser, und sie gehorchen ihm.«

Heilung eines Besessenen

Danach legten sie im Gebiet der Gerasener an, auf der Seite des Sees, die Galiläa gegenüberliegt.

Jesus war kaum aus dem Boot gestiegen, als ihm aus den Grabhöhlen ein Besessener entgegenlief. Er war so gefährlich, daß niemand den Weg benutzen konnte, der dort vorbeiführte. Der Besessene trug schon lange keine Kleider mehr und lebte abseits von den Häusern und hauste dort in den Grabhöhlen. Niemand war mehr in der Lage, ihn zu bändigen, nicht einmal mit Ketten. Man hatte ihn zwar an Händen und Füßen gefesselt, um ihn in sicherem Gewahrsam halten zu können, doch er hatte die Ketten immer wieder zerrissen und die Fußfesseln zerrieben. Tag und Nacht war er in den Höhlen oder auf den Bergen, schrie und schlug mit Steinen auf sich ein.

Kaum hatte dieser Mann Jesus von weitem erblickt, kam er herbeigerannt und warf sich vor ihm auf die Knie. Er schrie mit lauter Stimme: »Was willst du von mir, Jesus, Sohn Gottes, des Allerhöchsten? Bist du gekommen, um uns schon vor der festgesetzten Zeit zu quälen? Ich beschwöre dich bei Gott: Quäle mich nicht!« Denn Jesus war sofort dem bösen Geist entgegengetreten, der aus ihm sprach, und hatte gesagt: »Verlaß diesen Menschen, du böser Geist!«

Nun fragte ihn Jesus: »Wie heißt du?« »Ich heiße Legion«, antwortete er, »denn wir sind viele.« Und sie flehten Jesus an, sie nicht in den Abgrund zu schicken.

In einiger Entfernung weidete gerade eine große Herde Schweine. Die Dämonen baten ihn: »Wenn du uns austreibst, laß uns doch in die Schweineherde fahren!« »Geht!« sagte Jesus. Da verließen die Dämonen den Besessenen und fuhren in die Schweine. Da stürzte sich die ganze Herde den Abhang hinunter in den See und ertrank.

Als die Schweinehirten das sahen, liefen sie davon und berichteten alles in der Stadt und in den Dörfern. Die Leute machten sich auf den Weg, um mit eigenen Augen zu sehen, was geschehen war. Sie kamen zu Jesus und fanden den Mann, aus dem die Dämonen ausgefahren waren, zu seinen Füßen sitzen, bekleidet und bei klarem Verstand. Da bekamen sie es mit der Angst zu tun. Die Augenzeugen berichteten ihnen, wie der Besessene geheilt worden war und was aus den Schweinen geworden war.

Daraufhin forderte die ganze Bevölkerung von Gerasa und der Umgegend Jesus auf, ihr Gebiet zu verlassen; so sehr hatte die Angst sie gepackt.

Als Jesus ins Boot stieg, um zurückzufahren, bat ihn der Mann, aus dem die Dämonen ausgefahren waren, bei ihm bleiben zu dürfen. Aber Jesus schickte ihn zurück. »Geh wieder zu deiner Familie«, sagte er, »und erzähle dort, was Gott für dich getan hat!« Da ging der Mann fort und verkündete in der ganzen Stadt, was Jesus für ihn getan hatte.

Als Jesus ans andere Ufer zurückkam, empfing ihn eine große Menschenmenge; alle hatten auf ihn gewartet.

Da kam ein Mann namens Jairus, der Vorsteher der Synagoge. Er warf sich Jesus zu Füßen und flehte ihn an: »Meine Tochter liegt im Sterben. Komm und leg ihr die Hände auf, damit sie wieder gesund wird und am Leben bleibt!« Jesus stand auf und folgte ihm; auch seine Jünger kamen mit.

Auf dem Weg dorthin wurde Jesus von der Menge, die sich um ihn drängte, fast erdrückt.

Unter den Leuten war auch eine Frau, die seit zwölf Jahren an schweren Blutungen litt. Sie war bei vielen Ärzten in Behandlung gewesen und hatte dabei viel gelitten und ihr gesamtes Vermögen ausgegeben, aber es hatte nichts genützt; im Gegenteil, ihr Leiden war nur noch schlimmer geworden. Diese Frau hatte von Jesus gehört. Nun drängte sie sich in der Menge von hinten an ihn heran und berührte sein Gewand, denn sie sagte sich: »Wenn ich auch nur sein Gewand berühre, werde ich gesund.« Und wirklich, im selben Augenblick hörte ihre Blutung auf, und sie spürte, daß sie von ihrem Leiden geheilt war.

Im selben Augenblick merkte auch Jesus, daß eine Kraft von ihm ausgegangen war. Er drehte sich um und fragte die Leute: »Wer hat mein Gewand berührt?« Alle beteuerten, sie seien es nicht gewesen, und Petrus meinte: »Meister, die Leute drängen sich ja von allen Seiten um dich herum!« Doch Jesus beharrte darauf: »Irgend jemand hat mich berührt; ich habe gespürt, daß eine Kraft von mir ausgegangen ist.« Der Frau war jetzt klar, daß sie nicht unbemerkt bleiben konnte. Zitternd trat sie vor und warf sich vor Jesus nieder. Dann erzählte sie vor allen Leuten, warum sie ihn berührt hatte und wie sie im selben Augenblick geheilt worden war. » Meine Tochter«, sagte Jesus zu ihr, »dein Glaube hat dich gerettet. Geh in Frieden!«

Während Jesus noch mit ihr redete, kam jemand vom Haus des Synagogenvorstehers und sagte zu Jairus: »Deine Tochter ist gestorben. Bemühe den Meister nicht länger!« Jesus hörte das zwar, sagte aber zu Jairus: »Du brauchst dich nicht zu fürchten! Glaube nur, und sie wird gerettet werden.«

Dann ging er weiter, erlaubte aber niemand, ihn zu begleiten, außer Petrus und Jakobus und dessen Bruder Johannes. Als sie zum Haus des Synagogenvorstehers kamen und Jesus sah, wie alles in heller Aufregung war und wie die Menschen laut weinten und klagten, ging er hinein und sagte zu ihnen: »Was soll diese Aufregung? Warum weint ihr? Das Kind ist nicht tot, es schläft nur.« Da lachten sie ihn aus, denn sie wußten sehr wohl, daß sie gestorben war. Er aber schickte alle hinaus bis auf den Vater und die Mutter des Mädchens und die Jünger, die bei ihm waren; mit ihnen ging er in den Raum, in dem das Kind lag. Er ergriff es bei der Hand und sagte zu ihm: »Talita kum!« (Das bedeutet: Mädchen, ich befehle dir: Steh auf!)

Da wurde sie wieder lebendig; sie stand sofort auf, und Jesus ordnete an, ihr etwas zu essen zu geben. Die Eltern konnten kaum fassen, was geschehen war. Doch

Jesus verbot ihnen, jemand etwas davon zu erzählen. Doch die Nachricht von diesem Ereignis verbreitete sich in der ganzen Gegend.

Heilung von zwei Blinden und einem Stummen

Als Jesus von dort weiterging, folgten ihm zwei Blinde und riefen: »Hab Erbarmen mit uns, Sohn Davids!« Sowie er zu Hause angelangt war, traten sie näher. Er fragte sie: »Glaubt ihr denn, daß ich euch helfen kann?« »Ja, Herr«, antworteten sie. Darauf berührte er ihre Augen und sagte: »Was ihr geglaubt habt, soll geschehen.« Da konnten sie sehen. Jesus aber verbot ihnen mit aller Entschiedenheit, jemand etwas davon zu sagen. Doch kaum waren sie aus dem Haus, da fingen sie an, in der ganzen Gegend von Jesus zu erzählen.

Die beiden waren noch nicht zur Tür hinaus, da wurde ein Besessener, der stumm war, zu Jesus gebracht. Sowie der Dämon ausgetrieben war, konnte der Stumme reden. Die Menge staunte, und alle sagten: »So etwas hat man in Israel noch nie gesehen!« Die Pharisäer aber behaupteten: »Er treibt die Dämonen mit Hilfe des Obersten der Dämonen aus.«

Jesus in seiner Heimatstadt

Von dort zog Jesus weiter und ging in seine Heimatstadt; seine Jünger begleiteten ihn. Am Sabbat lehrte er in der Synagoge vor vielen Zuhörern. Erstaunt fragten sie: »Woher hat der Mann das alles? Was ist das für eine Weisheit, die ihm da gegeben ist, und wie kommt es, daß solche Wunder durch ihn geschehen? Ist er denn nicht der Zimmermann, der Sohn der Maria und der Bruder von Jakobus, Joses, Judas und Simon? Leben nicht auch seine Schwestern hier unter uns?« So kam es, daß Jesus bei ihnen auf Ablehnung stieß.

Da sagte Jesus zu ihnen: »Ein Prophet gilt nirgends so wenig wie in seiner Heimatstadt und in seiner eigenen Familie.« Und wegen ihres Unglaubens tat er dort nur wenige Wunder, er legte nur einigen Kranken die Hände auf und heilte sie und er wunderte sich über den Unglauben der Leute.

Jesu Erbarmen mit dem Volk

Jesus zog durch alle Städte und Dörfer jener Gegend. Er lehrte in den Synagogen, verkündete die Botschaft vom Reich Gottes und heilte alle Kranken und Leidenden. Als er die Scharen von Menschen sah, ergriff ihn tiefes Mitgefühl; denn sie waren erschöpft und hilflos wie Schafe, die keinen Hirten haben. Da sagte er zu seinen Jüngern: »Die Ernte ist groß, doch es sind nur wenig Arbeiter da. Bittet deshalb den Herrn der Ernte, daß er Arbeiter auf sein Erntefeld schickt.«

Die Aussendung der zwölf Jünger

Dann rief Jesus seine zwölf Jünger zu sich und gab ihnen Vollmacht, böse Geister auszutreiben und alle Kranken und Leidenden zu heilen. Er sandte sie jeweils zu zweit aus mit dem Auftrag, die Botschaft vom Reich Gottes zu verkünden und die Kranken gesund zu machen. Er gab ihnen die Anweisung: »Setzt euren Fuß nicht auf heidnisches Gebiet und betretet keine samaritanische Stadt, sondern geht zu den verlorenen Schafen des Volkes Israel. Geht und verkündet: Das Himmelreich ist nahe. Heilt Kranke, weckt Tote auf, macht Aussätzige rein, treibt Dämonen aus. Was ihr umsonst bekommen habt, das gebt umsonst weiter. Steckt euch kein Gold, kein Silber und kein Kupfergeld in euren Gürtel; besorgt euch auch keine Vorratstasche für unterwegs, kein zweites Hemd, keine Sandalen und keinen Wanderstab. Denn wer arbeitet, hat Anrecht auf seinen Lebensunterhalt.

Wenn ihr in eine Stadt oder in ein Dorf kommt, dann sucht jemand, der es wert ist, euch aufzunehmen. Bleibt bei ihm, bis ihr jenen Ort wieder verlaßt. Wenn ihr das Haus betretet, grüßt die Bewohner und wünscht ihnen Frieden. Sind sie es wert, so soll der Frieden, den ihr bringt, bei ihnen einziehen. Sind sie es jedoch nicht wert, so soll euer Frieden zu euch zurückkehren.

Wenn man euch nicht aufnimmt und sich eure Botschaft nicht anhören will, dann verlaßt jenes Haus oder jene Stadt und schüttelt den Staub von euren Füßen. Ich sage euch: Sodom und Gomorra wird es am Tag des Gerichts noch erträglich gehen im Vergleich zu solch einer Stadt.

Seht, ich sende euch wie Schafe mitten unter die Wölfe. Seid darum klug wie die Schlangen und doch ohne Falsch wie die Tauben. Nehmt euch in acht vor den Menschen! Sie werden euch in ihren Synagogen vor Gericht stellen und auspeitschen. Man wird euch um meinetwillen vor Machthaber und Könige führen, und ihr sollt vor ihnen und vor allen Völkern meine Zeugen sein. Wenn man euch vor Gericht stellt, dann macht euch keine Sorgen, wie ihr reden und was ihr sagen sollt. Denn wenn es soweit ist, wird euch eingegeben, was ihr sagen müßt. Nicht ihr seid es, die dann reden, sondern der Geist eures Vaters wird durch euch reden. Menschen werden ihre nächsten Angehörigen dem Henker ausliefern: der Bruder den Bruder und der Vater sein Kind; und auch Kinder werden sich gegen ihre Eltern stellen und sie töten lassen. Um meines Namens willen werdet ihr von allen Menschen gehaßt werden. Wer aber bis ans Ende standhaft bleibt, wird gerettet. Wenn man euch in der einen Stadt verfolgt, dann flieht in eine andere! Ich sage euch: Noch bevor ihr mit den Städten Israels zu Ende seid, wird der Menschensohn kommen.

Ein Jünger steht nicht über seinem Meister und ein Diener nicht über seinem Herrn. Der Jünger muß zufrieden sein, wenn es ihm ergeht wie seinem Meister, und der Diener, wenn es ihm ergeht wie seinem Herrn. Hat man schon den Hausherrn Beelzebul genannt, dann wird man seine Leute erst recht so nennen. Fürchtet euch also nicht vor den Menschen! Denn nichts, was verborgen ist, bleibt verborgen; alles wird offenbart werden. Und nichts, was geheim ist, bleibt geheim; alles wird bekanntgemacht werden. Was ich euch im Dunkeln sage, das sagt am hellen Tag weiter, und was euch ins Ohr geflüstert wird, das verkündet in aller Öffentlichkeit. Fürchtet euch nicht vor denen, die den Leib töten können – die Seele können sie nicht töten. Fürchtet vielmehr den, der Leib und Seele dem Verderben in der Hölle preisgeben kann. Denkt doch einmal an die Spatzen! Zwei von ihnen kosten nicht mehr als einen Groschen, und doch fällt kein einziger Spatz auf die Erde, ohne daß euer Vater es zuläßt. Und bei euch sind sogar die Haare auf dem Kopf alle gezählt. Seid darum ohne Furcht! Ihr seid mehr wert als eine noch so große Menge Spatzen.

Wer sich vor den Menschen zu mir bekennt, zu dem werde auch ich mich vor meinem Vater im Himmel bekennen. Wer mich aber vor den Menschen verleugnet, den werde auch ich vor meinem Vater im Himmel verleugnen. Denkt nicht, ich sei gekommen, um Frieden auf die Erde zu bringen. Ich bin nicht gekommen, um Frieden zu bringen, sondern das Schwert. Ich bin gekommen, um *den Sohn mit seinem Vater zu entzweien, die Tochter mit ihrer Mutter und die Schwiegertochter mit ihrer Schwiegermutter; die eigenen Angehörigen werden zu Feinden.* (Micha 6, 7) Wer Vater oder Mutter mehr liebt als mich, ist es nicht wert, mein Jünger zu sein, und wer Sohn oder Tochter mehr liebt als mich, ist es nicht wert, mein Jünger zu sein. Wer nicht sein Kreuz auf sich nimmt und mir nachfolgt, ist es nicht wert, mein Jünger zu sein. Wer sein Leben erhalten will, wird es verlieren; wer aber sein Leben um meinetwillen verliert, wird es finden. Wer euch aufnimmt, nimmt mich auf, und wer mich aufnimmt, nimmt den auf, der mich gesandt hat. Wer einen Propheten aufnimmt, weil er ein Prophet ist, wird den Lohn eines Propheten erhalten. Wer einen Gerechten aufnimmt, weil er ein Gerechter ist, wird den Lohn eines Gerechten erhalten. Und wer einem von diesen Geringgeachteten auch nur einen Becher kaltes Wasser zu trinken gibt, einfach weil er mein Jünger ist, der wird – das versichere ich euch – nicht ohne Lohn bleiben.«

Da machten sich die Jünger auf den Weg und zogen von Dorf zu Dorf. Überall verkündigten sie die Botschaft vom Reich Gottes, trieben viele Dämonen aus und salbten viele Kranke mit Öl und heilten sie.

Nachdem Jesus seinen zwölf Jüngern diese Anweisungen gegeben hatte, zog er weiter, um in den Städten Galiläas zu lehren und Gottes gute Botschaft zu verkünden.

Der Tod Johannes des Täufers

Herodias hegte immer noch einen solchen Groll gegen Johannes den Täufer, den ihr Mann ins Gefängnis hatte werfen lassen, daß sie ihn am liebsten umgebracht hätte. Doch bot sich ihr zunächst keine Möglichkeit dazu, denn Herodes hatte Hochachtung vor Johannes, den er als einen gerechten und heiligen Mann kannte, und sorgte deshalb für seine Sicherheit. Auch hörte er ihm gern zu, obwohl er dabei jedesmal in große Unruhe geriet.

Aber dann kam für Herodias eine günstige Gelegenheit. An seinem Geburtstag gab Herodes für die hohen Beamten seines Hofes, für die Offiziere und für die führenden Männer von Galiläa ein Festessen. Während des Festes kam die Tochter der Herodias herein und tanzte. Herodes und seine Gäste waren begeistert von ihr, und der König sagte zu dem Mädchen: »Wünsche dir, was du willst; ich werde es dir geben!« Er schwor ihr sogar: »Um was du auch bittest – ich werde es dir geben, und wäre es die Hälfte meines Königreichs!« Sie ging hinaus und fragte ihre Mutter: »Was soll ich mir wünschen?« Die Mutter antwortete: »Den Kopf Johannes des Täufers.« In aller Eile lief das Mädchen wieder zum König hinein und erklärte: »Ich will, daß du mir sofort auf einer Schale den Kopf Johannes des Täufers bringen läßt!« Der König war bestürzt; doch weil er vor seinen Gästen einen Eid geschworen hatte, wollte er dem Mädchen die Bitte nicht abschlagen. Unverzüglich beauftragte er einen Henker, den Kopf des Täufers zu bringen. Der Henker ging ins Gefängnis und enthauptete Johannes. Dann trug er den Kopf auf einer Schale herein und gab ihn dem Mädchen, und das Mädchen gab ihn seiner Mutter.

Als die Jünger des Johannes das erfuhren, kamen sie, holten den Toten und legten ihn in ein Grab. Dann gingen sie zu Jesus und berichteten ihm, was geschehen war.

In jener Zeit hörte auch der Tetrarch Herodes vom Wirken Jesu und wußte nicht, was er davon halten sollte.

»Johannes habe ich doch selbst enthaupten lassen« überlegte Herodes. »Wer ist denn dieser Mann, von dem man mir solche Dinge erzählt?«

»Johannes der Täufer ist von den Toten auferstanden; deshalb gehen solche Wunderkräfte von ihm aus,« sagten manche.

Andere sagten: »Es ist Elia.« Wieder andere meinten: »Er ist ein Prophet wie einer der Propheten aus früherer Zeit.«

Schließlich sagte Herodes zu seinen Leuten: »Das ist niemand anders als Johannes der Täufer. Er ist von den Toten auferstanden.« Darum wollte er Jesus unbedingt sehen.

Jesus gibt einer großen Menschenmenge zu essen

Als die Apostel zu Jesus zurückkamen, berichteten sie ihm alles, was sie getan und gelehrt hatten und was mit Johannes geschehen war. Da sagte Jesus zu ihnen: »Kommt, wir gehen an einen einsamen Ort, wo wir allein sind und wo ihr euch ein wenig ausruhen könnt.« Denn es war ein ständiges Kommen und Gehen, so daß sie nicht einmal Zeit zum Essen fanden. So fuhren sie mit dem Boot auf die Ostseite des Sees von Galiläa (auch See von Tiberias genannt) in die Nähe der Stadt Betsaida. Aber man hatte sie bei der Abfahrt beobachtet, und viele ahnten, wohin sie wollten. So liefen die Leute aus allen umliegenden Ortschaften zusammen und waren auf dem Landweg noch vor ihnen dort. Sie folgten ihm dorthin, weil sie die Wunder sahen, die er an den Kranken tat. Jesus stieg auf einen Berg und setzte sich dort mit seinen Jüngern. Als er die Menschenmenge sah, ergriff ihn tiefes Mitgefühl, denn sie waren wie Schafe, die keinen Hirten haben. Jesus wies sie nicht ab, sondern nahm sich viel Zeit, sie zu lehren, und alle, die Heilung nötig hatten, machte er gesund.

Als es auf den Abend zuging, kamen die Zwölf zu ihm und sagten: »Schick die Leute fort, dann können sie in die umliegenden Dörfer und Gehöfte gehen und dort übernachten und etwas zu essen bekommen. Hier sind wir ja an einem einsamen Ort.« Jesus erwiderte: »Sie brauchen nicht wegzugehen. Gebt doch ihr ihnen zu essen!«

Dann fragte er Philippus: »Wo können wir so viel Brot kaufen, daß alle diese Leute zu essen bekommen?« Jesus wollte ihn mit dieser Frage auf die Probe stellen; er selbst wußte genau, was er tun wollte. Philippus entgegnete: »Selbst für zweihundert Denare würde man nicht genug Brot bekommen, um jedem auch nur ein kleines Stück zu geben. Sollen wir uns etwa auf den Weg machen und für alle diese Leute Essen kaufen?« »Wie viele Brote habt ihr?« fragte Jesus. »Geht und seht nach!« Andreas, der Bruder von Simon Petrus antwortete: »Hier ist ein Junge, der hat fünf Gerstenbrote und zwei Fische. Aber was ist das schon für so viele Menschen?« »Bringt sie mir her!« sagte Jesus.

Dann wies Jesus die Jünger an, dafür zu sorgen, daß die Leute sich gruppenweise ins Gras setzten. Die Jünger taten, was Jesus ihnen gesagt hatte.

Als sie sich in Gruppen zu hundert und zu fünfzig gelagert hatten, nahm Jesus die fünf Brote und die zwei Fische, blickte zum Himmel auf und dankte Gott dafür. Dann brach er die Brote in Stücke und gab sie seinen Jüngern, damit diese sie an die Menge verteilten, und jeder aß, soviel er wollte. Auch die zwei Fische ließ er unter alle verteilen. Und alle aßen und wurden satt.

Als die Leute satt waren, sagte er zu seinen Jüngern: »Sammelt auf, was übriggeblieben ist, damit nichts verdirbt.« Die Jünger sammelten die Reste auf, die von den fünf Gerstenbroten übriggeblieben waren, nachdem alle davon gegessen hatten, und füllten zwölf Körbe damit. Etwa fünftausend Männer hatten an der Mahlzeit teilgenommen, Frauen und Kinder nicht mitgerechnet.

Als die Leute begriffen, was für ein Wunder Jesus getan hatte, sagten sie: »Das ist wirklich der Prophet, von dem es heißt, daß er in die Welt kommen soll!«

Jesus geht auf dem Wasser

Jesus wußte, daß sie als nächstes kommen und versuchen würden, ihn mit Gewalt zum König zu machen. So drängte er seine Jünger, unverzüglich ins Boot zu steigen und ans andere Ufer nach Betsaida vorauszufahren; er wollte inzwischen die Leute entlassen.

Als er sich von der Menge verabschiedet hatte, ging

er auf einen Berg, um zu beten. Spät am Abend war er immer noch dort, ganz allein. Die Jünger waren inzwischen zum See hinuntergegangen, ins Boot gestiegen und in Richtung Kafarnaum abgefahren. Inzwischen war es dunkel geworden. Das Boot befand sich schon weit draußen auf dem See und hatte schwer mit den Wellen zu kämpfen, weil ein starker Gegenwind aufgekommen war. Jesus sah, wie sich die Jünger beim Rudern abmühten.

Gegen Ende der Nacht kam er zu ihnen; er ging auf dem See, und es schien, als wollte er an ihnen vorübergehen. Als die Jünger ihn auf dem Wasser gehen sahen, meinten sie, es sei ein Gespenst, und schrien auf, so sehr waren sie alle bei seinem Anblick von Furcht gepackt. Aber Jesus sprach sie sofort an. »Erschreckt nicht!« rief er. »Ich bin's. Ihr braucht euch nicht zu fürchten.«

Da sagte Petrus: »Herr, wenn du es bist, dann befiehl mir, auf dem Wasser zu dir zu kommen!« »Komm!« sagte Jesus. Petrus stieg aus dem Boot und ging auf dem Wasser auf Jesus zu. Doch als er merkte, wie heftig der Sturm war, fürchtete er sich. Er begann zu sinken. »Herr«, schrie er, »rette mich!« Sofort streckte Jesus seine Hand aus und hielt ihn fest. »Du Kleingläubiger«, sagte er, »warum hast du gezweifelt?« Dann stiegen beide ins Boot, und der Sturm legte sich. Da waren sie erst recht fassungslos. Alle, die im Boot waren, warfen sich vor Jesus nieder und sagten: »Du bist wirklich Gottes Sohn.« Und da waren sie auch schon an dem Ufer, das sie erreichen wollten. Bei Genesaret gingen sie ans Land. Kaum waren sie aus dem Boot gestiegen, da erkannten die

Leute Jesus und benachrichtigten die ganze umliegende Gegend.

So schnell sie konnten, machten sich alle auf den Weg, um die Kranken zu holen. Sowie sie erfuhren, an welchem Ort sich Jesus aufhielt, brachten sie sie auf Tragbahren dorthin und baten ihn, er möge sie doch wenigstens den Saum seines Gewandes berühren lassen. Und alle, die ihn berührten, wurden geheilt.

Die Menschenmenge, die auf der anderen Seite des Sees geblieben war, fragte sich am nächsten Morgen, wo Jesus wohl sein könnte. Sie hatten ja gesehen, daß nur ein einziges Boot am Ufer gelegen hatte und daß die Jünger damit abgefahren waren, ohne daß er zu ihnen ins Boot gestiegen war. Inzwischen kamen von Tiberias andere Boote herüber und legten auch in der Nähe der Stelle an, wo die Menge nach dem Dankgebet des Herrn das Brot gegessen hatte. Als die Leute schließlich merkten, daß Jesus nicht mehr da war und seine Jünger auch nicht, stiegen sie in diese Boote und setzten nach Kafarnaum über, um ihn dort zu suchen.

Jesus Christus – das Brot des Lebens

Und auf der anderen Seite des Sees fanden sie ihn. »Rabbi«, fragten sie ihn, »wann bist du denn hierher gekommen?« Jesus entgegnete: »Ich will euch sagen, warum ihr mich sucht: Ihr sucht mich nur, weil ihr von den Broten gegessen habt und satt geworden seid. Aber was Gott euch durch die Wunder sagen will, wollt ihr nicht verstehen. Statt euch nur um die vergängliche Nahrung zu kümmern, bemüht euch um die Nahrung, die Bestand hat und das ewige Leben bringt. Diese Nahrung wird euch der Menschensohn geben, denn ihn hat Gott, der Vater, als seinen Bevollmächtigten bestätigt.«

Da fragten sie ihn: »Was für Dinge müssen wir denn tun, um Gottes Willen zu erfüllen?« Jesus antwortete: »Gottes Wille wird dadurch erfüllt, daß ihr an den glaubt, den er gesandt hat.«

Doch nun sagten sie: »Wenn wir dir glauben sollen, daß du von Gott gesandt bist, dann laß uns ein Wunder sehen, das es uns beweist. Wo bleibt dieser Beweis? Damals in der Wüste haben unsere Vorfahren Manna gegessen, wie es ja auch in der Schrift heißt: *Brot vom Himmel gab er ihnen zu essen*.« (Ps 78,24)

Jesus erwiderte: »Ich sage euch: Das Brot vom Himmel hat euch nicht Mose gegeben; es ist mein Vater, der euch das wahre Brot vom Himmel gibt. Denn das Brot, das Gott gibt, ist der, der vom Himmel herabkommt und der Welt das Leben schenkt.«

»Herr«, sagten sie da zu ihm, »gib uns immer von diesem Brot!« Jesus antwortete: »Ich bin das Brot des Lebens. Wer zu mir kommt, wird nie mehr hungrig sein, und wer an mich glaubt, wird nie mehr Durst haben. Aber es ist, wie ich euch schon gesagt habe: Trotz allem, was ihr von mir gesehen habt, glaubt ihr nicht. Alle, die der Vater mir gibt, werden zu mir kommen, und wer zu mir kommt, den werde ich nicht hinausweisen. Denn ich bin nicht vom Himmel herabgekommen, um das zu tun, was ich selber will, sondern um den Willen dessen zu erfüllen, der mich gesandt hat. Und der Wille dessen, der mich gesandt hat, ist, daß ich von all denen, die er mir gegeben hat, niemand verlorengehen lasse, sondern daß ich sie an jenem letzten Tag vom Tod auferwecke. Ja, es ist der Wille meines Vaters, daß jeder, der den Sohn sieht und an ihn glaubt, das ewige Leben hat; und an jenem letzten Tag werde ich ihn auferwecken.«

Die Juden waren empört darüber, daß Jesus gesagt hatte: »Ich bin das Brot, das vom Himmel herabgekommen ist.« »Ist das nicht Jesus, der Sohn von Josef?« sagten sie. »Wir kennen doch seinen Vater und seine Mutter! Wie kann er da behaupten, er sei vom Himmel herabgekommen?«

»Warum seid ihr so empört?« sagte Jesus zu ihnen. »Hört auf, so zu reden! Niemand kann von sich selbst aus zu mir kommen. Der Vater, der mich gesandt hat, muß ihn zu mir ziehen. Und wer zu mir kommt, den werde ich an jenem letzten Tag auferwecken. Es heißt in der Schrift bei den Propheten: Sie werden alle von Gott selbst gelehrt sein. Jeder, der auf das hört, was der Vater sagt, und von ihm lernt, kommt zu mir. Das heißt nun aber nicht, daß irgend jemand den Vater gesehen hat. Nur der eine, der von Gott kommt, hat den Vater gesehen. Ich versichere euch: Wer glaubt, hat das ewige Leben. Ich bin das Brot des Lebens. Eure Vorfahren, die in der Wüste das Manna gegessen haben, sind gestorben. Hier aber ist das wahre Brot, das vom Himmel herabkommt: Wer davon ißt, wird nicht sterben. Ich bin das lebendige Brot, das vom Himmel herabgekommen ist. Wenn jemand von diesem Brot ißt, wird er ewig leben.

Dieses Brot, das ich ihm geben werde, ist mein Fleisch; ich gebe es hin für das Leben der Welt.«

Unter den Juden kam es daraufhin zu einer heftigen Auseinandersetzung. »Wie kann dieser Mensch uns sein Fleisch zu essen geben?« fragten sie. Jesus aber sagte zu ihnen: »Ich versichere euch: Wenn ihr das Fleisch des Menschensohnes nicht eßt und sein Blut nicht trinkt, habt ihr das Leben nicht in euch. Wer mein Fleisch ißt und mein Blut trinkt, hat das ewige Leben, und ich werde ihn an jenem letzten Tag auferwecken. Denn mein Fleisch ist die wahre Nahrung, und mein Blut ist der wahre Trank. Wer mein Fleisch ißt und mein Blut trinkt, der bleibt in mir, und ich bleibe in ihm. Der Vater, der lebendige Gott, hat mich gesandt, und ich lebe durch ihn. Genauso wird auch der, der mich ißt, durch mich leben. Das ist also das Brot, das vom Himmel herabgekommen ist. Bei diesem Brot ist es nicht wie bei dem, das die Vorfahren gegessen haben. Sie sind gestorben; aber wer dieses Brot ißt, wird ewig leben.«

Diese Dinge sagte Jesus, als er in der Synagoge von Kafarnaum lehrte.

Viele Jünger wenden sich von Jesus ab

Empört sagten viele seiner Jünger: »Was er da redet, ist eine Zumutung! Wie kann man von jemand verlangen, sich so etwas anzuhören?« Jesus war sich bewußt, daß die Jünger über seine Worte empört waren. »Daran nehmt ihr Anstoß?« fragte er sie. »Und was werdet ihr sagen, wenn ihr den Menschensohn in den Himmel zurückkehren seht, dorthin, wo er vorher war? Der Geist

ist es, der lebendig macht; das Fleisch ist dazu nicht fähig. Die Worte, die ich zu euch geredet habe, sind Geist und sind Leben. Aber es sind einige unter euch, die glauben nicht.« Jesus wußte nämlich von Anfang an, wer die waren, die nicht glaubten, und wußte auch, wer es war, der ihn verraten würde. Er schloß mit den Worten: »Aus diesem Grund habe ich zu euch gesagt: Niemand kann von sich selbst aus zu mir kommen; es kann nur durch das Wirken des Vaters geschehen.«

Von da an zogen sich viele seiner Jünger von ihm zurück und begleiteten ihn nicht mehr.

Da fragte Jesus die Zwölf: »Wollt ihr etwa auch weggehen?« »Herr, zu wem sollten wir gehen?« antwortete Simon Petrus. »Du hast Worte, die zum ewigen Leben führen, und wir glauben und haben erkannt, daß du der Heilige bist, den Gott gesandt hat.« Daraufhin sagte Jesus zu ihnen: »Habe ich nicht euch alle zwölf erwählt? Und doch ist einer von euch ein Teufel!« Er meinte damit Judas, den Sohn von Simon Iskariot. Denn Judas, einer der Zwölf, war es, der ihn später verriet.

Gottes Gebot und menschliche Vorschriften

In der darauffolgenden Zeit zog Jesus durch Galiläa. Er mied Judäa, denn dort trachteten ihm die führenden Männer des jüdischen Volkes nach dem Leben. So waren die Pharisäer und einige Schriftgelehrte aus Jerusalem gemeinsam zu Jesus gekommen, und da sie gesehen hatten, wie einige seiner Jünger aßen, ohne sich die Hände gewaschen zu haben, fragten sie Jesus: »Warum richten sich deine Jünger nicht nach den Vorschriften, die uns von den Vorfahren her überliefert sind und waschen sich vor dem Essen zum Beispiel nicht die Hände?«

Ihre Hände galten deshalb als unrein, denn die Pharisäer und die Juden im allgemeinen essen nur, wenn sie sich vorher die Hände gewaschen haben; sie richten sich damit nach den Vorschriften, die ihnen von den Vorfahren her überliefert sind. Und wenn sie vom Markt kommen, essen sie erst, nachdem sie sich einer Reinigung unterzogen haben. So halten sie noch viele andere Vorschriften ein, die ihnen überliefert worden sind, wie zum Beispiel das Reinigen von Bechern, Krügen, Kupfergefäßen und Sitzpolstern.

Jesus entgegnete ihnen: »Und ihr, warum mißachtet ihr Gottes Gebot euren Vorschriften zuliebe? Gott hat zum Beispiel gesagt: *Ehre Vater und Mutter!* (2. Mose 20, 12) und: *Wer Vater oder Mutter verflucht, soll mit dem Tod bestraft werden.* (2. Mose 21, 17; 3. Mose 20, 9) Ihr dagegen lehrt, man könne zu seinem Vater oder zu seiner Mutter sagen: Alles, was dir eigentlich von mir als Unterstützung zusteht, erkläre ich zur Opfergabe; dann brauche man seine Eltern nicht mehr zu unterstützen. Damit habt ihr euren eigenen Vorschriften zuliebe das Wort Gottes außer Kraft gesetzt. Und von dieser Art ist vieles, was ihr tut. Genauso ist es: Ihr laßt Gottes Gebote außer acht und haltet euch statt dessen an menschliche Vorschriften. Was Jesaja in der Schrift prophezeit hat, trifft genau auf euch Heuchler zu:

Dieses Volk ehrt mich mit den Lippen,
aber ihr Herz ist weit von mir entfernt.
Ihr ganzer Gottesdienst ist wertlos,
denn ihre Lehren sind nichts als Gebote von Menschen.«
(Jes 29, 13)

Dann rief Jesus die Menge wieder zu sich und sagte: »Hört mir alle zu, damit ihr versteht, was ich sage! Nichts, was von außen kommt, kann den Menschen in Gottes Augen unrein machen. Unrein macht ihn vielmehr das, was aus ihm selber kommt, die Worte, die aus seinem Mund herauskommen.«

Daraufhin kamen die Jünger zu Jesus und sagten: »Weißt du, daß die Pharisäer an diesem Wort Anstoß genommen haben?« Er antwortete: »Jede Pflanze, die nicht mein Vater im Himmel gepflanzt hat, wird ausgerissen werden. Laßt sie! Sie sind blinde Blindenführer, und wenn ein Blinder einen Blinden führt, fallen beide in die Grube.«

Da bat ihn Petrus: »Erkläre uns jenen Ausspruch über das, was unrein macht!« »Habt auch ihr noch immer nichts begriffen?« erwiderte Jesus. »Versteht ihr denn nicht, daß nichts, was von außen in den Menschen hineingelangt, ihn unrein machen kann? Es gelangt ja nicht in sein Herz, sondern in den Bauch, und dann wird es wieder ausgeschieden.« Damit erklärte Jesus auch, daß alle Speisen vor Gott rein sind. »Vielmehr macht das, was aus dem Menschen herauskommt ihn unrein«, fuhr er fort. »Denn von innen, aus dem Herzen des Menschen, kommen Gedanken, die böse sind – Unzucht, Diebstahl, Mord, Ehebruch, Habgier, Bosheit, Hinterlist,

Zügellosigkeit, Mißgunst, Verleumdung, Überheblichkeit und Unvernunft. All dieses Böse kommt von innen heraus und macht den Menschen in Gottes Augen unrein, aber mit ungewaschenen Händen essen macht ihn nicht unrein.«

Jesu Dienst ausserhalb Galiläas und Judäas

Der Glaube einer Nichtjüdin

Von Galiläa aus zog Jesus in das Gebiet von Tyrus und Sidon.

Weil er nicht wollte, daß jemand von seiner Anwesenheit erfuhr, zog er sich in ein Haus zurück. Aber es ließ sich nicht verbergen, daß er da war. Da kam eine Syrophönizierin aus jener Gegend und rief: »Herr, du Sohn Davids, hab Erbarmen mit mir! Meine Tochter wird von einem Dämon furchtbar gequält.« Aber Jesus gab ihr keine Antwort. Schließlich drängten ihn seine Jünger: »Erfüll ihr doch die Bitte, sie hört ja nicht auf, hinter uns herzuschreien! » Er aber entgegnete: »Ich bin nur zu den verlorenen Schafen des Volkes Israel gesandt.« Da kam die Frau näher, warf sich vor Jesus nieder und bat: »Herr, hilf mir!« Jesus wehrte ab: »Es ist nicht recht, den Kindern das Brot wegzunehmen und es den Hunden vorzuwerfen.« »Das stimmt, Herr », erwiderte sie, »aber immerhin fressen die Hunde die Brotkrumen, die vom Tisch ihrer Herren herunterfallen.« Da sagte Jesus zu ihr:

»Frau, dein Glaube ist groß! Was du willst, soll geschehen.« Von diesem Augenblick an war ihre Tochter gesund.

Als die Frau nach Hause kam, lag das Mädchen auf dem Bett, und der Dämon hatte es verlassen.

Die Heilung eines Taubstummen

Jesus verließ die Gegend von Tyrus wieder und ging an das östliche Ufer des Sees von Galiläa, mitten in das Zehnstädtegebiet.

Dort wurde ein Mann zu ihm gebracht, der taub war und kaum reden konnte; man bat Jesus, ihm die Hand aufzulegen. Jesus führte ihn beiseite, weg von der Menge. Er legte seine Finger in die Ohren des Mannes, berührte dann dessen Zunge mit Speichel, blickte zum Himmel auf, seufzte und sagte zu dem Mann: »Effata!« (Das bedeutet: Öffne dich!) Im selben Augenblick öffneten sich seine Ohren, seine Zunge war gelöst, und er konnte normal reden.

Jesus verbot den Leuten, jemand etwas davon zu sagen. Doch je mehr er es ihnen verbot, desto mehr machten sie es bekannt. Die Menschen waren vor Staunen ganz außer sich. »Wie gut ist alles, was er getan hat!« sagten sie. »Er gibt sogar den Tauben das Gehör und den Stummen die Sprache wieder.« Nun strömten die Menschen in Scharen herbei und brachten Lahme, Blinde, Krüppel und Stumme und viele andere Kranke zu ihm. Sie legten sie vor seinen Füßen nieder, und er heilte

sie. Die Leute staunten, als sie sahen, daß Stumme redeten, Krüppel gesund wurden, Lahme umhergingen und
Blinde sehen konnten. Und sie priesen den Gott Israels.

Jesus gibt noch einmal einer großen Menschenmenge
zu essen

Da die Leute nichts zu essen hatten, rief Jesus seine Jünger zu sich und sagte: »Mir tun diese Menschen leid. Seit
drei Tagen sind sie nun schon bei mir und haben nichts zu
essen. Wenn ich sie hungrig nach Hause gehen lasse, brechen sie unterwegs vor Erschöpfung zusammen; außerdem sind einige unter ihnen von weit her gekommen.«
Die Jünger erwiderten: »Wo soll man denn hier in dieser
einsamen Gegend genug Brot bekommen, um sie alle satt
zu machen?« Doch Jesus fragte sie: »Wie viele Brote habt
ihr?« »Sieben«, antworteten sie »dazu ein paar kleine Fische.« Er forderte die Menge auf, sich zu lagern, dann
nahm er die sieben Brote, dankte Gott dafür und brach sie
in Stücke. Dann gab er sie seinen Jüngern zum Verteilen,
und die Jünger teilten sie an die Menge aus. Jesus ließ die
Fische ebenfalls verteilen, nachdem er Gott dafür gedankt
hatte. Und die Leute aßen und wurden satt. Am Schluß
sammelte man auf, was übriggeblieben war – sieben Körbe voll. Viertausend Männer hatten an der Mahlzeit teilgenommen, Frauen und Kinder nicht mitgerechnet. Als Jesus die Leute dann entlassen hatte, damit sie nach Hause
gehen konnten, stieg er mit seinen Jüngern ins Boot und
fuhr in die Gegend von Dalmanuta.

Zeichenforderung der Pharisäer und Sadduzäer

Die Pharisäer und die Sadduzäer kamen zu Jesus, um ihn auf die Probe zu stellen, und forderten von ihm ein Zeichen vom Himmel. Jesus seufzte tief und sagte: »Warum verlangt diese Generation ein Zeichen? Am Abend, wenn der Himmel sich rot färbt, sagt ihr: Das Wetter wird schön. Und am Morgen, wenn der Himmel sich rot färbt und trüb aussieht, sagt ihr: Heute gibt es schlechtes Wetter. Das Aussehen des Himmels könnt ihr beurteilen, aber die Zeichen der Zeit zu verstehen – dazu seid ihr nicht in der Lage. Und nun verlangt diese Generation, die doch böse ist und sich von Gott abgewandt hat, auch noch ein Zeichen! Es wird ihr kein Zeichen gegeben werden, nur das des Propheten Jona.« Damit ließ er sie stehen, stieg wieder ins Boot und fuhr auf die andere Seite des Sees.

Der Sauerteig der Pharisäer und der Sauerteig des Herodes

Bei der Überfahrt auf die andere Seite des Sees hatten die Jünger vergessen, Brot mitzunehmen. »Nehmt euch in acht!« sagte Jesus zu ihnen. »Hütet euch vor dem Sauerteig der Pharisäer und Sadduzäer!« Da überlegten sie hin und her und meinten: » Das sagt er sicher, weil wir kein Brot mitgenommen haben.« Als Jesus merkte, was sie beschäftigte, sagte er: »Ihr Kleingläubigen, warum macht ihr euch Gedanken darüber, daß ihr kein Brot habt? Versteht ihr denn immer noch nicht? Sind eure Herzen so verschlossen? Ihr habt doch Augen – könnt ihr nicht sehen? Ihr habt doch Ohren – könnt ihr nicht hören? Erinnert ihr euch nicht daran, wie ich die fünf Brote für die Fünftausend in Stücke brach? Wie viele Körbe voller Reste habt ihr damals aufgesammelt?« »Zwölf«, antworteten sie. »Und als ich die sieben Brote für die Viertausend in Stücke brach, wie viele Körbe voller Reste habt ihr da aufgesammelt?« »Sieben«, antworteten sie. Da sagte er zu ihnen: »Begreift ihr immer noch nicht? Warum versteht ihr nicht, daß ich von etwas anderem als von Brot geredet habe? Vor dem Sauerteig der Pharisäer und Sadduzäer sollt ihr euch hüten!« Da begriffen die Jünger, daß er nicht gemeint hatte, sie sollten sich vor dem Sauerteig hüten, den man zum Brotbacken verwendet, sondern vor der Lehre der Pharisäer und Sadduzäer.

Heilung eines Blinden bei Betsaida

Sie kamen nach Betsaida. Dort brachte man einen Blinden zu Jesus und bat ihn, den Mann anzurühren. Jesus nahm den Blinden bei der Hand und führte ihn aus dem Ort hinaus. Er benetzte ihm die Augen mit Speichel, legte ihm die Hände auf und fragte ihn: »Siehst du etwas?« Der Mann blickte auf und erwiderte: »Ich sehe Menschen; sie gehen umher, aber sie sehen aus wie Bäume.« Da legte Jesus ihm noch einmal die Hände auf die Augen; nun konnte er deutlich sehen. Er war geheilt und konnte alles klar erkennen. »Geh nicht in den Ort zu den Leuten«, sagte Jesus und schickte ihn nach Hause.

Jesus ging mit seinen Jüngern weiter und kam in die Dörfer bei Cäsarea Philippi. Unterwegs fragte er sie: »Für wen halten mich die Leute?« »Die einen halten dich für Johannes den Täufer«, antworteten die Jünger, »andere halten dich für Elia, und wieder andere sagen, einer der alten Propheten sei auferstanden.« »Und ihr«, fragte Jesus, »für wen haltet ihr mich?« Simon Petrus antwortete: »Du bist der Messias, der Sohn des lebendigen Gottes!« Darauf sagte Jesus zu ihm: »Glücklich bist du zu preisen, Simon, Sohn des Jona; denn nicht menschliche Klugheit hat dir das offenbart, sondern mein Vater im Himmel. Deshalb sage ich dir jetzt: Du bist Petrus, und auf diesen Felsen werde ich meine Gemeinde bauen, und das Totenreich mit seiner ganzen Macht wird nicht stärker sein als sie. Ich werde dir die Schlüssel des Himmelreichs geben; was du auf der Erde bindest, das wird im Himmel gebunden sein, und was du auf der Erde löst, das wird im Himmel gelöst sein.« Dann schärfte Jesus den Jüngern ein, niemand zu sagen, daß er der Messias sei.

Jesus kündigt seinen Tod an

Danach redete Jesus mit seinen Jüngern zum erstenmal offen darüber, daß er nach Jerusalem gehen und dort vieles erleiden müsse: »Der Menschensohn wird von den Ältesten, den führenden Priestern und den Schriftgelehrten verworfen werden; er wird getötet werden und drei Tage danach auferstehen.« Da nahm ihn Petrus beiseite und versuchte mit aller Macht, ihn davon abzubringen. »Niemals, Herr!« sagte er. »Auf keinen Fall darf so etwas mit dir geschehen!« Aber Jesus wandte sich um und sagte zu Petrus: »Geh weg von mir, Satan! Du willst mich zu Fall bringen. Was du denkst, kommt nicht von Gott, sondern ist menschlich!« Danach rief Jesus die Volksmenge samt seinen Jüngern zu sich und sagte: »Wenn jemand mein Jünger sein will, muß er sich selbst verleugnen, sein Kreuz auf sich nehmen und mir nachfolgen. Denn wer sein Leben retten will, wird es verlieren; wer aber sein Leben um meinetwillen und um des Evangeliums willen verliert, wird es retten. Was nützt es einem Menschen, die ganze Welt zu gewinnen, wenn er dabei sich selbst ins Verderben stürzt oder unheilbar Schaden nimmt? Denn was könnte ein Mensch als Gegenwert für sein Leben geben? Wer in dieser von Gott abgefallenen und sündigen Zeit nicht zu mir und meinen Worten steht, zu dem wird auch der Menschensohn nicht stehen, wenn er mit den heiligen Engeln in der Herrlichkeit seines Vaters kommt.« Jesus fügte hinzu: »Ich sage euch: Einige von denen, die hier stehen, werden nicht sterben, bis sie das Reich Gottes in seiner Macht kommen sehen.«

Drei Jünger werden Zeugen der Herrlichkeit Jesu

Sechs Tage später nahm Jesus Petrus, Jakobus und Johannes mit sich und stieg mit ihnen auf einen hohen

Berg, um zu beten. Während er betete, veränderte sich das Aussehen seines Gesichts, und seine Kleider begannen leuchtend weiß zu glänzen, so hell, wie es kein Färber auf der ganzen Erde hätte machen können.

Auf einmal erschienen zwei Männer in himmlischem Glanz und redeten mit Jesus; es waren Mose und Elia. Sie sprachen mit ihm über das Ende, das ihm in Jerusalem bevorstand, und wie sich damit sein Auftrag erfüllen würde.

Der Schlaf hatte Petrus und seine Gefährten überwältigt. Als sie aufwachten, sahen sie Jesus in seinem himmlischen Glanz und die beiden Männer, die bei ihm standen. Als diese im Begriff waren, von ihm wegzugehen, sagte Petrus zu Jesus: »Meister, wie gut ist es, daß wir hier sind! Wir wollen drei Hütten bauen, eine für dich, eine für Mose und eine für Elia.« Doch Petrus wußte selbst nicht, was er da sagte.

Während er noch redete, kam plötzlich eine leuchtend helle Wolke und warf ihren Schatten auf sie, und aus der Wolke sprach eine Stimme: »Dies ist mein geliebter Sohn. An ihm habe ich Freude, und auf ihn sollt ihr hören!« Die Stimme versetzte die Jünger so sehr in Schrecken, daß sie sich zu Boden warfen, mit dem Gesicht zur Erde. Jesus aber trat zu ihnen, berührte sie und sagte: »Steht auf! Ihr braucht euch nicht zu fürchten.« Und als sie aufblickten, sahen sie niemand mehr außer Jesus.

Während sie den Berg hinabstiegen, schärfte Jesus den drei Jüngern ein, niemand zu erzählen, was sie erlebt hatten, bis der Menschensohn von den Toten auferstanden sei. Diese Bemerkung ließ sie nicht mehr los, und sie überlegten miteinander, was er wohl gemeint hatte, als er von der Auferstehung von den Toten sprach.

Schließlich fragten sie Jesus: »Warum sagen denn die Schriftgelehrten, daß zuerst Elia kommen muß?« Jesus antwortete: »Es stimmt, Elia kommt, und er wird alles wiederherstellen. Aber ich sage euch: Elia ist bereits gekommen, doch sie haben ihn nicht erkannt, sondern haben mit ihm gemacht, was sie wollten. Genauso wird auch der Menschensohn durch sie zu leiden haben.« Da verstanden die Jünger, daß er von Johannes dem Täufer sprach. Die Jünger schwiegen über das, was sie erlebt hatten; sie erzählten in jener Zeit niemand etwas davon.

Heilung eines besessenen Jungen

Als Jesus mit den drei Jüngern am nächsten Tag den Berg hinunterstieg und sie zu den anderen Jüngern zurückkamen, waren diese von einer großen Menschenmenge umringt, darunter einige Schriftgelehrte, die ein Streitgespräch mit ihnen führten. Sobald die Menge Jesus sah, geriet sie in große Erregung. Alle liefen zu ihm hin und begrüßten ihn. »Worüber streitet ihr euch denn?« Einer aus der Menge antwortete: »Meister, ich flehe dich an, hilf meinem Sohn; er ist mein einziges Kind! Ich wollte mit ihm zu dir, weil er einen stummen Geist hat. Er ist Epileptiker und leidet furchtbar: Wenn der Geist ihn packt, wirft er ihn zu Boden; dem Jungen tritt Schaum vor den Mund, er knirscht mit den Zähnen und wird ganz starr. Der Geist läßt fast nicht von ihm ab; er richtet sein Leben noch völlig zugrunde. Ich habe ihn zu deinen Jüngern gebracht und sie gebeten, den Geist auszutreiben, doch sie konnten es nicht.« »Was seid ihr für eine ungläubige Generation!« sagte Jesus zu ihnen. »Wie lange soll ich noch bei euch sein? Wie lange soll ich euch noch ertragen? Bringt den Jungen zu mir!« Man brachte ihn, und sowie der Geist Jesus erblickte, riß er den Jungen hin und her, so daß dieser hinfiel und sich mit Schaum vor dem Mund auf dem Boden wälzte. »Wie lange geht das schon so mit ihm?« fragte Jesus den Vater des Jungen. »Von klein auf«, antwortete der Mann. »Oft hat der Geist ihn sogar ins Feuer oder ins Wasser geworfen, um ihn umzubringen. Doch wenn es dir möglich ist, etwas zu tun, dann hab Erbarmen mit uns und hilf uns!« »Wenn es dir möglich ist, sagst du?« entgegnete Jesus. »Für den, der glaubt, ist alles möglich.« Da rief der Vater des Jungen: »Ich glaube! Hilf mir heraus aus meinem Unglauben!« Als Jesus sah, daß immer mehr Leute zusammenliefen, trat er dem bösen Geist mit Macht entgegen. »Du stummer und tauber Geist«, sagte er, »ich befehle dir: Verlaß diesen Jungen sofort und geh nicht wieder in ihn hinein!« Da schrie der Geist auf, riß den Jungen heftig hin und her und verließ ihn. Der Junge blieb regungslos liegen, so daß die meisten dachten, er sei tot. Doch Jesus ergriff ihn bei der Hand, um ihn aufzurichten. Da stand der Junge auf, und von diesem Augenblick an war er gesund. Alle waren überwältigt von der Größe Gottes.

Als Jesus ins Haus gegangen war und seine Jünger

mit ihm allein waren, fragten sie ihn: »Warum konnten denn wir den Geist nicht austreiben?« »Wegen eures Kleinglaubens«, antwortete er. »Ich sage euch: Selbst, wenn euer Glaube nur so groß ist wie ein Senfkorn, könnt ihr zu diesem Berg sagen: Rücke von hier nach dort! und er wird dorthin rücken. Nichts wird euch unmöglich sein. Aber diese Art von Dämonen kann durch nichts anderes ausgetrieben werden als durch Gebet und Fasten.«

Jesus und seine Jünger gingen von dort weiter und zogen durch Galiläa. Jesus wollte jedoch nicht, daß jemand davon erfuhr, denn er hatte seinen Jüngern wichtige Dinge zu sagen: »Prägt euch gut ein, was ich euch jetzt sage: Der Menschensohn wird in die Hände der Menschen gegeben werden, und sie werden ihn töten; doch drei Tage, nachdem man ihn getötet hat, wird er auferstehen.« Doch sie konnten mit dieser Aussage nichts anfangen. Was damit gemeint war, war ihnen verborgen; sie begriffen es nicht, wagten aber auch nicht, ihn danach zu fragen.

Die Tempelsteuer

Als Jesus und seine Jünger nach Kafarnaum kamen, traten die Männer, die die Tempelsteuer einzogen, an Petrus heran und fragten: »Zahlt euer Meister eigentlich keine Tempelsteuer?« »Doch!« erwiderte Petrus.

Als er dann ins Haus kam, fragte ihn Jesus, noch ehe er etwas von dem Vorfall erzählen konnte: »Was meinst du, Simon, von wem erheben die Könige dieser Erde Zölle und Steuern? Von ihren eigenen Söhnen oder von den anderen Leuten?« »Von den anderen Leuten«, erwiderte Petrus.

Da sagte Jesus zu ihm: »Also sind die Söhne davon befreit. Damit wir ihnen aber keinen Anstoß geben, geh an den See und wirf die Angel aus. Nimm den ersten Fisch, den du fängst, und öffne ihm das Maul. Du wirst darin ein Vierdrachmenstück finden. Nimm es und bezahle damit die Tempelsteuer für mich und für dich!«

Die Frage nach der Rangordnung unter den Jüngern

Unterwegs war unter den Jüngern die Frage aufgekommen, wer von ihnen wohl der Größte sei. Zu Hause angelangt, fragte Jesus seine Jünger: »Worüber habt ihr unterwegs gesprochen?« Sie schwiegen, denn sie hatten sich auf dem Weg gestritten, wer von ihnen wohl der Größte sei. Da setzte sich Jesus, rief die Zwölf zu sich und sagte zu ihnen: »Wenn jemand der Erste sein will, soll er der Letzte von allen und der Diener aller sein.« Er nahm ein Kind, stellte es in ihre Mitte, schloß es in seine Arme und sagte:

»Ich versichere euch: Wenn ihr nicht umkehrt und wie die Kinder werdet, könnt ihr nicht ins Himmelreich kommen. Darum: Wer sich selbst erniedrigt und wie dieses Kind wird, der ist der Größte im Himmelreich. Und wer solch ein Kind um meinetwillen aufnimmt, der nimmt mich auf, und wer mich aufnimmt, der nimmt nicht mich auf, sondern den, der mich gesandt hat. Wirklich groß ist der, der unter euch allen der Geringste ist.«

Wer nicht gegen uns ist, der ist für uns

Johannes sagte zu Jesus: »Meister, wir haben gesehen, wie jemand in deinem Namen Dämonen austrieb. Wir haben versucht, ihn daran zu hindern, weil er sich nicht zu uns hält.« Jesus erwiderte: »Hindert ihn nicht! Denn jemand, der unter Berufung auf meinen Namen ein Wunder tut, kann nicht gleichzeitig schlecht von mir reden. Wer nicht gegen uns ist, der ist für uns. Ja, wer euch auch nur einen Becher Wasser zu trinken gibt, weil ihr Christus angehört, der wird – das versichere ich euch – ganz gewiß nicht ohne Lohn bleiben.«

Warnung vor Verführung

»Wer aber einen von diesen Geringgeachteten, die an mich glauben, zu Fall bringt, der käme noch gut weg, wenn man ihm einen Mühlstein um den Hals legen und ihn damit in die Tiefe des Meeres werfen würde. Wehe der Welt wegen der Dinge, durch die Menschen zu Fall kommen! Es ist zwar unausweichlich, daß solche Dinge geschehen, doch wehe dem Menschen, der daran schuld ist! Und wenn es deine Hand ist, durch die du zu Fall kommst, dann hau sie ab! Es ist besser, du gehst verstümmelt ins Leben ein, als daß du beide Hände behältst und in die Hölle mußt, wo ein nie erlöschendes Feuer brennt. Und wenn es dein Fuß ist, durch den du zu Fall kommst, dann hau ihn ab! Es ist besser, du gehst als Krüppel ins Leben ein, als daß du beide Füße behältst und in die Hölle geworfen wirst. Und wenn es dein Auge ist, durch das du zu Fall kommst, dann reiß es aus! Es ist besser, du gehst einäugig ins Reich Gottes ein, als daß du beide Augen behältst und in die Hölle geworfen wirst, *wo die Qual nicht endet und das Feuer nicht erlischt.* (Jes 66, 24)

Jeder muß mit Feuer gesalzen werden. Salz ist etwas Gutes. Wenn jedoch das Salz seine Kraft verliert, womit soll man sie ihm wiedergeben? Habt Salz in euch, und haltet Frieden untereinander!«

Das Gleichnis vom verirrten Schaf

»Hütet euch davor, auf einen von diesen Geringgeachteten herabzusehen! Denn ich sage euch: Ihre Engel im Himmel haben jederzeit Zugang zu meinem Vater im Himmel. Was meint ihr: Wenn jemand hundert Schafe hat und eins von ihnen sich verirrt, läßt er dann nicht die neunundneunzig auf der Bergweide zurück und macht sich auf den Weg, um das verirrte Schaf zu suchen? Und ich sage euch: Wenn er es findet, freut er sich über das eine mehr als über die neunundneunzig, die sich nicht verirrt haben. Genauso ist es bei eurem Vater im Himmel: Er will nicht, daß auch nur einer von diesen Geringgeachteten verlorengeht.«

Die Verantwortung für den Bruder

»Wenn dein Bruder sündigt, dann geh zu ihm und stell ihn unter vier Augen zur Rede. Hört er auf dich, so hast du deinen Bruder zurückgewonnen. Hört er nicht auf dich, dann geh mit einem oder zwei anderen noch einmal zu ihm, denn *jede Sache soll aufgrund der Aussagen von zwei oder drei Zeugen entschieden werden.* (5. Mose 19, 15) Will er auch auf diese nicht hören, dann bring die Sache vor die Gemeinde. Will er auch auf die Gemeinde nicht hören, dann soll er in deinen Augen wie ein gottloser Mensch sein, wie ein Heide oder ein Zolleinnehmer.

Ich sage euch: Alles, was ihr auf der Erde binden werdet, wird im Himmel gebunden sein, und alles, was ihr auf der Erde lösen werdet, wird im Himmel gelöst sein.

Und noch etwas sage ich euch: Wenn zwei von euch hier auf der Erde darin eins werden, um etwas zu bitten – was immer es auch sei -, dann wird es ihnen von meinem Vater im Himmel gegeben werden. Denn wo zwei oder drei in meinem Namen versammelt sind, da bin ich in ihrer Mitte.«

Das Gleichnis vom unbarmherzigen Diener

Da wandte sich Petrus an Jesus und fragte: »Herr, wie oft muß ich meinem Bruder vergeben, wenn er immer wieder gegen mich sündigt? Siebenmal?« Jesus gab ihm zur Antwort, »Nicht siebenmal, sondern siebenundsiebzigmal!

Darum hört dieses Gleichnis: Mit dem Himmelreich ist es wie mit einem König, der mit den Dienern, die seine Güter verwalteten, abrechnen wollte. Gleich zu Beginn brachte man einen vor ihn, der ihm zehntausend Talente schuldete. Und weil er nicht zahlen konnte, befahl der Herr, ihn mit Frau und Kindern und seinem ganzen Besitz zu verkaufen und mit dem Erlös die Schuld zu begleichen. Der Mann warf sich vor ihm nieder und bat auf den Knien: Hab Geduld mit mir! Ich will dir alles zurückzahlen. Da hatte der Herr Mitleid mit seinem Diener; er ließ ihn frei, und auch die Schuld erließ er ihm.

Doch kaum war der Mann zur Tür hinaus, da traf er einen anderen Diener, der ihm hundert Denare schuldete. Er packte ihn an der Kehle, würgte ihn und sagte: Bezahle, was du mir schuldig bist! Da warf sich der Mann vor ihm nieder und flehte ihn an: Hab Geduld mit mir! Ich will es dir zurückzahlen. Er aber wollte nicht darauf eingehen, sondern ließ ihn auf der Stelle ins Gefängnis werfen, wo er so lange bleiben sollte, bis er ihm die Schuld zurückgezahlt hätte.

Als das die anderen Diener sahen, waren sie entsetzt. Sie gingen zu ihrem Herrn und berichteten ihm alles. Da ließ sein Herr ihn kommen und sagte zu ihm: Du böser Mensch! Deine ganze Schuld habe ich dir erlassen, weil du mich angefleht hast. Hättest du da mit jenem anderen Diener nicht auch Erbarmen haben müssen, so wie ich mit dir Erbarmen hatte? Und voller Zorn übergab ihn der Herr den Folterknechten, bis er ihm alles zurückgezahlt hätte, was er ihm schuldig war.

So wird auch mein Vater im Himmel jeden von euch behandeln, der seinem Bruder nicht von Herzen vergibt.«

JESU LETZTES LAUBHÜTTENFEST

Jesus läßt sich nicht zu vorzeitigem Handeln drängen

Kurz bevor die Juden ihr Laubhüttenfest feierten, sagten Jesu Brüder zu ihm: »Du solltest nicht länger hier in Galiläa bleiben. Geh nach Judäa, damit auch dort deine Jünger sehen können, was für große Dinge du tust. Wer mit dem, was er tut, in der Öffentlichkeit bekannt werden möchte, zieht sich nicht in einen versteckten Winkel zurück. Wenn du schon so ungewöhnliche Dinge tust, dann zeig dich auch vor aller Welt!« So redeten seine eigenen Brüder, weil nicht einmal sie an ihn glaubten.

Doch Jesus gab ihnen zur Antwort: »Für mich ist die richtige Zeit noch nicht da; euch ist jeder Zeitpunkt recht. Euch kann die Welt nicht hassen, mich aber haßt sie, weil ich nicht darüber schweige, daß ihr Tun böse ist. Geht ihr nur hinauf zum Fest. Ich komme jetzt nicht; für mich ist die Zeit noch nicht da.« Mit dieser Antwort ließ er sie gehen; er selbst blieb in Galiläa.

Ein samaritisches Dorf verweigert Jesus die Gastfreundschaft

Als die Zeit näherrückte, in der Jesus die Erde verlassen und in den Himmel zurückkehren sollte, machte er sich entschlossen auf den Weg nach Jerusalem.

Er schickte Boten voraus; diese kamen in ein Dorf in Samarien und wollten dort eine Unterkunft für ihn besorgen. Aber weil er auf dem Weg nach Jerusalem war, wollte man ihn nicht aufnehmen. Als seine Jünger Jakobus und Johannes das hörten, sagten sie: »Herr, sollen wir befehlen, daß Feuer vom Himmel fällt und sie vernichtet?« Da wandte sich Jesus zu ihnen um und wies sie streng zurecht. Sie übernachteten dann in einem anderen Dorf.

Die Kosten der Nachfolge

Als sie weitergingen, wurde Jesus von einem Mann angesprochen. »Ich will dir folgen, wohin du auch gehst«, sagte er. Jesus erwiderte: »Die Füchse haben ihren Bau und die Vögel ihre Nester; aber der Menschensohn hat keinen Ort, wo er sich ausruhen kann.«

Zu einem anderen sagte Jesus: »Folge mir nach!« Er aber antwortete: »Herr, erlaube mir, zuerst noch nach Hause zu gehen und mich um das Begräbnis meines Vaters zu kümmern.« Jesus erwiderte: »Laß die Toten ihre Toten begraben. Du aber geh und verkünde die Botschaft vom Reich Gottes!«

Wieder ein anderer sagte: »Ich will dir nachfolgen, Herr; doch erlaube mir, daß ich zuerst noch von meiner Familie Abschied nehme.« Jesus erwiderte: »Wer die Hand an den Pflug legt und dann zurückschaut, ist nicht brauchbar für das Reich Gottes.«

Jesus auf dem Laubhüttenfest in Jerusalem

Nachdem jedoch seine Brüder zum Fest hinaufgegangen waren, ging Jesus selbst auch nach Jerusalem hinauf, allerdings unbemerkt und ohne Aufsehen zu erregen. Während des Festes hielten die führenden Männer des jüdischen Volkes nach ihm Ausschau. »Wo ist er nur?« fragten sie. Überall konnte man die Leute über ihn reden hören. »Er ist ein guter Mensch«, sagten die einen. »Nein«, entgegneten andere, »er ist ein Volksverführer.« Aber aus Furcht vor den führenden Männern wagte niemand, öffentlich seine Meinung über ihn zu äußern.

Als die Festwoche schon zur Hälfte vorüber war, ging Jesus zum Tempel hinauf und begann zu lehren. »Wie kommt es, daß er die Schrift so gut kennt?« wunderten sich die Juden. »Er ist doch gar nicht darin ausgebildet.« Jesus selbst gab ihnen die Antwort: »Was ich verkünde, ist nicht meine eigene Lehre; es ist die Lehre dessen, der mich gesandt hat. Wenn jemand bereit ist, Gottes Willen zu erfüllen, wird er erkennen, ob das, was ich lehre, von Gott ist, oder ob ich aus mir selbst heraus rede. Wer aus sich selbst heraus redet, dem geht es um seine eigene Ehre. Wem es aber um die Ehre dessen geht, der ihn gesandt hat, der ist glaubwürdig und hat keine unrechten Absichten. Hat nicht Mose euch das Gesetz gegeben? Und doch lebt keiner von euch nach dem Gesetz. Mit welchem Recht wollt ihr mich also töten?«

»Du bist von einem Dämon besessen!« rief die Menge. »Wer hat denn die Absicht, dich zu töten?« Jesus erwiderte: »Ihr seid alle noch immer ganz außer euch wegen der einen Sache, die ich am Sabbat getan habe. Dabei habt ihr keine Bedenken, die Beschneidung, wenn es sein muß, auch am Sabbat vorzunehmen, weil Mose sie euch vorgeschrieben hat. Und eigentlich geht sie doch gar nicht auf ihn zurück, sondern bereits auf die Stammväter. Wenn also, um das Gesetz des Mose nicht zu brechen, ein Mensch am Sabbat beschnitten werden darf, warum seid ihr dann so empört darüber, daß ich am Sabbat einen Menschen am ganzen Körper gesund gemacht habe? Urteilt nicht nach dem äußeren Schein, sondern bemüht euch um ein gerechtes Urteil!«

Jesus im Widerstreit der Meinungen

Da sagten einige Leute aus Jerusalem: »Ist das nicht der Mann, dem sie nach dem Leben trachten? Aber seht, er redet in aller Öffentlichkeit, und sie verbieten es ihm mit keinem Wort! Sollten unsere führenden Männer etwa zu der Überzeugung gelangt sein, daß er der Messias ist? Nun wissen wir allerdings bei diesem Mann, woher er kommt. Doch wenn der Messias auftreten wird, weiß niemand, woher er kommt.«

Da rief Jesus, der im Tempel lehrte: » Ihr meint, mich zu kennen und zu wissen, woher ich komme. Aber ich bin nicht im eigenen Auftrag gekommen; es gibt einen, der mich gesandt hat, und das ist der wahre Gott. Doch den kennt ihr nicht. Ich hingegen kenne ihn, denn ich komme von ihm; er ist es, der mich gesandt hat.«

Nun hätten sie Jesus am liebsten festgenommen. Doch keiner wagte es, Hand an ihn zu legen; seine Zeit war noch nicht gekommen. Viele in der Menge glaubten an ihn; sie sagten: »Wenn der Messias kommt, wird er dann etwa mehr Wunder tun als dieser hier?«

Den Pharisäern blieb nicht verborgen, was die Leute über Jesus redeten. Darum schickten die führenden Priester und die Pharisäer Männer der Tempelwache zu ihm mit dem Befehl, ihn festzunehmen.

Da sagte Jesus: »Ich bin nur noch kurze Zeit bei euch; dann gehe ich zu dem, der mich gesandt hat. Ihr werdet mich suchen, aber ihr werdet mich nicht finden; dorthin, wo ich dann bin, könnt ihr nicht kommen.«

Die Juden sahen einander verständnislos an: »Er will an einen Ort gehen, wo wir ihn nicht finden können! Wo soll das denn sein? Will er etwa zu den Juden gehen, die im Ausland leben, und am Ende sogar den fremden Völkern seine Lehre bringen? Was meint er damit, wenn er sagt: Ihr werdet mich suchen, aber ihr werdet mich nicht finden; dorthin, wo ich dann bin, könnt ihr nicht kommen?«

Am letzten Tag, dem größten Tag des Festes, trat Jesus vor die Menge und rief: »Wer Durst hat, soll zu mir kommen und trinken! Wenn jemand an mich glaubt, werden aus seinem Inneren, wie es in der Schrift heißt, Ströme von lebendigem Wasser fließen.« Er sagte das im Hinblick auf den Heiligen Geist, den die empfangen sollten, die an Jesus glaubten. Der Geist war zu jenem Zeitpunkt noch nicht gekommen, weil Jesus noch nicht in seiner Herrlichkeit offenbart worden war.

Von diesen Worten beeindruckt, meinten einige aus der Menge: »Das ist wirklich der Prophet, auf den wir gewartet haben!« Manche sagten sogar: »Er ist der Messias!« »Seit wann kommt denn der Messias aus Galiläa?« wandten andere ein. »Heißt es nicht in der Schrift, daß der Messias ein Nachkomme Davids sein wird und aus Betlehem stammt, dem Ort, wo David lebte?« So kam es wegen Jesus zu einer Spaltung in der Menge. Einige hätten ihn am liebsten festgenommen, aber keiner wagte es, Hand an ihn zu legen.

Die führenden Juden glauben nicht an Jesus

Als die Männer der Tempelwache ohne Jesus zurückkehrten, wurden sie von den führenden Priestern und den Pharisäern gefragt: »Warum habt ihr ihn nicht hergebracht?« »Noch nie hat ein Mensch so gesprochen wie dieser Mann«, rechtfertigten sie sich. »Habt ihr euch auch von ihm verführen lassen?« herrschten die Pharisäer sie an. »Glaubt denn auch nur einer von den führenden Männern oder von den Pharisäern an ihn? Das tut doch nur dieses Volk, das das Gesetz nicht kennt, diese Leute, die verflucht sind.«

Aber Nikodemus, der selbst ein Pharisäer war und Jesus früher einmal aufgesucht hatte, hielt ihnen entgegen: »Seit wann verurteilt unser Gesetz einen Menschen, ohne daß man ihn vorher anhört und feststellt, ob er schuldig ist?« »Du bist wohl auch aus Galiläa?« gaben sie zurück. »Forsche in der Schrift nach, dann wirst du sehen: Aus Galiläa kommt kein Prophet.«

Daraufhin gingen sie alle nach Hause, Jesus aber ging zum Ölberg.

Jesus und die Frau, die beim Ehebruch ertappt wurde: Freispruch statt Verurteilung

Früh am Morgen war Jesus wieder im Tempel. Das ganze Volk versammelte sich um ihn, und er setzte sich und begann zu lehren.

Da kamen die Schriftgelehrten und die Pharisäer mit einer Frau, die beim Ehebruch ertappt worden war. Sie stellten sie in die Mitte, so daß jeder sie sehen konnte. Dann wandten sie sich an Jesus. »Meister«, sagten sie, »diese Frau ist eine Ehebrecherin; sie ist auf frischer Tat ertappt worden. Mose hat uns im Gesetz befohlen, solche Frauen zu steinigen. Was sagst du dazu?«

Mit dieser Frage wollten sie Jesus eine Falle stellen, um dann Anklage gegen ihn erheben zu können. Aber Jesus beugte sich vor und schrieb mit dem Finger auf die Erde. Als sie jedoch darauf bestanden, auf ihre Frage eine Antwort zu bekommen, richtete er sich auf und sagte zu ihnen: »Wer von euch ohne Sünde ist, der soll den ersten Stein auf sie werfen.« Dann beugte er sich wieder vor und schrieb auf die Erde. Von seinen Worten getroffen, verließ einer nach dem anderen den Platz; die ältesten unter ihnen gingen als erste. Zuletzt war Jesus allein mit der Frau, die immer noch da stand, wo ihre Ankläger sie hingestellt hatten.

Er richtete sich auf. »Wo sind sie geblieben?« fragte er die Frau. »Hat dich keiner verurteilt?« »Nein, Herr, keiner«, antwortete sie. Da sagte Jesus: »Ich verurteile dich auch nicht; du darfst gehen. Sündige von jetzt an nicht mehr!«

Die Wahrheit des Zeugnisses Jesu

Ein anderes Mal, als Jesus zu den Leuten sprach, sagte er: »Ich bin das Licht der Welt. Wer mir nachfolgt, wird nicht mehr in der Finsternis umherirren, sondern wird das Licht des Lebens haben.«

Da sagten die Pharisäer zu ihm: »Du redest als Zeuge in eigener Sache. Was du sagst, ist nicht glaubwürdig.« Jesus erwiderte: »Auch wenn ich als Zeuge in eigener Sache rede, ist das, was ich sage, wahr. Denn ich weiß, woher ich gekommen bin und wohin ich gehe. Ihr aber wißt weder, woher ich komme, noch, wohin ich gehe. Ihr urteilt nach menschlichen Maßstäben; ich urteile über niemand. Wenn ich aber doch ein Urteil ausspreche, dann ist mein Urteil richtig. Denn ich handle nicht allein, sondern in Übereinstimmung mit dem, der mich gesandt hat, dem Vater. In eurem Gesetz heißt es: Wenn zwei Zeugen in ihrer Aussage übereinstimmen, ist das, was sie sagen, glaubwürdig. So ist es auch hier: Ich bin mein eigener Zeuge, und mein Vater, der mich gesandt hat, ist ebenfalls mein Zeuge.« »Wo ist denn dein Vater?« fragten sie. Jesus entgegnete: »Ihr kennt weder mich noch meinen Vater. Würdet ihr mich kennen, dann würdet ihr auch meinen Vater kennen.«

Jesus lehrte im Tempel in der Nähe des Kastens für die Geldopfer, als er diese Dinge sagte. Aber niemand nahm ihn fest; seine Zeit war noch nicht gekommen. Jesus wandte sich von neuem an seine Zuhörer. »Ich werde fortgehen«, sagte er. »Ihr werdet mich suchen, aber da, wo ich hingehe, könnt ihr nicht hinkommen; ihr werdet in eurer Sünde sterben.« »Will er sich etwa das Leben nehmen?« fragten sich die Juden. »Vielleicht sagt er deshalb: Da, wo ich hingehe, könnt ihr nicht hinkommen.« Doch Jesus fuhr fort: »Ihr seid von hier unten, ich bin von oben. Ihr seid von dieser Welt, ich bin nicht von dieser Welt. Darum habe ich zu euch gesagt, daß ihr in euren Sünden sterben werdet. Glaubt an mich als den, der ich bin; wenn nicht, werdet ihr in euren Sünden sterben.« »Wer bist du denn?« fragten sie. Jesus antwortete: »Darüber habe ich doch von Anfang an zu euch gesprochen. Was euch betrifft, hätte ich noch viel zu sagen, und es gäbe noch vieles, worin ich über euch zu urteilen hätte. Aber ich sage der Welt nur das, was ich von dem gehört habe, der mich gesandt hat; und was er sagt, ist wahr.«

Sie begriffen nicht, daß Jesus über den Vater sprach. Deshalb sagte er zu ihnen: »Dann, wenn ihr den Menschensohn erhöht habt, werdet ihr mich als den erkennen, der ich bin, und werdet erkennen, daß ich nichts von mir selbst aus tue, sondern das sage, was mich der Vater gelehrt hat. Und er, der mich gesandt hat, ist bei mir. Er läßt mich nie allein, denn ich tue immer, was ihm gefällt.« Als Jesus das sagte, glaubten viele an ihn.

Wirklich frei nur durch Jesus

Zu den Juden, die nun an ihn glaubten, sagte Jesus: »Wenn ihr in meinem Wort bleibt, seid ihr wirklich meine Jünger, und ihr werdet die Wahrheit erkennen, und die Wahrheit wird euch frei machen.«

»Wir sind Nachkommen Abrahams«, entgegneten sie, »wir haben nie jemand als Sklaven gedient. Wie kannst du da sagen: Ihr müßt frei werden?« Jesus antwortete: »Ich sage euch: Jeder, der sündigt, ist ein Sklave der Sünde. Ein Sklave gehört nur vorübergehend zur Familie, ein Sohn dagegen für immer. Nur wenn der Sohn euch frei macht, seid ihr wirklich frei.«

Kinder Abrahams oder Kinder des Teufels?

»Ich weiß, daß ihr Nachkommen Abrahams seid. Und trotzdem trachtet ihr mir nach dem Leben; das kommt daher, daß ihr euch meinem Wort gegenüber verschließt. Ich rede von dem, was ich beim Vater gesehen habe. Und auch ihr habt einen Vater, auf dessen Anweisungen ihr hört.«

»Unser Vater ist Abraham«, erwiderten sie. Jesus entgegnete: »Wenn ihr wirklich Kinder von Abraham wärt, würdet ihr auch so handeln wie Abraham. Statt dessen wollt ihr mich töten – mich, der ich euch die Wahrheit sage, wie ich sie von Gott gehört habe. So etwas hätte Abraham nie getan. Ihr handelt eben genau wie euer wirklicher Vater.«

»Wir sind doch keine unehelichen Kinder!« protestierten sie. »Wir haben nur einen Vater, und das ist Gott.« Jesus erwiderte: »Wenn Gott euer Vater wäre, würdet ihr mich lieben. Denn von Gott bin ich zu euch gekommen, nicht im eigenen Auftrag; Gott ist es, der mich gesandt hat. Aber ich kann euch sagen, warum mein Reden für euch so unverständlich ist und wie es kommt, daß ihr gar nicht fähig seid, auf mein Wort zu hören: Ihr stammt vom Teufel; der ist euer Vater. Und was euer Vater wünscht, das führt ihr bereitwillig aus. Er war von Anfang an ein Mörder und stand nie auf dem Boden der Wahrheit, weil es in ihm keine Wahrheit gibt. Wenn er lügt, redet er so, wie es seinem ureigensten Wesen entspricht; denn er ist ein Lügner, ja er ist der Vater der Lüge. Ich aber sage die Wahrheit, und gerade das ist der Grund, weshalb ihr mir nicht glaubt. Wer von euch kann behaupten, ich hätte je eine Sünde begangen? Wenn ich aber die Wahrheit sage, warum glaubt ihr mir dann nicht? Wer von Gott stammt, hört auf das, was Gott sagt. Ihr hört deshalb nicht darauf, weil ihr nicht von Gott stammt.«

»Haben wir nicht recht?« riefen da die Juden. »Du bist ein Samaritaner und bist von einem Dämon besessen, genau wie wir es gesagt haben.« »Nein«, entgegnete Jesus, »ich bin nicht von einem Dämon besessen; ich ehre meinen Vater. Ihr aber tretet meine Ehre mit Füßen. Doch ich brauche sie nicht zu verteidigen. Es ist einer da, der das tut, und er ist auch der Richter. Eins aber versichere ich euch: Wenn jemand sich nach meinem Wort richtet, wird er niemals sterben.« »Jetzt sind wir sicher, daß du von einem Dämon besessen bist!« triumphierten die Juden. »Abraham ist gestorben, die Propheten sind gestorben, und du behauptest, wenn einer sich nach deinem Wort richte, werde er niemals sterben. Bist du etwa mehr als unser Vater Abraham und die Propheten, die alle gestorben sind? Für wen hältst du dich eigentlich?« Jesus erwiderte: »Wenn ich mir selbst eine solche Ehre anmaßen würde, wäre sie nichts wert. Aber nun ist es mein Vater, der mich ehrt – er, von dem ihr sagt, er sei euer Gott. Und dabei habt ihr ihn nie gekannt; ich dagegen kenne ihn. Würde ich behaupten, ihn nicht zu kennen, dann wäre ich ein Lügner wie ihr. Aber ich kenne ihn und richte mich nach seinem Wort. Abraham, euer Vater, sah dem Tag meines Kommens mit jubelnder Freude entgegen. Und er hat ihn erlebt und hat sich darüber gefreut.«

Die Juden entgegneten: »Du bist noch keine fünfzig Jahre alt und willst Abraham gesehen haben?« Jesus gab ihnen zur Antwort: »Ich versichere euch: Bevor Abraham geboren wurde, bin ich.« Da hoben sie Steine auf, um ihn zu steinigen. Aber Jesus konnte sich vor ihnen in Sicherheit bringen und verließ den Tempel.

Heilung eines Blindgeborenen am Sabbat

Unterwegs sah Jesus einen Mann, der von Geburt an blind war. »Rabbi«, fragten die Jünger, » wie kommt es, daß dieser Mann blind geboren wurde? Wer hat gesündigt – er selbst oder seine Eltern?« »Es ist weder seine Schuld noch die seiner Eltern«, erwiderte Jesus. »An ihm soll sichtbar werden, was Gott zu tun vermag. Wir müssen den Auftrag dessen, der mich gesandt hat, ausführen, solange es Tag ist. Die Nacht kommt, in der niemand mehr etwas tun kann. Solange ich in der Welt bin, bin ich das Licht der Welt.«

Nachdem Jesus seinen Jüngern diese Antwort gegeben hatte, spuckte er auf den Boden und machte aus Erde und Speichel einen Brei, den er dem Blinden auf die Augen strich. Dann befahl er ihm: »Geh zum Teich Schiloach, und wasch dir das Gesicht!« (Schiloach bedeutet »Gesandter«.) Der Mann ging dorthin und wusch sich das Gesicht. Und als er von dort wegging, konnte er sehen. Seine Nachbarn und die, die ihn bis dahin als Bettler gekannt hatten, fragten verwundert: »Ist das nicht der, der am Straßenrand saß und bettelte?« »Ja«, sagten die einen, »er ist es.« »Unmöglich!« riefen die anderen. »Er sieht ihm nur sehr ähnlich.« »Doch, ich bin es«, erklärte der Mann selbst. »Aber wie kommt es denn, daß du auf einmal sehen kannst?« wollten sie wissen. Er gab ihnen zur Antwort: »Da ist doch dieser Mann, der Jesus heißt. Er hat einen Brei gemacht und ihn auf meine Augen gestrichen und gesagt: Geh zum Teich Schiloach, und wasch dir das Gesicht! Ich bin dorthin gegangen und habe mir das Gesicht gewaschen – und da konnte ich sehen!« »Und wo ist dieser Mann jetzt?« fragten sie. »Ich weiß es nicht«, erwiderte er.

Verhör und Verstoßung des Geheilten durch die Pharisäer

Sie brachten den Mann, der blind gewesen war, zu den Pharisäern. Der Tag, an dem Jesus den Brei gemacht und den Blinden geheilt hatte, war ein Sabbat. Nun fragten auch die Pharisäer den Mann, wie es kam, daß er auf einmal sehen konnte. »Er hat mir einen Brei auf die Augen gestrichen«, antwortete er, »dann habe ich mir das Gesicht gewaschen, und seitdem kann ich sehen.« »Der, der das getan hat, kann unmöglich von Gott kommen«, sagten einige der Pharisäer. »Er hält ja den Sabbat nicht.« Andere aber meinten: »Wie kann ein Mensch, der sündigt, solche Wunder tun?« So kam es unter ihnen zu einer Spaltung. Schließlich wandten sie sich wieder an den, der blind gewesen war. »Was sagst du über ihn?« fragten sie. »Dich hat er ja von deiner Blindheit geheilt.« »Er ist ein Prophet«, antwortete der Mann.

Aber die führenden Juden wollten nicht glauben, daß er überhaupt blind gewesen und nun sehend geworden war. Deshalb ließen sie die Eltern des Geheilten rufen und fragten sie: »Ist das euer Sohn? Ihr behauptet, er sei blind geboren worden. Wie kommt es dann, daß er auf einmal sehen kann?« Die Eltern antworteten: »Wir wissen, daß das unser Sohn ist und daß er blind geboren wurde. Aber wie es kommt, daß er jetzt sehen kann, wissen wir nicht, und wer ihn von seiner Blindheit geheilt hat, wissen wir auch nicht. Fragt ihn selbst! Er ist alt genug, um über sich selber Auskunft geben zu können.« Sie gaben ihnen diese Antwort, weil sie Angst vor ihnen hatten. Denn die führenden Juden hatten bereits beschlossen, jeden aus der Synagoge auszuschließen, der sich zu Jesus als dem Messias bekannte. Das war der Grund, warum die Eltern des Geheilten sagten: »Er ist alt genug; fragt ihn doch selbst!«

Die führenden Juden ließen den Mann, der blind gewesen war, ein zweites Mal rufen. »Bekenne dich vor Gott zur Wahrheit!« forderten sie ihn auf. »Wir wissen, daß jener Mensch ein Sünder ist.« »Ob er ein Sünder ist, weiß ich nicht«, erwiderte der Geheilte. »Aber eins weiß ich: Ich war blind, und jetzt kann ich sehen.« »Was hat er denn mit dir gemacht?« wollten sie noch einmal genau wissen. »Wie hat er dich von deiner Blindheit geheilt?« »Ich habe es euch doch schon gesagt«, entgegnete er, »aber ihr habt wohl nicht zugehört. Warum wollt ihr es noch einmal hören? Wollt ihr etwa auch seine Jünger werden?« Da wurden sie wütend. »Du bist sein Jünger!« schrien sie ihn an. »Wir dagegen sind Jünger von Mose. Wir wissen, daß Gott zu Mose geredet hat. Aber von diesem Menschen hier wissen wir nicht einmal, woher er kommt.« »Das ist doch wirklich sonderbar!« meinte der

Mann. »Er hat mich von meiner Blindheit geheilt, und ihr wißt nicht, woher er kommt. Wir alle wissen, daß Gott einen Sünder nicht erhört; er erhört den, der gottesfürchtig ist und das tut, was Gott will. Hat man denn, solange die Welt besteht, je schon gehört, daß jemand einen Blindgeborenen von seiner Blindheit geheilt hat? Wenn dieser Mann nicht von Gott käme, könnte er solche Dinge nicht tun.« Darauf antworteten sie nur: »Du bist ganz und gar in Sünden geboren. Wie kannst du es wagen, uns zu belehren!« Und sie warfen ihn hinaus.

Das Bekenntnis des Blindgeborenen –
Die Blindheit der Sehenden

Jesus hörte, daß sie den Geheilten hinausgeworfen hatten. Als er ihn wieder traf, fragte er ihn: »Glaubst du an den Menschensohn?« »Herr, sag mir, wer es ist«, erwiderte der Mann, »dann will ich an ihn glauben.« »Du siehst ihn vor dir«, sagte Jesus. »Es ist der, der mit dir redet.« Da rief der Mann: »Herr, ich glaube!«; und er warf sich vor ihm nieder. Daraufhin sagte Jesus: »Dadurch, daß ich in diese Welt gekommen bin, vollzieht sich ein Gericht: Die, die nicht sehen, sollen sehend werden, und die, die sehen, sollen blind werden.« Das hörten einige Pharisäer, die bei Jesus waren. »Sind wir etwa auch blind?« fragten sie. Jesus gab ihnen zur Antwort: »Wenn ihr blind wärt, hättet ihr keine Schuld. Doch ihr sagt: Wir können sehen. Darum bleibt eure Schuld bestehen.«

»Ich sage euch: Wer nicht durch die Tür in den Schafstall hineingeht, sondern auf einem anderen Weg eindringt, der ist ein Dieb und ein Räuber. Der Hirte geht durch die Tür zu den Schafen. Ihm macht der Wächter auf, und auf seine Stimme hören die Schafe. Er ruft die Schafe, die ihm gehören, einzeln beim Namen und führt sie hinaus. Wenn er dann alle Schafe, die ihm gehören, hinausgelassen hat, geht er vor ihnen her, und sie folgen ihm, weil sie seine Stimme kennen. Einem Fremden werden sie nicht folgen; sie laufen vor ihm davon, weil sie seine Stimme nicht kennen.«

Die Zuhörer Jesu verstanden nicht, was er ihnen mit diesem Vergleich sagen wollte. Deshalb fuhr Jesus fort: »Ich sage euch: Ich bin die Tür zu den Schafen. Alle, die vor mir gekommen sind, sind Diebe und Räuber. Aber die Schafe haben nicht auf sie gehört.

Ich bin die Tür. Wenn jemand durch mich eintritt, wird er gerettet werden. Er wird ein- und ausgehen und gute Weide finden. Der Dieb kommt nur, um die Schafe zu stehlen und zu schlachten und um Verderben zu bringen. Ich aber bin gekommen, um ihnen Leben zu bringen – Leben in ganzer Fülle.

Ich bin der gute Hirte. Ein guter Hirte ist bereit, sein Leben für die Schafe herzugeben. Einer, der gar kein Hirte ist, sondern die Schafe nur gegen Bezahlung hütet, läuft davon, wenn er den Wolf kommen sieht, und läßt die Schafe im Stich, und der Wolf fällt über die

Schafe her und jagt die Herde auseinander. Einem solchen Mann, dem die Schafe nicht selbst gehören, geht es eben nur um seinen Lohn; die Schafe sind ihm gleichgültig.«

Jesu Dienst in Judäa

Die Aussendung der zweiundsiebzig Jünger

Danach bestimmte der Herr zweiundsiebzig andere Jünger und schickte sie zu zweit voraus in alle Städte und Ortschaften, die er später selbst aufsuchen wollte. Er sagte zu ihnen: »Die Ernte ist groß, doch es sind nur wenig Arbeiter da. Bittet deshalb den Herrn der Ernte, daß er Arbeiter auf sein Erntefeld schickt. Geht nun! Seht, ich sende euch wie Schafe mitten unter die Wölfe. Nehmt keinen Geldbeutel mit, keine Vorratstasche und keine Sandalen. Haltet euch unterwegs nicht mit langen Begrüßungen auf. Wenn ihr ein Haus betretet, sagt als erstes: Friede sei mit diesem Haus! Wenn dort jemand bereit ist, den Frieden zu empfangen, den ihr bringt, wird der Frieden auf ihm bleiben; wenn aber nicht, wird der Frieden zu euch zurückkehren. Bleibt in dem Haus, in dem man euch aufnimmt. Eßt und trinkt, was man euch dort gibt; denn wer arbeitet, hat Anrecht auf seinen Lohn. Geht nicht von Haus zu Haus, um eine andere Unterkunft zu suchen. Wenn ihr in eine Stadt kommt und man euch aufnimmt, dann eßt, was man euch anbietet. Heilt die Kranken, die dort sind, und verkündet den Bewohnern der Stadt: Das Reich Gottes ist zu euch gekommen. Wenn ihr aber in eine Stadt kommt und man euch nicht aufnimmt, dann geht durch ihre Straßen und ruft: Selbst den Staub, der sich in eurer Stadt an unsere Füße geheftet hat, wischen wir ab, damit ihr gewarnt seid. Aber das sollt ihr wissen: Das Reich Gottes ist gekommen. Ich sage euch: Sodom wird es am Tag des Gerichts noch erträglich gehen im Vergleich zu solch einer Stadt.«

Weheruf über unbußfertige Städte

Dann ging Jesus mit den Städten ins Gericht, in denen er die meisten Wunder getan hatte. Er klagte sie an, weil sie nicht zu Gott umgekehrt waren: »Weh dir, Chorazin! Weh dir, Betsaida! Wenn in Tyrus und Sidon die Wunder geschehen wären, die bei euch geschehen sind – die Menschen dort hätten sich längst in Sacktuch gehüllt und Asche auf den Kopf gestreut und wären zu Gott umgekehrt. Ich versichere euch: Tyrus und Sidon wird es am Tag des Gerichts noch erträglich gehen im Vergleich zu euch. Und du, Kafarnaum, meinst du etwa, du wirst zum Himmel erhoben werden? Ins Totenreich mußt du hinunter! Wenn in Sodom die Wunder geschehen wären, die bei dir geschehen sind – es würde heute noch stehen. Ich versichere euch: Sodom wird es am Tag des Gerichts noch erträglich gehen im Vergleich zu dir.

Wer auf euch hört, hört auf mich, und wer euch ablehnt, lehnt mich ab. Wer aber mich ablehnt, lehnt den ab, der mich gesandt hat.«

Die zweiundsiebzig kehren zurück

Die zweiundsiebzig Jünger kehrten voller Freude zurück. »Herr«, sagten sie, »sogar die Dämonen müssen uns gehorchen, wenn wir uns auf deinen Namen berufen!« Da sagte Jesus zu ihnen: »Ich sah den Satan wie einen Blitz vom Himmel fallen. Es ist wahr, ich habe euch Vollmacht gegeben, auf Schlangen und Skorpione zu treten und die ganze Macht des Feindes zu überwinden, und nichts wird euch schaden können. Doch nicht darüber sollt ihr euch freuen, daß euch die Geister gehorchen. Freut euch vielmehr, daß eure Namen im Himmel aufgeschrieben sind.«

Nun begann Jesus im Heiligen Geist vor Freude zu jubeln; er rief: »Ich preise dich, Vater, du Herr über Himmel und Erde, daß du das alles den Weisen und Klugen verborgen, den Unmündigen aber offenbart hast. Ja, Vater, so hast du es gewollt, und dafür preise ich dich. Alles hat mir mein Vater übergeben. Niemand weiß, wer der Sohn ist, nur der Vater weiß es; und niemand weiß, wer der Vater ist, nur der Sohn – und die, denen der Sohn es offenbaren will. Kommt zu mir, ihr alle, die ihr euch plagt und von eurer Last fast erdrückt werdet; ich werde sie euch abnehmen. Nehmt mein Joch auf euch und lernt von mir, denn ich bin gütig und von Herzen demütig. So werdet ihr Ruhe finden für eure Seele. Denn mein Joch drückt nicht, und meine Last ist leicht.« Dann wandte sich Jesus wieder zu den Jüngern, nahm sie beiseite und sagte: »Glücklich zu preisen sind die, die das sehen, was ihr seht! Denn ich sage euch: Viele Propheten und Könige hätten gern gesehen, was ihr seht, und haben es nicht gesehen; sie hätten gern gehört, was ihr hört, und haben es nicht gehört.«

Der barmherzige Samariter

Ein Gesetzeslehrer wollte Jesus auf die Probe stellen. »Meister«, fragte er, »was muß ich tun, um das ewige Leben zu bekommen?« Jesus entgegnete: »Was steht im Gesetz? Was liest du dort?« Er antwortete: »*Du sollst den Herrn, deinen Gott, lieben von ganzem Herzen, mit ganzer Hingabe, mit aller deiner Kraft und mit deinem ganzen Verstand!* Und *du sollst deine Mitmenschen lieben wie dich selbst.*« (5. Mose 6, 5; 3. Mose 19, 18)

»Du hast richtig geantwortet«, sagte Jesus. »Tu das, und du wirst leben.«

Der Gesetzeslehrer wollte sich verteidigen; deshalb fragte er: »Und wer ist mein Mitmensch?«

Daraufhin erzählte Jesus folgende Geschichte: »Ein Mann ging von Jerusalem nach Jericho hinab. Unterwegs wurde er von Wegelagerern überfallen. Sie plünderten ihn bis aufs Hemd aus, schlugen ihn zusammen und ließen ihn halbtot liegen; dann machten sie sich davon. Zufällig kam ein Priester denselben Weg herab. Er sah den Mann liegen, machte einen Bogen um ihn und ging weiter. Genauso verhielt sich ein Levit, der dort vorbeikam und den Mann liegen sah; auch er machte einen Bogen um ihn und ging weiter. Schließlich kam ein Reisender aus Samarien dort vorbei. Als er den Mann sah, hatte er Mitleid mit ihm. Er ging zu ihm hin, goß Öl und Wein auf seine Wunden und verband sie. Dann setzte er ihn auf sein eigenes Reittier, brachte ihn in ein Gasthaus und versorgte ihn mit allem Nötigen. Am nächsten Morgen nahm er zwei Denare aus seinem Beutel und gab sie dem Wirt. Sorge für ihn! sagte er. Und sollte das Geld nicht ausreichen, werde ich dir den Rest bezahlen, wenn ich auf der Rückreise hier vorbeikomme.«

»Was meinst du?« fragte Jesus den Gesetzeslehrer. »Wer von den dreien hat an dem, der den Wegelagerern in die Hände fiel, als Mitmensch gehandelt?« Er antwortete: »Der, der Erbarmen mit ihm hatte und ihm geholfen hat.« Da sagte Jesus zu ihm: »Dann geh und mach es ebenso!«

Maria und Martha

Als Jesus mit seinen Jüngern weiterzog, kam er in ein Dorf, wo ihn eine Frau mit Namen Martha in ihr Haus einlud. Sie hatte eine Schwester, die Maria hieß. Maria setzte sich dem Herrn zu Füßen und hörte ihm zu. Martha hingegen machte sich viel Arbeit, um für das Wohl ihrer Gäste zu sorgen. Schließlich stellte sie sich vor Jesus hin und sagte: »Herr, findest du es richtig, daß meine Schwester mich die ganze Arbeit allein tun läßt? Sag ihr doch, sie soll mir helfen!« »Martha, Martha«, erwiderte der Herr, »du bist wegen so vielem in Sorge und Unruhe, aber notwendig ist nur eines. Maria hat das Bessere gewählt, und das soll ihr nicht genommen werden.«

Jesus lehrt seine Jünger das Beten

Jesus hatte unterwegs haltgemacht und gebetet. Darauf bat ihn einer seiner Jünger: »Herr, lehre uns beten; auch Johannes hat seine Jünger beten gelehrt.« Jesus sagte zu ihnen: »Wenn ihr betet, dann sprecht:
Vater,
dein Name werde geheiligt.
Dein Reich komme.
Gib uns jeden Tag, was wir zum Leben brauchen.
Und vergib uns unsere Sünden;
auch wir vergeben jedem,
der an uns schuldig geworden ist.
Und laß uns nicht in Versuchung geraten.«

Weiter sagte Jesus zu seinen Jüngern: »Angenommen, einer von euch hat einen Freund. Mitten in der Nacht sucht er ihn auf und sagt zu ihm: Bitte leih mir doch drei Brote! Ein Freund von mir hat auf der Reise bei mir haltgemacht, und ich habe nichts, was ich ihm anbieten könnte. Und angenommen, der, den er um Brot bittet, ruft dann von drinnen: Laß mich in Ruhe! Die Tür ist schon abgeschlossen, und meine Kinder und ich sind längst im Bett. Ich kann jetzt nicht aufstehen und dir etwas geben. Ich sage euch: Er wird es schließlich doch tun – wenn nicht deshalb, weil der andere mit ihm befreundet ist, dann doch bestimmt, weil er ihm keine Ruhe läßt. Er wird aufstehen und ihm alles geben, was er braucht.

Darum sage ich euch: Bittet, und es wird euch gegeben; sucht, und ihr werdet finden; klopft an, und es wird euch geöffnet. Denn jeder, der bittet, empfängt, und wer sucht, findet, und wer anklopft, dem wird geöffnet.

Ist unter euch ein Vater, der seinem Kind eine Schlange geben würde, wenn es ihn um einen Fisch bittet? Oder einen Skorpion, wenn es ihn um ein Ei bittet? Wenn also ihr, die ihr doch böse seid, das nötige Verständnis habt, um euren Kindern gute Dinge zu geben, wieviel mehr wird dann der Vater im Himmel denen den Heiligen Geist geben, die ihn darum bitten.«

Jesus und Beelzebub

Einmal trieb Jesus einen stummen Dämon aus einem Besessenen aus. Sowie der Dämon ausgefahren war, konnte der Mann, der bis dahin stumm gewesen war, reden. Die Menge staunte; doch einige waren dabei, die sagten: »Er treibt die Dämonen mit Hilfe von Beelzebul aus, dem Obersten der Dämonen.« Andere wollten Jesus auf die Probe stellen und forderten von ihm ein Zeichen vom Himmel.

Jesus, der ihre Überlegungen kannte, sagte zu ihnen: »Jedes Reich, das mit sich selbst im Streit liegt, geht zugrunde; in einem solchen Reich fällt eine Familie über die andere her. Wenn also der Satan mit sich selbst im Streit liegt, wie kann sein Reich dann bestehen? Und ihr behauptet, daß ich die Dämonen mit Hilfe von Beelzebul austreibe! Wenn ich die Dämonen tatsächlich mit Hilfe von Beelzebul austreibe, mit wessen Hilfe treiben dann eure eigenen Leute sie aus? Sie selbst sind es daher, die über euch das Urteil sprechen werden. Wenn ich die Dämonen nun aber durch Gottes Finger austreibe, dann ist doch das Reich Gottes zu euch gekommen.

Solange ein starker Mann in voller Bewaffnung sein Haus bewacht, ist sein Besitz in Sicherheit. Doch wenn ein Stärkerer ihn angreift und ihn besiegt, nimmt er ihm alle seine Waffen weg, auf die er sich verlassen hat, und verteilt die Beute.

Wer nicht auf meiner Seite steht, ist gegen mich, und wer nicht mit mir sammelt, zerstreut.

Wenn ein böser Geist einen Menschen verlassen hat, zieht er durch öde Gegenden und sucht einen Ruheplatz, findet aber keinen. Dann sagt er sich: Ich will wieder in mein Haus gehen, das ich verlassen habe. Er kehrt zurück und findet das Haus sauber und aufgeräumt. Daraufhin geht er und holt sieben andere Geister, die noch schlimmer sind als er selbst, und sie ziehen in das Haus ein und wohnen dort. So ist dieser Mensch am Ende schlimmer dran als am Anfang.«

Während Jesus über diese Dinge sprach, unterbrach ihn plötzlich eine Frau aus der Menge und rief ihm zu:

»Glücklich zu preisen ist die Frau, die dich zur Welt bringen und die dich stillen durfte!« Jesus erwiderte: »Glücklich sind vielmehr die zu preisen, die Gottes Wort hören und es befolgen.«

Das Zeichen des Propheten Jona

Die Menge, die sich um Jesus drängte, wurde immer größer. Da sagte er: »Diese Generation ist böse! Sie verlangt ein Zeichen. Aber es wird ihr kein Zeichen gegeben werden, nur das des Propheten Jona. Denn wie Jona für die Leute von Ninive ein Zeichen war, so wird es auch der Menschensohn für die heutige Generation sein. Im Gericht wird die Königin aus dem Süden gegen die Menschen der heutigen Generation auftreten und sie verurteilen; denn sie kam vom Ende der Erde, um die Weisheit Salomos zu hören – und hier ist einer, der mehr ist als Salomo! Im Gericht werden auch die Leute von Ninive gegen die heutige Generation auftreten und sie verurteilen; denn sie sind auf Jonas Predigt hin umgekehrt – und hier ist einer, der mehr ist als Jona!«

Licht und Finsternis – das Gleichnis vom Auge

»Niemand zündet eine Lampe an und versteckt sie dann in einem Winkel oder stellt sie unter ein Gefäß. Im Gegenteil: Man stellt sie auf den Lampenständer, damit jeder, der hereinkommt, Licht hat und sehen kann. Das

Auge gibt deinem Körper Licht. Ist dein Auge gut, dann ist dein ganzer Körper im Licht. Ist es jedoch schlecht, dann ist dein Körper im Finstern. Achte deshalb darauf, daß das Licht in dir nicht Finsternis ist. Wenn nun dein ganzer Körper im Licht steht und nichts mehr an ihm finster ist, dann ist es, wie wenn dich eine Lampe mit ihrem hellen Schein anstrahlt; alles steht im Licht.«

Jesus geht mit den Pharisäern und den Gesetzeslehrern
ins Gericht

Kaum hatte Jesus aufgehört zu reden, lud ihn ein Pharisäer zum Essen ein. Jesus ging zu ihm ins Haus und nahm am Tisch Platz, ohne zuerst die vorgeschriebene Waschung zu verrichten. Als der Pharisäer das sah, war er entrüstet.

Da sagte der Herr zu ihm: »So seid ihr Pharisäer! Ihr reinigt das Äußere eurer Becher und Schüsseln, aber euer Inneres ist voll Raubgier und Bosheit. Ihr Toren! Hat der, der das Äußere schuf, nicht auch das Innere geschaffen? Gebt doch, was in euren Bechern und Schüsseln ist, den Armen, und ihr werdet sehen: Alles ist dann für euch rein!

Aber wehe euch Pharisäern! Ihr gebt den zehnten Teil von Kräutern wie Minze und Raute und von sämtlichen Gemüsesorten und laßt dabei die Forderungen der Gerechtigkeit und der Liebe Gottes außer acht. Diese solltet ihr erfüllen und das andere nicht unterlassen.

Wehe euch Pharisäern! In den Synagogen nehmt ihr die vordersten Sitze für euch in Anspruch, und ihr liebt es, wenn man euch auf der Straße ehrfurchtsvoll grüßt.

Wehe euch! Ihr seid wie Gräber, die unkenntlich geworden sind; die Leute gehen darüber und verunreinigen sich, ohne es zu merken.«

Einer der Gesetzeslehrer unterbrach Jesus und rief: »Meister, mit dem, was du sagst, greifst du auch uns an!«

Darauf sagte Jesus: » Ja, wehe auch euch Gesetzeslehrern! Ihr bürdet den Menschen Lasten auf, die man kaum tragen kann, aber ihr selbst rührt diese Lasten mit keinem Finger an.

Wehe euch! Ihr errichtet Grabmäler für die Propheten, die doch von euren Vorfahren umgebracht wurden. Damit gebt ihr nicht nur zu, daß eure Vorfahren das getan haben; ihr heißt es sogar gut. Sie haben die Propheten umgebracht, und ihr errichtet die Grabmäler. Das ist auch der Grund, weshalb die Weisheit Gottes gesagt hat: Ich werde Propheten und Apostel zu ihnen schicken; einige von ihnen werden sie umbringen, und andere werden sie verfolgen. Darum wird diese Generation zur Rechenschaft gezogen werden für den Tod aller Propheten, die seit der Erschaffung der Welt umgebracht wurden, angefangen bei Abel bis hin zu Sacharja, der zwischen dem Altar und dem Haus Gottes umkam. Ja, ich sage euch: Diese Generation wird dafür zur Rechenschaft gezogen werden.

Wehe euch Gesetzeslehrern! Ihr habt den Schlüssel der Erkenntnis weggenommen. Selbst seid ihr nicht eingetreten, und die, die eintreten wollten, habt ihr daran gehindert.«

Als Jesus jenes Haus wieder verließ, begannen die Schriftgelehrten und die Pharisäer, mit immer neuen Fragen auf ihn einzudringen; sie ließen nichts unversucht, um ihn in die Enge zu treiben, und lauerten darauf, ihn bei einer verfänglichen Äußerung zu ertappen.

Warnung vor Heuchelei; Aufforderung, sich ohne Furcht
zu Jesus zu bekennen

Inzwischen waren die Menschen zu Tausenden herbeigeströmt; das Gedränge war so groß, daß sie sich gegenseitig auf die Füße traten. Jesus wandte sich zunächst an seine Jünger; er sagte: »Hütet euch vor dem Sauerteig der Pharisäer – vor der Heuchelei! Nichts, was verborgen ist, bleibt verborgen; alles wird ans Licht kommen. Und nichts, was geheim ist, bleibt geheim; alles wird bekanntgemacht werden. Darum: Was ihr im Dunkeln sagt, wird am hellen Tag zu hören sein, und was ihr jemand hinter verschlossenen Türen ins Ohr flüstert, wird in aller Öffentlichkeit verkündet werden.

Meine Freunde, ich sage euch: Fürchtet euch nicht vor denen, die euch das irdische Leben nehmen können; sie können euch darüber hinaus nichts anhaben. Ich will euch sagen, wen ihr fürchten müßt: Fürchtet den, der nicht nur töten kann, sondern auch die Macht hat, in die Hölle zu werfen. Ja, ich sage euch: Ihn müßt ihr fürchten! Denkt doch einmal an die Spatzen! Fünf Spatzen kosten nicht mehr als zwei Groschen, und doch vergißt Gott keinen einzigen von ihnen. Und bei euch sind sogar die Haare auf dem Kopf alle gezählt. Seid darum ohne Furcht! Ihr seid mehr wert als eine noch so große Menge Spatzen.

Ich sage euch: Wer sich vor den Menschen zu mir bekennt, zu dem wird sich auch der Menschensohn vor den Engeln Gottes bekennen. Wer mich aber vor den Menschen verleugnet, der wird auch vor den Engeln Gottes verleugnet werden. Wer etwas gegen den Menschensohn sagt, dem kann vergeben werden. Wer aber den Heiligen Geist lästert, dem wird nicht vergeben werden.

Wenn man euch in den Synagogen vor Gericht stellt oder euch vor die Behörden und die Machthaber führt, dann macht euch keine Sorgen, wie ihr euch verteidigen und was ihr sagen sollt. Denn wenn es soweit ist, wird euch der Heilige Geist zeigen, was ihr sagen müßt.«

Das Gleichnis vom reichen Bauern

Einer aus der Menge bat Jesus: »Meister, sag doch meinem Bruder, er soll das väterliche Erbe mit mir teilen!« Jesus entgegnete ihm: »Lieber Mann, wer hat mich denn zum Richter über euch eingesetzt oder zum Vermittler in euren Erbangelegenheiten?« Dann wandte er sich an alle und sagte: »Nehmt euch in acht! Hütet euch vor aller Habgier! Denn das Leben eines Menschen hängt nicht von seinem Wohlstand ab.«

Jesus erzählte den Leuten dazu ein Gleichnis: »Die Felder eines reichen Mannes hatten einen guten Ertrag gebracht. Der Mann überlegte hin und her: Was soll ich tun? Ich weiß ja gar nicht, wohin mit meiner Ernte. Schließlich sagte er: Ich weiß, was ich mache! Ich reiße meine Scheunen ab und baue größere. Dort kann ich mein ganzes Getreide und alle meine Vorräte unterbringen. Und dann werde ich zu mir selbst sagen: Du hast es geschafft! Du hast einen großen Vorrat, der für viele Jahre reicht. Gönne dir jetzt Ruhe, iß und trink und genieße das Leben! Da sagte Gott zu ihm: Du törichter Mensch! Noch in dieser Nacht wird dein Leben von dir zurückgefordert werden. Wem wird dann das gehören, was du dir angehäuft hast?« Jesus schloß, indem er sagte: »So geht es dem, der nur auf seinen Gewinn aus ist und der nicht reich ist in Gott.«

Gottes Reich und irdisch sorgen

Dann wandte sich Jesus wieder an seine Jünger und fuhr fort: »Deshalb sage ich euch: Macht euch keine Sorgen um die Nahrung, die ihr zum Leben, und um die Kleidung, die ihr für euren Körper braucht. Denn das Leben ist wichtiger als die Nahrung, und der Körper ist wichtiger als die Kleidung. Seht euch die Raben an! Sie säen nicht, sie ernten nicht, sie haben weder Vorratskammern noch Scheunen, und Gott ernährt sie doch. Und ihr seid doch viel mehr wert als die Vögel! Wer von euch kann dadurch, daß er sich Sorgen macht, sein Leben auch nur um eine Stunde verlängern? Wenn ihr also nicht einmal so etwas Geringfügiges fertigbringt, warum macht ihr euch dann Sorgen um all das übrige? Und seht euch die Lilien an! Sie wachsen, ohne sich abzumühen und ohne zu spinnen und zu weben. Und doch sage ich euch: Sogar Salomo in all seiner Pracht war nicht so schön gekleidet wie eine von ihnen. Wenn Gott die Blumen auf dem Feld, die heute blühen und morgen ins Feuer geworfen werden, so herrlich kleidet, wieviel mehr wird er sich dann um euch kümmern, ihr Kleingläubigen! Laßt euch nicht von der Sorge um Essen und Trinken umtreiben und in Unruhe versetzen! Denn um diese Dinge geht es den Heiden, den Menschen dieser Welt. Euer Vater aber weiß, daß ihr das alles braucht. Es soll euch vielmehr um sein Reich gehen, dann wird euch das übrige dazugegeben. Du brauchst dich nicht zu fürchten, kleine Herde! Denn euer Vater hat beschlossen, euch sein Reich zu geben. Verkauft euren Besitz und gebt das Geld den Armen! Schafft euch Geldbeutel an, die nicht löchrig werden, und legt euch einen unerschöpflichen Reichtum im Himmel an, wo kein Dieb ihn findet und keine Motten ihn fressen. Denn wo euer Reichtum ist, da wird auch euer Herz sein.«

Auf das Kommen des Herrn warten

»Haltet euch bereit, und sorgt dafür, daß eure Lampen brennen! Seid wie Diener, deren Herr auf einem Fest ist und die auf seine Rückkehr warten, damit sie ihm sofort aufmachen können, wenn er kommt und an die Tür klopft. Glücklich zu preisen sind die Diener, die der Herr wach und bereit findet, wenn er kommt. Ich sage euch: Er wird sich einen Schurz umbinden und sie zu Tisch bitten, und er selbst wird sie bedienen. Vielleicht kommt er spät in der Nacht oder sogar erst gegen Morgen. Wenn er sie dann bereit findet – wie glücklich sind sie da zu preisen! Ihr könnt gewiß sein: Ein Hausherr, der wüßte, in welcher Stunde der Dieb kommt, würde nicht zulassen, daß in sein Haus eingebrochen wird. So sollt auch ihr ständig bereit sein; denn der Menschensohn kommt zu einem Zeitpunkt, an dem ihr nicht damit rechnet.«

Petrus fragte: »Herr, meinst du mit diesem Vergleich nur uns oder auch alle anderen?« Darauf sagte der Herr folgendes: »Woran erkennt man denn einen treuen und klugen Verwalter? Angenommen, ein Herr überträgt einem seiner Diener die Verantwortung, der ganzen Dienerschaft zur gegebenen Zeit das Essen zuzuteilen. Wenn nun sein Herr kommt und ihn bei der Arbeit findet – wie glücklich ist da der Diener zu preisen! Ich sage euch: Der Herr wird ihm die Verantwortung für seinen ganzen Besitz übertragen. Wenn jener Diener sich aber sagt: Mein Herr kommt noch lange nicht! und anfängt, die Knechte und Mägde zu schlagen, während er selbst schwelgt und praßt und sich volltrinkt, dann wird sein Herr an einem Tag kommen, an dem er ihn nicht erwartet, und zu einem Zeitpunkt, an dem er es nicht vermutet. Er wird den Diener in Stücke hauen lassen und ihm dasselbe Los bereiten wie den Ungläubigen. Der Diener, der den Willen seines Herrn kennt und sich nicht auf sein Kommen vorbereitet und nicht tut, was sein Herr will, der wird hart bestraft werden. Wer hingegen den Willen seines Herrn nicht kennt und etwas tut, was Strafe verdient, der wird weniger hart bestraft werden. Wem viel gegeben wurde, von dem wird viel gefordert, und wem viel anvertraut wurde, von dem wird um so mehr verlangt.«

Entzweiung um Jesu willen

»Ich bin gekommen, um auf der Erde ein Feuer anzuzünden; ich wünschte, es würde schon brennen! Aber vor mir steht eine Taufe, mit der ich noch getauft werden muß, und wie schwer ist mir das Herz, bis sie vollzogen ist! Meint ihr, ich sei gekommen, um Frieden auf die Erde zu bringen? Nein, sage ich euch, nicht Frieden, sondern Entzweiung. Von jetzt an wird es so sein: Wenn fünf Menschen unter einem Dach leben, werden sich drei gegen zwei stellen und zwei gegen drei. Der Vater wird sich gegen den Sohn stellen und der Sohn gegen den Vater, die Mutter gegen die Tochter und die Tochter gegen die Mutter, die Schwiegermutter gegen die Schwiegertochter und die Schwiegertochter gegen die Schwiegermutter.«

Das Richtige tun, ehe es zu spät ist

Jesus wandte sich an die Volksmenge und sagte: »Wenn im Westen eine Wolke aufsteigt, sagt ihr sofort:

Es gibt Regen. Und so kommt es dann auch. Und wenn der Südwind weht, sagt ihr: Es wird heiß. Und auch das trifft ein. Ihr Heuchler! Ihr beobachtet die Erde und den Himmel und könnt so das Wetter beurteilen. Wieso könnt ihr dann nicht die gegenwärtige Zeit beurteilen?

Warum macht ihr euch nicht selbst klar, was vor Gott richtig ist? Wenn du jemand eine Schuld zu bezahlen hast und er mit dir vor Gericht geht, dann gib dir alle Mühe, dich noch unterwegs mit ihm zu einigen; sonst schleppt er dich vor den Richter, und der Richter übergibt dich dem Vollzugsbeamten, und dieser wirft dich ins Gefängnis. Ich sage dir: Du wirst von dort nicht herauskommen, bevor du alles bis auf den letzten Heller bezahlt hast.«

Umkehren oder Umkommen

Zu dieser Zeit kamen einige Leute zu Jesus und berichteten ihm von den Galiläern, die Pilatus am Altar umbringen ließ und deren Blut sich auf diese Weise mit dem ihrer Opfertiere vermischte. Da sagte Jesus zu ihnen: »Meint ihr, diese Leute seien größere Sünder gewesen als alle übrigen Galiläer, weil so etwas Schreckliches mit ihnen geschehen ist? Nein, sage ich euch; wenn ihr nicht umkehrt, werdet ihr alle genauso umkommen. Oder denkt an jene achtzehn Menschen, die beim Einsturz des Turms von Schiloach den Tod fanden. Meint ihr, ihre Schuld sei größer gewesen als die aller anderen Einwohner Jerusalems? Ich sage euch: Wenn ihr nicht umkehrt, werdet ihr alle ebenso umkommen.«

Dann erzählte Jesus folgendes Gleichnis: »Ein Mann hatte in seinem Weinberg einen Feigenbaum stehen; doch wenn er kam und sehen wollte, ob der Baum Früchte trug, fand er keine. Schließlich sagte er zu dem Gärtner, der den Weinberg pflegte: Schon drei Jahre komme ich jetzt, um zu sehen, ob dieser Feigenbaum Früchte trägt, und finde keine. Hau ihn um! Warum soll er den Boden noch länger aussaugen? Herr, erwiderte der Gärtner, laß ihn noch dieses Jahr stehen. Ich will die Erde um ihn herum noch einmal umgraben und düngen. Vielleicht trägt er dann nächstes Jahr Früchte – wenn nicht, kannst du ihn umhauen.«

JESU DIENST IN PERÄA UND DIE AUFERWECKUNG DES LAZARUS

Der Unglaube der Juden

Es war Winter. In Jerusalem feierte man das Fest der Tempelweihe. Jesus war im Tempel, er hielt sich in der Halle Salomos auf. Da umringten ihn die Juden und sagten: »Wie lange läßt du uns noch im ungewissen? Wenn du der Messias bist, dann sag es uns offen!« Jesus entgegnete: »Ich habe es euch bereits gesagt, doch ihr glaubt mir nicht. Alles, was ich im Namen meines Vaters tue, zeigt, wer ich bin. Aber ihr gehört nicht zu meinen Schafen, darum glaubt ihr nicht. Meine Schafe hören auf meine Stimme. Ich kenne sie, und sie folgen mir, und ich gebe ihnen das ewige Leben. Sie werden niemals verlorengehen, und niemand wird sie aus meiner Hand reißen. Mein Vater, der sie mir gegeben hat, ist größer als alles; niemand kann sie aus der Hand des Vaters reißen. Ich und der Vater sind eins.«

Von neuem hoben die Juden Steine auf, um Jesus zu steinigen. Da sagte er zu ihnen: »Ich habe vieles getan, was euch zeigt, daß ich im Auftrag des Vaters handle.

Für welche dieser Taten wollt ihr mich steinigen?« »Wir steinigen dich nicht wegen einer guten Tat, sondern weil du ein Gotteslästerer bist«, gaben die Juden zur Antwort. »Du machst dich zu Gott, obwohl du nur ein Mensch bist.«

Jesus erwiderte: »Steht nicht in eurem Gesetz der Satz: *Ich habe gesagt: Ihr seid Götter*? (Ps 82, 6) Hier werden also die, an die das Wort Gottes gerichtet war, Götter genannt; und was die Schrift sagt, ist unumstößlich. Mich aber hat der Vater, der heilige Gott, dazu bestimmt, sein Werk zu tun, und hat mich in die Welt gesandt. Wie könnt ihr mir da Gotteslästerung vorwerfen, wenn ich sage: Ich bin Gottes Sohn? Wenn die Dinge, die durch mich geschehen, nicht das Werk meines Vaters sind, dann glaubt mir nicht. Sind sie es aber, dann laßt euch wenigstens von diesen Dingen überzeugen, wenn ihr schon mir nicht glauben wollt. Ihr werdet dann erkennen und nicht mehr daran zweifeln, daß in mir der Vater ist und daß ich im Vater bin.«

Daraufhin versuchten sie von neuem, Jesus festzunehmen, doch er konnte ihnen entkommen.

Er ging wieder auf die Ostseite des Jordans, dorthin, wo Johannes zuerst getauft hatte. Dort blieb er, und viele Menschen kamen zu ihm. »Johannes hat zwar keine Wunder getan«, sagten sie. »Aber alles, was er über diesen Mann gesagt hat, hat sich als wahr erwiesen.« Und viele aus jener Gegend glaubten an Jesus.

Jesus lehrte an einem Sabbat in einer Synagoge. Unter den Zuhörern war eine Frau, die seit achtzehn Jahren unter einem bösen Geist zu leiden hatte, der sie mit einer Krankheit plagte. Sie war verkrümmt und völlig unfähig, sich aufzurichten. Jesus bemerkte sie und rief sie zu sich. »Liebe Frau«, sagte er, »du bist frei von deinem Leiden!«, und er legte ihr die Hände auf. Im selben Augenblick konnte sie sich wieder aufrichten, und sie fing an, Gott zu preisen.

Doch der Synagogenvorsteher war empört darüber, daß Jesus die Frau am Sabbat geheilt hatte. Er sagte zu der versammelten Menge: »Es gibt sechs Tage, die zum Arbeiten da sind. An denen könnt ihr kommen und euch heilen lassen, aber nicht am Sabbat.«

Der Herr entgegnete ihm: »Ihr Heuchler! Bindet nicht jeder von euch auch am Sabbat seinen Ochsen oder seinen Esel vom Futterplatz los und führt ihn zur Tränke? Und diese Frau hier, die der Satan volle achtzehn Jahre lang gebunden hielt und die doch eine Tochter Abrahams ist – die sollte man am Sabbat nicht von ihren Fesseln befreien dürfen?«

Diese Antwort Jesu brachte alle seine Gegner in größte Verlegenheit. Das ganze Volk jedoch freute sich über all die wunderbaren Dinge, die durch ihn geschahen.

Die Gleichnisse vom Senfkorn und vom Sauerteig

Dann sagte Jesus: »Mit welchem Bild läßt sich das Reich Gottes darstellen? Womit soll ich es vergleichen? Es ist mit dem Reich Gottes wie mit einem Senfkorn, das ein Mann in seinem Garten sät. Es geht auf und wächst und wird zu einem Baum, in dessen Zweigen die Vögel nisten.«

Jesus fuhr fort: »Womit kann ich das Reich Gottes noch vergleichen? Es ist mit dem Reich Gottes wie mit dem Sauerteig. Eine Frau nimmt eine Handvoll davon, mengt ihn unter einen halben Sack Mehl, und am Ende ist die ganze Masse durchsäuert.«

Die enge Tür

Jesus zog von Stadt zu Stadt und von Dorf zu Dorf, und überall lehrte er.

Einmal wurde er gefragt: »Herr, sind es nur wenige, die gerettet werden?« Jesus antwortete: »Setzt alles daran, durch die enge Tür einzutreten! Denn das sage ich euch: Viele werden versuchen einzutreten, und es wird ihnen nicht gelingen.

Wenn der Hausherr aufgestanden ist und die Tür abgeschlossen hat, werdet ihr draußen stehen, an die Tür klopfen und rufen: Herr, mach uns auf! Doch er wird euch antworten: Ich kenne euch nicht; ich weiß nicht, woher ihr seid. Dann werdet ihr einwenden: Wir haben doch mit dir gegessen und getrunken, und du hast auf den Straßen unserer Stadt gelehrt. Er aber wird euch noch einmal dasselbe antworten: Ich kenne euch nicht; ich weiß nicht, woher ihr seid. Geht alle weg von mir, ihr mit eurem unrechten Treiben! Dort draußen bleibt für euch nichts als lautes Jammern und angstvolles Zittern und Beben, wenn ihr sehen werdet, daß Abraham, Isaak und Jakob samt allen Propheten im Reich Gottes sind, ihr aber ausgeschlossen seid. Von Osten und Westen und von Norden und Süden werden Menschen kommen und sich im Reich Gottes zu Tisch setzen. Es gibt Letzte, die werden Erste sein, und Erste, die werden Letzte sein.«

Jesu Klage über Jerusalem

Da kamen einige Pharisäer zu Jesus und sagten: »Auf, geh fort von hier; Herodes trachtet dir nach dem Leben!« Jesus erwiderte: »Geht und sagt diesem Fuchs: Heute und morgen treibe ich Dämonen aus und heile Kranke, und am dritten Tag wird mein Leben vollendet. Ja, ich muß heute und morgen und auch noch am folgenden Tag meinen Weg gehen; denn es ist undenkbar, daß ein Prophet an einem anderen Ort umkommt als in Jerusalem. Jerusalem, Jerusalem, du tötest die Propheten und steinigst die, die Gott zu dir schickt. Wie oft wollte ich deine Kinder sammeln, wie eine Henne ihre Küken unter ihre Flügel nimmt! Aber ihr habt nicht gewollt. Seht, euer Haus wird verlassen sein. Ich sage euch: Ihr werdet mich erst wieder sehen, wenn die Zeit kommt, in der ihr rufen werdet: *Gesegnet sei er, der im Namen des Herrn kommt!*« (Ps 118, 26)

Jesus zu Gast bei einem Pharisäer

An einem Sabbat war Jesus zum Essen im Haus eines führenden Pharisäers. Er wurde aufmerksam beobachtet. In seiner Nähe war ein Mann, der an Wassersucht litt. Jesus fragte die anwesenden Gesetzeslehrer und Pharisäer: »Ist es erlaubt, am Sabbat zu heilen, oder nicht?« Sie schwiegen. Da berührte er den Kranken, machte ihn gesund und ließ ihn gehen. Dann wandte er sich wieder zu den anderen und fragte sie: »Wenn einem von euch ein Kind in den Brunnen fällt oder ein Tier, zieht er es dann nicht auf der Stelle wieder heraus, auch wenn es gerade Sabbat ist?« Darauf konnten sie ihm nichts erwidern.

Jesus beobachtete, wie sich die Gäste die Ehrenplätze aussuchten. Das nahm er zum Anlaß, sie auf etwas hinzuweisen. »Wenn du bei jemand zu einem Festessen eingeladen bist«, sagte er, »dann nimm nicht oben am Tisch Platz. Es könnte ja sein, daß einer von den anderen Gästen angesehener ist als du. Der Gastgeber, der euch beide, dich und ihn, eingeladen hat, müßte dann kommen und zu dir sagen: Mach ihm bitte Platz! Und dir bliebe nichts anderes übrig, als dich beschämt ganz unten hinzusetzen. Nein, nimm ganz unten Platz, wenn du eingeladen bist. Wenn dann der Gastgeber kommt, wird er zu dir sagen: Mein Freund, nimm doch weiter oben Platz! Und so wirst du vor allen geehrt, die mit dir eingeladen sind. Denn jeder, der sich selbst erhöht, wird erniedrigt werden, und wer sich selbst erniedrigt, wird erhöht werden.«

Dann wandte sich Jesus zu dem, der ihn eingeladen hatte, und sagte: »Wenn du Gäste einladen willst, ob zu einer einfachen Mahlzeit oder zu einem großen Essen, dann lade dazu nicht nur deine Freunde, deine Brüder, sonstige Verwandte oder reiche Nachbarn ein. Sie würden dich wieder einladen, und das wäre dann deine ganze Belohnung. Nein, lade Arme, Behinderte, Gelähmte und Blinde ein, wenn du ein Essen gibst. Dann bist du glücklich zu preisen. Denn sie können es dir nicht vergelten; dafür wird es dir bei der Auferstehung der Gerechten vergolten werden.«

Das Gleichnis von der Einladung zum Fest

Auf diese Worte Jesu hin rief einer der Gäste ihm zu: »Glücklich, wer am Festmahl im Reich Gottes teilnehmen darf!«

Jesus antwortete ihm darauf mit einem Gleichnis. Er sagte: »Ein Mann bereitete ein großes Festessen vor, zu dem er viele Gäste einlud. Als es dann soweit war, schickte er seinen Diener und ließ den Gästen sagen: Kommt, alles ist bereit! Doch jetzt brachte einer nach dem anderen eine Entschuldigung vor. Der erste sagte: Ich habe einen Acker gekauft und muß unbedingt hingehen und ihn besichtigen. Bitte entschuldige mich. Ein anderer sagte: Ich habe fünf Ochsengespanne gekauft und gehe sie mir jetzt genauer ansehen. Bitte entschuldige mich. Und ein dritter sagte: Ich habe gerade erst geheiratet; darum kann ich nicht kommen.

Der Diener kam zu seinem Herrn zurück und berichtete ihm das alles. Da wurde der Herr zornig und befahl ihm: Geh schnell auf die Straßen und Gassen der Stadt und hol die Armen, die Behinderten, die Blinden und die Gelähmten herein.

Bald darauf meldete der Diener: Herr, was du befohlen hast, ist ausgeführt. Aber es ist noch mehr Platz vorhanden. Da befahl ihm der Herr: Geh auf die Feldwege und an die Zäune und dränge alle, die du dort findest, zu kommen, damit mein Haus voll wird. Denn eines sage ich euch: Von jenen Leuten, die ursprünglich eingeladen waren, wird keiner etwas von meinem Festessen bekommen.«

Was es kostet, ein Jünger Jesu zu sein

Scharen von Menschen begleiteten Jesus, als er weiterzog. Da wandte er sich zu ihnen um und sagte: »Wenn jemand zu mir kommen will, muß er alles andere zurückstellen – Vater und Mutter, Frau und Kinder, Brüder und Schwestern, ja sogar sein eigenes Leben; sonst kann er nicht mein Jünger sein. Wer nicht sein Kreuz trägt und mir auf meinem Weg folgt, der kann nicht mein Jünger sein.

Angenommen, jemand von euch möchte ein Haus bauen. Setzt er sich da nicht zuerst hin und überschlägt die Kosten? Er muß doch wissen, ob seine Mittel reichen, um das Vorhaben auszuführen. Sonst kann er, nachdem er das Fundament gelegt hat, den Bau vielleicht nicht vollenden, und alle, die das sehen, werden ihn verspotten und sagen: Seht euch das an! Dieser Mensch hat angefangen zu bauen und war nicht imstande, es zu Ende zu führen.

Oder nehmen wir an, ein König macht sich auf, um gegen einen anderen König in den Krieg zu ziehen. Wird er sich da nicht zuerst hinsetzen und überlegen, ob er in der Lage ist, sich mit seinem Heer von zehntausend Mann einem Feind entgegenzustellen, der mit zwanzigtausend gegen ihn anrückt? Wenn er sich nicht für stark genug hält, wird er, solange der andere noch weit weg ist, eine Abordnung zu ihm schicken, um Friedensbedingungen auszuhandeln.

Darum kann auch keiner von euch mein Jünger sein, wenn er sich nicht von allem trennt, was er hat.

Salz ist etwas Gutes. Wenn jedoch das Salz seine Kraft verliert, womit soll man sie ihm wiedergeben? Es ist dann nicht einmal mehr als Dünger für den Acker geeignet; man kann es nur noch wegwerfen.

Wer Ohren hat und hören kann, der höre!«

Das verlorene und wiedergefundene Schaf

Jesus war ständig umgeben von Zolleinnehmern und anderen Leuten, die als Sünder galten; sie wollten ihn alle hören. Die Pharisäer und die Schriftgelehrten waren darüber empört. »Dieser Mensch gibt sich mit Sündern ab und ißt sogar mit ihnen!« sagten sie.

Da erzählte ihnen Jesus folgendes Gleichnis: »Angenommen, einer von euch hat hundert Schafe, und eins davon geht ihm verloren. Läßt er da nicht die neunundneunzig in der Steppe zurück und geht dem verlorenen nach, bis er es findet? Und wenn er es gefunden hat, nimmt er es voller Freude auf seine Schultern und trägt es nach Hause. Dann ruft er seine Freunde und Nachbarn zusammen und sagt zu ihnen: Freut euch mit mir! Ich habe das Schaf wiedergefunden, das mir verlorengegangen war. Ich sage euch: Genauso wird im Himmel mehr Freude sein über einen einzigen Sünder, der umkehrt, als über neunundneunzig Gerechte, die es nicht nötig haben umzukehren.«

Die verlorene und wiedergefundene Münze

»Oder wie ist es, wenn eine Frau zehn Silbermünzen hat und eine davon verliert? Zündet sie da nicht eine Lampe an, kehrt das ganze Haus und sucht in allen Ecken, bis sie die Münze gefunden hat? Und wenn sie sie gefunden hat, ruft sie ihre Freundinnen und Nachbarinnen zusammen und sagt: Freut euch mit mir! Ich habe die Münze wiedergefunden, die ich verloren hatte. Ich sage euch: Genauso freuen sich die Engel Gottes über einen einzigen Sünder, der umkehrt.«

Jesus fuhr fort: »Ein Mann hatte zwei Söhne. Der jüngere sagte zu ihm: Vater, gib mir den Anteil am Erbe, der mir zusteht! Da teilte der Vater das Vermögen unter die beiden auf. Wenige Tage später hatte der jüngere Sohn seinen ganzen Anteil verkauft und zog mit dem Erlös in ein fernes Land. Dort lebte er in Saus und Braus und brachte sein Vermögen durch. Als er alles aufgebraucht hatte, wurde jenes Land von einer großen Hungersnot heimgesucht. Da geriet auch er in Schwierigkeiten. In seiner Not wandte er sich an einen Bürger des Landes, und dieser schickte ihn zum Schweinehüten auf seine Felder. Er wäre froh gewesen, wenn er seinen Hunger mit den Schoten, die die Schweine fraßen, hätte stillen dürfen, doch selbst davon wollte ihm keiner etwas geben. Jetzt kam er zur Besinnung. Er sagte sich: Wie viele Tagelöhner hat mein Vater, und alle haben mehr als genug zu essen! Ich dagegen komme hier vor Hunger um. Ich will mich aufmachen und zu meinem Vater gehen und zu ihm sagen: Vater, ich habe mich gegen den Himmel und gegen dich versündigt; ich bin es nicht mehr wert, dein Sohn genannt zu werden. Mach mich zu einem deiner Tagelöhner! So machte er sich auf den Weg zu seinem Vater. Dieser sah ihn schon von weitem kommen; voller Mitleid lief er ihm entgegen, fiel ihm um den Hals und küßte ihn. Vater, sagte der Sohn zu ihm, ich habe mich gegen den Himmel und gegen dich versündigt; ich bin es nicht mehr wert, dein Sohn genannt zu werden. Doch der Vater befahl seinen Dienern: Schnell, holt das beste Gewand und zieht es ihm an, steckt ihm einen Ring an den Finger und bringt ihm ein Paar Sandalen! Holt das Mastkalb und schlachtet es; wir wollen ein Fest feiern und fröhlich sein. Denn mein Sohn war tot, und nun lebt er wieder; er war verloren, und nun ist er wiedergefunden. Und sie begannen zu feiern.

Der ältere Sohn war auf dem Feld gewesen. Als er jetzt zurückkam, hörte er schon von weitem den Lärm von Musik und Tanz. Er rief einen Knecht und erkundigte sich, was das zu bedeuten habe. Dein Bruder ist zurückgekommen, lautete die Antwort, und dein Vater hat das Mastkalb schlachten lassen, weil er ihn wohlbehalten wiederhat. Der ältere Bruder wurde zornig und wollte nicht ins Haus hineingehen. Da kam sein Vater heraus und redete ihm gut zu. Aber er hielt seinem Vater vor: So viele Jahre diene ich dir jetzt schon und habe mich nie deinen Anordnungen widersetzt. Und doch hast du mir nie auch nur einen Ziegenbock gegeben, so daß ich mit meinen Freunden hätte feiern können! Und nun kommt dieser Mensch da zurück, dein Sohn, der dein Vermögen mit Huren durchgebracht hat, und du läßt das Mastkalb für ihn schlachten! Kind, sagte der Vater zu ihm, du bist immer bei mir, und alles, was mir gehört, gehört auch dir. Aber jetzt mußten wir doch feiern und uns freuen; denn dieser hier, dein Bruder, war tot, und nun lebt er wieder; er war verloren, und nun ist er wiedergefunden.«

Jesus wandte sich zu seinen Jüngern und sagte: »Ein reicher Mann hatte einen Verwalter. Über diesen gingen Klagen bei ihm ein; es hieß, er veruntreue ihm sein Vermögen. Da ließ er den Verwalter rufen. Was muß ich von dir hören? sagte er zu ihm. Leg die Abrechnung über deine Tätigkeit vor; du kannst nicht länger mein Verwalter sein.

Der Mann überlegte hin und her: Was soll ich nur tun? Mein Herr wird mich entlassen. Für schwere Arbeit tauge ich nicht, und ich schäme mich zu betteln. Doch jetzt weiß ich, was ich tun kann, damit die Leute mich in ihren Häusern aufnehmen, wenn ich meine Stelle als Verwalter verloren habe. Nacheinander rief er alle zu sich, die bei seinem Herrn Schulden hatten. Wieviel bist du meinem Herrn schuldig? fragte er den ersten. Hundert Faß Olivenöl, antwortete der. Darauf sagte der Verwalter: Hier, nimm deinen Schuldschein, setz dich schnell hin, und schreib statt dessen fünfzig. Dann fragte er den nächsten: Und du, wieviel bist du ihm schuldig? Hundert Sack Weizen, lautete die Antwort. Der Verwalter sagte zu ihm: Hier, nimm deinen Schuldschein, und schreib statt dessen achtzig.

Da lobte der Herr den ungetreuen Verwalter dafür, daß er so klug gehandelt hatte.

In der Tat, die Menschen dieser Welt sind im Umgang mit ihresgleichen klüger als die Menschen des Lichts. Darum sage ich euch: Macht euch Freunde mit dem Mammon, an dem so viel Unrecht haftet, damit ihr, wenn es keinen Mammon mehr gibt, in die ewigen Wohnungen aufgenommen werdet.

Wer in den kleinsten Dingen treu ist, ist auch in den großen treu, und wer in den kleinsten Dingen nicht treu ist, ist auch in den großen nicht treu. Wenn ihr also im Umgang mit dem unrechten Mammon nicht treu seid, wer wird euch dann das wahre Gut anvertrauen? Wenn ihr das nicht treu verwaltet, was euch doch gar nicht gehört, wer wird euch dann euer wahres Eigentum geben? Ein Diener kann nicht für zwei Herren arbeiten. Er wird dem einen ergeben sein und den anderen abweisen. Für den einen wird er sich ganz einsetzen, und den anderen wird er verachten. Ihr könnt nicht Gott dienen und zugleich dem Mammon.« Das alles hörten auch die Pharisäer, die am Geld hingen, und sie redeten verächtlich über Jesus. Da sagte er zu ihnen: »Vor den Menschen erweckt ihr den Eindruck, ein gottgefälliges Leben zu führen; aber Gott kennt euer Herz. Was in den Augen der Menschen groß ist, das ist Gott ein Greuel. Die Zeit des Gesetzes und der Propheten ist mit Johannes zu Ende gegangen. Seitdem wird die Botschaft vom Reich Gottes verkündet, und jeder versucht mit aller Gewalt, hineinzukommen. Doch eher vergehen Himmel und Erde, als daß auch nur ein einziges Strichlein vom Gesetz hinfällig wird.

Jeder, der sich von seiner Frau scheidet und eine andere heiratet, begeht Ehebruch. Und wer eine geschiedene Frau heiratet, begeht ebenfalls Ehebruch.«

»Es war einst ein reicher Mann, der kleidete sich in Purpur und feinstes Leinen und lebte Tag für Tag herrlich und in Freuden. Vor dem Tor seines Hauses lag ein Armer; er hieß Lazarus. Sein ganzer Körper war mit Geschwüren bedeckt. Er wäre froh gewesen, wenn er seinen Hunger mit dem hätte stillen können, was vom Tisch des Reichen fiel; aber nur die Hunde kamen und leckten an seinen Wunden.

Schließlich starb der Arme. Er wurde von den Engeln zu Abraham getragen und durfte sich an dessen Seite setzen. Auch der Reiche starb und wurde begraben. Im Totenreich litt er große Qualen. Als er aufblickte, sah er in weiter Ferne Abraham und an dessen Seite Lazarus. Vater Abraham, rief er, hab Erbarmen mit mir und schick Lazarus hierher! Laß ihn seine Fingerspitze ins Wasser tauchen und damit meine Zunge kühlen; ich leide furchtbar in dieser Flammenglut. Abraham erwiderte: Mein Sohn, denk daran, daß du in deinem Leben deinen Anteil an Gutem bekommen hast und daß andererseits Lazarus nur Schlechtes empfing. Jetzt wird er dafür hier getröstet, und du hast zu leiden. Außerdem liegt zwischen uns und euch ein tiefer Abgrund, so daß von hier niemand zu euch hinüberkommen kann, selbst wenn er es wollte; und auch von euch dort drüben kann niemand zu uns gelangen. Dann, Vater, sagte der Reiche, schick Lazarus doch bitte zur Familie meines Vaters! Ich habe nämlich noch fünf Brüder. Er soll sie warnen, damit sie nicht auch an diesen Ort der Qual kommen. Abraham entgegnete: Sie haben Mose und die Propheten; auf die sollen sie hören. Nein, Vater Abraham, wandte der Reiche ein, es müßte einer von den Toten zu ihnen kommen; dann würden sie umkehren. Darauf sagte Abraham zu ihm: Wenn sie nicht auf Mose und die Propheten hören, werden sie sich auch nicht überzeugen lassen, wenn einer von den Toten aufersteht.«

Aufforderung zur Vergebung, zum Glauben
und zur Bereitschaft zum Dienst

Jesus sagte zu seinen Jüngern: »Es ist unvermeidlich, daß Dinge geschehen, durch die Menschen zu Fall kommen. Doch wehe dem, der daran schuld ist! Es wäre besser für ihn, man würde ihm einen Mühlstein um den Hals legen und ihn damit ins Meer werfen, als daß von solchen Geringgeachteten wie diesen hier auch nur einer durch ihn zu Fall kommt. Seht euch also vor!

Wenn dein Bruder sündigt, weise ihn zurecht, und wenn er sein Unrecht einsieht, vergib ihm. Selbst wenn er siebenmal am Tag gegen dich sündigt und siebenmal wieder zu dir kommt und sagt: Ich will es nicht mehr tun, sollst du ihm vergeben.« Die Apostel baten den Herrn: »Gib uns doch mehr Glauben!« Der Herr antwortete: » Selbst wenn euer Glaube nur so groß wäre wie ein Senfkorn, könntet ihr zu diesem Maulbeerbaum hier sagen: Heb dich samt deinen Wurzeln aus der Erde und verpflanze dich ins Meer!, und er würde euch gehorchen.

Angenommen, einer von euch hat einen Knecht, der ihm den Acker bestellt oder das Vieh hütet. Wenn dieser Knecht vom Feld heimkommt, wird dann sein Herr etwa als erstes zu ihm sagen: Komm und setz dich zu Tisch!? Wird er nicht vielmehr zu ihm sagen: Mach mir das Abendessen, binde dir einen Schurz um und bediene mich! Wenn ich mit Essen und Trinken fertig bin, kannst auch du essen und trinken? Und bedankt er sich hinterher bei dem Knecht dafür, daß dieser getan hat, was ihm aufgetragen war? Wenn ihr also alles getan habt, was euch aufgetragen war, dann sollt auch ihr sagen: »Wir sind Diener, weiter nichts; wir haben nur unsere Pflicht getan.«

Krankheit und Tod des Lazarus

Lazarus, ein Mann aus Betanien, dem Ort, in dem Maria mit ihrer Schwester Martha wohnte, war krank. Maria war jene Frau, die den Herrn mit Salböl salbte und ihm mit ihrem Haar die Füße trocknete, und Lazarus, der krank geworden war, war ihr Bruder. Die beiden Schwestern ließen Jesus ausrichten: »Herr, der, den du liebhast, ist krank.«

Als Jesus das hörte, sagte er: »Am Ende dieser Krankheit steht nicht der Tod, sondern die Herrlichkeit Gottes. Der Sohn Gottes soll durch sie in seiner Herrlichkeit offenbart werden.« Jesus hatte Martha und ihre Schwester und auch Lazarus sehr lieb. Als er nun wußte, daß Lazarus krank war, blieb er noch zwei Tage an dem Ort, wo er die Nachricht erhalten hatte. Dann sagte er zu seinen Jüngern: »Wir wollen wieder nach Judäa gehen!« »Rabbi«, wandten sie ein, »vor kurzem haben die Juden dort noch versucht, dich zu steinigen, und jetzt willst du wieder dahin zurückkehren?« Jesus erwiderte: »Es ist doch zwölf Stunden am Tag hell, oder nicht? Wenn jemand seinen Weg geht, während es Tag ist, stößt er nirgends an, weil das Licht dieser Welt sieht. Wenn jemand aber in der Nacht unterwegs ist, stößt er sich, weil das Licht nicht in ihm ist.«

Nachdem Jesus den Einwand seiner Jünger auf diese Weise beantwortet hatte, sagte er: »Unser Freund Lazarus ist eingeschlafen. Aber ich gehe jetzt zu ihm, um ihn aufzuwecken.« »Herr, wenn er schläft, wird er wieder gesund«, sagten die Jünger, die dachten, er rede vom gewöhnlichen Schlaf; in Wirklichkeit sprach er davon, daß Lazarus gestorben war. Da erklärte er ihnen offen: »Lazarus ist gestorben. Aber euretwegen bin ich froh, daß ich nicht dort war, weil ihr auf diese Weise an mich glauben werdet. Doch jetzt wollen wir zu ihm gehen!« »Ja, laßt uns mitgehen, um mit ihm zu sterben«, sagte Thomas, auch Didymus genannt, zu den anderen Jüngern.

Jesus Christus, die Auferstehung und das Leben

Als Jesus nach Betanien kam, erfuhr er, daß Lazarus schon vor vier Tagen begraben worden war. Betanien war nur etwa drei Kilometer von Jerusalem entfernt, und viele Juden aus der Stadt waren zu Martha und

Maria gekommen, um sie in ihrem Leid zu trösten. Als Martha hörte, daß Jesus auf dem Weg zu ihnen war, ging sie ihm entgegen; Maria aber blieb zu Hause. »Herr«, sagte Martha zu Jesus, »wenn du hier gewesen wärst, wäre mein Bruder nicht gestorben! Aber auch jetzt weiß ich: Was immer du von Gott erbittest, wird er dir geben.« »Dein Bruder wird auferstehen«, gab Jesus ihr zur Antwort. »Ich weiß, daß er auferstehen wird«, erwiderte Martha. »Das wird an jenem letzten Tag geschehen, bei der Auferstehung der Toten.« Da sagte Jesus zu ihr: »Ich bin die Auferstehung und das Leben. Wer an mich glaubt, wird leben, auch wenn er stirbt. Und wer lebt und an mich glaubt, wird niemals sterben. Glaubst du das?« »Ja, Herr«, antwortete Martha, »ich glaube, daß du der Messias bist, der Sohn Gottes, der in die Welt kommen soll.«

Danach ging sie weg, um ihre Schwester Maria zu holen. »Der Meister ist da und läßt dich rufen!« sagte sie leise zu ihr. Als Maria das hörte, stand sie schnell auf, um zu Jesus zu gehen. Jesus war noch nicht ins Dorf hineingegangen, sondern war immer noch dort, wo Martha ihn getroffen hatte. Die Juden, die bei Maria im Haus waren, um sie zu trösten, sahen, wie sie plötzlich aufsprang und hinauseilte. Sie dachten, sie wolle zum Grab gehen, um dort zu weinen, und folgten ihr.

Sowie Maria an den Dorfeingang kam und Jesus erblickte, warf sie sich ihm zu Füßen und rief: »Herr, wenn du hier gewesen wärst, wäre mein Bruder nicht gestorben!« Beim Anblick der weinenden Frau und der Juden, die sie begleiteten und mit ihr weinten, erfüllten ihn

Zorn und Schmerz. Bis ins Innerste erschüttert, fragte er: »Wo habt ihr ihn begraben?« Die Leute antworteten: »Herr, komm mit, wir zeigen es dir!« Jesu Augen füllten sich mit Tränen. »Seht, wie lieb er ihn gehabt hat!« sagten die Juden. Und einige von ihnen meinten: »Er hat doch den Mann, der blind war, geheilt. Hätte er da nicht auch machen können, daß Lazarus nicht stirbt?«

Die Auferweckung des Lazarus

Während Jesus nun zum Grab ging, erfüllten ihn von neuem Zorn und Schmerz. Lazarus lag in einem Höhlengrab, dessen Eingang mit einem großen Stein verschlossen war. »Wälzt den Stein weg!« befahl Jesus. »Herr«, wandte Martha, die Schwester des Verstorbenen, ein, »er ist doch schon vier Tage tot; der Leichnam riecht schon!« Aber Jesus sagte zu ihr: »Habe ich dir nicht gesagt: Wenn du glaubst, wirst du die Herrlichkeit Gottes sehen?«

Man nahm nun den Stein vom Eingang weg. Jesus richtete den Blick zum Himmel und sagte: »Vater, ich danke dir, daß du mich erhört hast. Ich weiß, daß du mich immer erhörst. Aber wegen all der Menschen, die hier stehen, spreche ich es aus; ich möchte, daß sie glauben, daß du mich gesandt hast.« Danach rief er mit lauter Stimme: »Lazarus, komm heraus!« Der Tote trat heraus, Füße und Hände mit Grabbinden umwickelt und das Gesicht mit einem Tuch verhüllt. »Befreit ihn von den Tüchern, und laßt ihn gehen!« befahl Jesus den Umstehenden.

Viele von den Juden, die zu Maria gekommen waren, um sie zu trösten, glaubten an Jesus, als sie das Wunder sahen, das er an Lazarus tat. Einige aber gingen zu den Pharisäern und berichteten ihnen, was Jesus getan hatte. Die führenden Priester und die Pharisäer beriefen daraufhin eine Sitzung des Hohen Rates ein. »Was sollen wir machen?« sagten sie. »Dieser Mann tut viele aufsehenerregende Dinge. Wenn wir ihn so weitermachen lassen, glauben am Ende alle an ihn. Dann werden die Römer kommen und weder von unserem Tempel noch von unserer Nation etwas übriglassen.«

Einer von ihnen, ein gewisser Kajafas, der in jenem Jahr Hoherpriester war, sagte: »Begreift ihr denn überhaupt nichts? Habt ihr euch nie überlegt, daß es in eurem Interesse ist, wenn ein Mensch für das Volk stirbt und nicht das ganze Volk umkommt?« Kajafas sagte das nicht aus sich selbst heraus. Er redete aus prophetischer Eingebung, weil er in jenem Jahr Hoherpriester war, und sagte voraus, daß Jesus für das jüdische Volk sterben werde. Jesus starb allerdings nicht nur für das jüdische Volk, sondern auch, um die über die ganze Welt verstreuten Kinder Gottes zusammenzuführen und eins zu machen.

An jenem Tag faßten die führenden Männer des jüdischen Volkes endgültig den Beschluß, Jesus zu töten. Jesus zeigte sich von da an nicht mehr öffentlich unter den Juden. Er zog sich in die Gegend am Rand der Wüste zurück, in die Stadt Efraim. Dort blieb er mit seinen Jüngern.

Die Heilung von zehn Aussätzigen

Auf seinem Weg nach Jerusalem zog Jesus durch das Grenzgebiet von Samarien und Galiläa. Kurz vor einem Dorf kamen ihm zehn Aussätzige entgegen; sie blieben in einigem Abstand stehen und riefen laut: »Jesus, Meister, hab Erbarmen mit uns!« Jesus sah sie an und sagte zu ihnen: »Geht und zeigt euch den Priestern!« Auf dem Weg dorthin wurden sie gesund.

Einer von ihnen kam zurück, als er sah, daß er geheilt war. Er pries Gott mit lauter Stimme, warf sich vor Jesu Füßen nieder und dankte ihm. Dieser Mann war ein Samaritaner. Jesus aber sagte: »Sind denn nicht alle zehn gesund geworden? Wo sind die anderen neun? Ist es keinem außer diesem Fremden in den Sinn gekommen, zurückzukehren und Gott die Ehre zu geben?« Dann sagte er zu dem Mann: »Steh auf, du kannst gehen! Dein Glaube hat dich gerettet.«

Das Kommen des Reiches Gottes

Die Pharisäer fragten Jesus, wann das Reich Gottes komme. Darauf antwortete er: »Das Reich Gottes kommt nicht so, daß man es an äußeren Anzeichen erkennen kann. Man wird auch nicht sagen können: Seht, hier ist es! oder: Es ist dort! Nein, das Reich Gottes ist mitten unter euch.«

Dann sagte Jesus zu seinen Jüngern: »Es werden Zeiten kommen, da werdet ihr euch zwar danach sehnen, auch nur einen Tag der Herrschaft des Menschensohnes zu erleben, aber vergeblich. Wenn man zu euch sagt: Seht, dort ist er! oder: Seht, er ist hier!, dann geht nicht hin; lauft denen, die hingehen, nicht nach. Denn wie der Blitz aufleuchtet und den Himmel von einem Ende zum anderen erhellt, so wird es an dem Tag sein, an dem der Menschensohn kommt. Vorher muß er jedoch vieles erleiden und wird von der jetzigen Generation verworfen werden.

In den Tagen, in denen der Menschensohn kommt, wird es sein wie in den Tagen Noahs. Die Menschen aßen und tranken, sie heirateten und wurden verheiratet – bis zu dem Tag, an dem Noah in die Arche ging; dann brach die Flut herein, und sie kamen alle um. Es wird auch sein wie in den Tagen Lots. Die Menschen aßen und tranken, sie kauften und verkauften, sie pflanzten und bauten – doch an dem Tag, als Lot Sodom verließ, regnete es Feuer und Schwefel vom Himmel, und sie kamen alle um. Genauso wird es an dem Tag sein, an dem der Menschensohn wiederkommt.

Wer sich an jenem Tag gerade auf dem Dach seines Hauses aufhält und seine Sachen unten im Haus liegen hat, soll nicht erst noch hinuntersteigen, um sie zu holen. Das gleiche gilt für den, der auf dem Feld ist: Er soll nicht mehr nach Hause zurücklaufen. Denkt an Lots Frau! Wer sein Leben zu erhalten sucht, wird es verlieren; wer es aber verliert, wird es bewahren. Ich sage euch: Von zwei Menschen, die in jener Nacht in einem Bett liegen, wird der eine angenommen und der andere zurückgelassen. Und von zwei Frauen, die zusammen Getreide mahlen, wird die eine angenommen und die andere zurückgelassen.«

Die Jünger fragten Jesus: »Wo wird das geschehen, Herr?« Er antwortete: »Wo Aas liegt, da sammeln sich die Geier.«

Das Gleichnis von der Witwe und dem Richter

Jesus wollte seinen Jüngern zeigen, daß sie unablässig beten sollten, ohne sich entmutigen zu lassen. Deshalb erzählte er ihnen folgendes Gleichnis: »In einer Stadt lebte ein Richter, der fragte nicht nach Gott und nahm auf keinen Menschen Rücksicht. In der gleichen Stadt lebte auch eine Witwe. Sie kam immer wieder zu dem Richter und bat ihn: Verhilf mir in der Auseinandersetzung mit meinem Gegner zu meinem Recht! Lange Zeit wollte der Richter nicht darauf eingehen, doch dann sagte er sich: Ich fürchte Gott zwar nicht, und was die Menschen denken, ist mir gleichgültig; aber diese

Witwe wird mir so lästig, daß ich ihr zu ihrem Recht verhelfen will. Sonst bringt sie mich mit ihrem ständigen Kommen noch zur Verzweiflung.«

Der Herr fuhr fort: »Habt ihr darauf geachtet, was dieser Richter sagt, dem es überhaupt nicht um Gerechtigkeit geht? Sollte da Gott nicht erst recht dafür sorgen, daß seine Auserwählten, die Tag und Nacht zu ihm rufen, zu ihrem Recht kommen? Und wird er sie etwa warten lassen? Ich sage euch: Er wird dafür sorgen, daß sie schnell zu ihrem Recht kommen. Aber wird der Menschensohn, wenn er kommt, auf der Erde solch einen Glauben finden?«

Der Pharisäer und der Zolleinnehmer

Jesus wandte sich nun an einige, die in falschem Selbstvertrauen meinten, in Gottes Augen gerecht zu sein, und die deshalb für die anderen nur Verachtung übrig hatten. Er erzählte ihnen folgendes Beispiel: »Zwei Männer gingen zum Tempel hinauf, um zu beten; der eine war ein Pharisäer und der andere ein Zolleinnehmer. Der Pharisäer stellte sich selbstbewußt hin und betete: Ich danke dir, Gott, daß ich nicht so bin wie die übrigen Menschen – ich bin kein Räuber, kein Betrüger und kein Ehebrecher, und ich bin auch nicht wie jener Zolleinnehmer dort. Ich faste zwei Tage in der Woche und gebe den Zehnten von allen meinen Einkünften. Der Zolleinnehmer dagegen blieb in weitem Abstand stehen und wagte nicht einmal, aufzublicken. Er schlug sich an die Brust und sagte: Gott, vergib mir sündigem Menschen meine Schuld!

Ich sage euch: Der Zolleinnehmer war in Gottes Augen gerechtfertigt, als er nach Hause ging, der Pharisäer jedoch nicht. Denn jeder, der sich selbst erhöht, wird erniedrigt werden; aber wer sich selbst erniedrigt, wird erhöht werden.«

Über Ehe und Ehescheidung

Als Jesus seine Rede beendet hatte, zog er weiter. Er verließ Galiläa und ging in das Gebiet von Judäa auf der anderen Seite des Jordans. Wieder kamen die Menschen in Scharen zu ihm, und wieder lehrte er sie, wie es seine Gewohnheit war.

Einige Pharisäer kamen zu Jesus und fragten ihn: »Ist es einem Mann erlaubt, sich aus jedem beliebigen Grund von seiner Frau zu scheiden?« »Was für eine Vorschrift hat euch Mose gegeben?« fragte Jesus zurück. Sie erwiderten: »Mose hat erlaubt, eine Scheidungsurkunde auszustellen und die Frau dann fortzuschicken.«

Jesus entgegnete: »Habt ihr nicht gelesen, daß der Schöpfer am Anfang die Menschen *als Mann und Frau erschuf* und daß er gesagt hat: *Deshalb wird ein Mann Vater und Mutter verlassen und sich an seine Frau binden, und die zwei werden* ein *Leib sein?* (1. Mose 1, 27; 5, 2; 2, 24) Sie sind also nicht mehr zwei, sondern sie sind *ein* Leib. Darum: Was Gott zusammengefügt hat, soll der Mensch nicht trennen.« »Wie kommt es dann aber«, fragten die

Pharisäer, »daß es nach dem Gesetz des Mose zulässig ist, der Frau eine Scheidungsurkunde zu geben und sie daraufhin fortzuschicken?« Jesus gab ihnen zur Antwort: »Nur wegen eurer Uneinsichtigkeit hat Mose euch erlaubt, euch von euren Frauen zu scheiden. Am Anfang jedoch war es nicht so.«

Zu Hause wollten die Jünger noch mehr darüber wissen. Jesus sagte zu ihnen: »Wer sich von seiner Frau scheidet und eine andere heiratet, begeht Ehebruch gegenüber seiner ersten Frau. Und auch umgekehrt: Wenn eine Frau sich von ihrem Mann scheidet und einen anderen heiratet, begeht sie Ehebruch.« Da sagten die Jünger zu Jesus: »Wenn es zwischen Mann und Frau so steht, ist es besser, gar nicht zu heiraten!« Er erwiderte: »Das ist etwas, was nicht alle begreifen können, sondern nur die, denen es von Gott gegeben ist. Manche sind nämlich von Geburt an zur Ehe unfähig, manche werden durch den Eingriff von Menschen dazu unfähig gemacht, und manche verzichten von sich aus auf die Ehe, um ganz für das Himmelreich dazusein. Wer es begreifen kann, der möge es begreifen!«

Jesus segnet die Kinder

Danach wurden Kinder zu Jesus gebracht; er sollte ihnen die Hände auflegen und für sie beten. Aber die Jünger sahen das nicht gern und wiesen sie barsch ab. Als Jesus das sah, war er ungehalten und sagte: »Laßt die Kinder zu mir kommen; hindert sie nicht daran! Denn gerade für solche wie sie ist das Himmelreich. Ich sage euch: Wer das

Reich Gottes nicht wie ein Kind annimmt, wird nicht hineinkommen.« Und er nahm die Kinder in die Arme, legte ihnen die Hände auf und segnete sie.

Die Frage eines Reichen nach dem Ewigen Leben

Als Jesus sich wieder auf den Weg machte, kam ein Mann angelaufen, warf sich vor ihm auf die Knie und fragte: »Guter Meister, was muß ich tun, um das ewige Leben zu bekommen?«

»Warum nennst du mich gut?« entgegnete Jesus. »Gut ist nur Gott, sonst niemand. Wenn du den Weg gehen willst, der zum Leben führt, dann halte die Gebote!« »Welche Gebote?« fragte der Mann. Jesus antwortete: *»Du sollst keinen Mord begehen, du sollst nicht die Ehe brechen, du sollst nicht stehlen, du sollst keine falschen Aussagen machen, ehre deinen Vater und deine Mutter, und liebe deine Mitmenschen wie dich selbst! »* (2. Mose 29, 12 – 16; 5. Mose 5, 16 – 20; 3. Mose 19, 18) Der junge Mann erwiderte: »Alle diese Gebote habe ich befolgt. Was fehlt mir noch?« Jesus antwortete: »Wenn du vollkommen sein willst, geh, verkaufe alles, was du hast, und gib den Erlös den Armen, und du wirst einen Schatz im Himmel haben. Und dann komm und folge mir nach!« Als der Mann das hörte, war er tief betroffen und ging traurig weg; er hatte ein großes Vermögen.

Jesus sah seine Jünger der Reihe nach an und sagte: »Wie schwer ist es doch für Menschen, die viel besitzen, in das Reich Gottes zu kommen!« Die Jünger waren über seine Worte bestürzt; aber Jesus sagte noch einmal: »Kinder, wie schwer ist es, ins Reich Gottes zu kommen! Eher geht ein Kamel durch ein Nadelöhr, als daß ein Reicher ins Reich Gottes kommt.« Sie erschraken noch mehr. »Wer kann dann überhaupt gerettet werden?« fragten sie einander. Jesus sah sie an und sagte: »Bei den Menschen ist das unmöglich, aber nicht bei Gott; für Gott ist alles möglich.« Daraufhin sagte Petrus zu Jesus: »Du weißt, wir haben alles zurückgelassen und sind dir nachgefolgt. Was werden wir dafür bekommen?« Jesus erwiderte, zu allen Jüngern gewandt: »Ich sage euch: Wenn der Menschensohn in der zukünftigen Welt auf dem Thron seiner Herrlichkeit sitzt, werdet auch ihr, die ihr mir nachgefolgt seid, auf zwölf Thronen sitzen und die zwölf Stämme Israels richten. Und jeder, der um meines Namens willen Häuser, Brüder, Schwestern, Vater, Mutter, Kinder oder Äcker zurückläßt, wird alles hundertfach wiederbekommen und wird das ewige Leben erhalten. Aber viele, die jetzt die Ersten sind, werden dann die Letzten sein, und viele, die jetzt die Letzten sind, werden dann die Ersten sein.«

Das Gleichnis von den Arbeitern im Weinberg

»Denn mit dem Himmelreich ist es wie mit einem Gutsbesitzer, der sich früh am Morgen aufmachte, um Arbeiter für seinen Weinberg einzustellen. Er fand etliche und einigte sich mit ihnen auf den üblichen Tageslohn von einem Denar. Dann schickte er sie in seinen Weinberg. Gegen neun Uhr ging er wieder auf den

Marktplatz und sah dort noch andere untätig herumstehen. Geht auch ihr in meinem Weinberg arbeiten! sagte er zu ihnen. Ich werde euch dafür geben, was recht ist. Da gingen sie an die Arbeit. Um die Mittagszeit und dann noch einmal gegen drei Uhr ging der Mann wieder hin und stellte Arbeiter ein. Als er gegen fünf Uhr ein letztes Mal zum Marktplatz ging, fand er immer noch einige, die dort herumstanden. Was steht ihr hier den ganzen Tag untätig herum? fragte er sie. Es hat uns eben niemand eingestellt, antworteten sie. Da sagte er zu ihnen: Geht auch ihr noch in meinem Weinberg arbeiten!

Am Abend sagte der Weinbergbesitzer zu seinem Verwalter: Ruf die Arbeiter zusammen und zahl ihnen den Lohn aus! Fang bei den letzten an und hör bei den ersten auf. Die Männer, die erst gegen fünf Uhr angefangen hatten, traten vor und erhielten jeder einen Denar. Als nun die ersten an der Reihe waren, dachten sie, sie würden mehr bekommen; aber auch sie erhielten jeder einen Denar. Da begehrten sie gegen den Gutsbesitzer auf.

Diese hier, sagten sie, die zuletzt gekommen sind, haben nur eine Stunde gearbeitet, und du gibst ihnen genausoviel wie uns. Dabei haben wir doch den ganzen Tag über schwer gearbeitet und die Hitze ertragen! Da sagte der Gutsbesitzer zu einem von ihnen: Mein Freund, ich tue dir kein Unrecht. Hattest du dich mit mir nicht auf einen Denar geeinigt? Nimm dein Geld und geh! Ich will nun einmal dem letzten hier genausoviel geben wie dir. Darf ich denn mit dem, was mir gehört, nicht tun, was ich will? Oder bist du neidisch, weil ich so gütig bin?

So wird es kommen, daß die Letzten die Ersten sind und die Ersten die Letzten.«

Jesus kündigt zum dritten Mal sein Leiden, sein Sterben und seine Auferstehung an

Sie waren nun auf dem Weg, der direkt nach Jerusalem hinaufführte. Jesus ging voran. Unruhe hatte die Jünger ergriffen, und auch die anderen, die mitgingen, hatten Angst. Er nahm die Zwölf noch einmal beiseite und kündigte ihnen an, was mit ihm geschehen werde. »Wir gehen jetzt nach Jerusalem hinauf«, sagte er. »Dort wird der Menschensohn in die Gewalt der führenden Priester und der Schriftgelehrten gegeben. Sie werden ihn zum Tod verurteilen und den Heiden übergeben, die Gott nicht kennen. Er wird verspottet, mißhandelt und angespuckt werden; man wird ihn auspeitschen und schließlich töten. Doch drei Tage danach wird er auferstehen.« Die Jünger begriffen von all dem nichts. Der Sinn dieser Worte war ihnen verborgen; sie verstanden nicht, was damit gemeint war.

Die Bitte von Jakobus und Johannes

Jakobus und Johannes, die Söhne des Zebedäus, und ihre Mutter traten an Jesus heran und sagten: »Meister, wir möchten, daß du uns eine Bitte erfüllst.« »Was wollt ihr?« fragte er. »Was soll ich für euch tun?« Die Mutter antwortete ihm: »Erlaube doch, daß meine beiden Söhne in deinem Reich neben dir sitzen, der eine an deiner rechten Seite und der andere an deiner linken Seite.«

»Ihr wißt nicht, um was ihr da bittet«, entgegnete Jesus. »Könnt ihr den bitteren Kelch trinken, den ich trinken werde, und die Taufe empfangen, mit der ich getauft werden muß?« »Das können wir!« erklärten sie. Da sagte Jesus zu ihnen: »Den Kelch, den ich trinke, werdet ihr zwar auch trinken, und die Taufe, mit der ich getauft werde, werdet auch ihr empfangen. Aber darüber zu verfügen, wer an meiner rechten und an meiner linken Seite sitzen wird, das steht nicht mir zu. Wer dort sitzen wird, das ist von Gott bestimmt.«

Die übrigen zehn Jünger hatten dem Gespräch zugehört und ärgerten sich über Jakobus und Johannes. Da rief Jesus sie alle zusammen und sagte: »Ihr wißt, daß die, die als Herrscher über die Völker betrachtet werden, sich als ihre Herren aufführen und daß die Völker die Macht der Großen zu spüren bekommen. Bei euch ist es nicht so. Im Gegenteil: Wer unter euch groß werden will, soll den anderen dienen; wer unter euch der Erste sein will, soll zum Dienst an allen bereit sein. Denn auch der Menschensohn ist nicht gekommen, um sich dienen zu lassen, sondern um zu dienen und sein Leben als Lösegeld für viele hinzugeben.«

Heilung von zwei Blinden bei Jericho

Sie kamen nach Jericho, und als Jesus mit seinen Jüngern von dort weiterzog, folgte ihm eine große Menschenmenge. Zwei Blinde, die am Straßenrand saßen, hörten, daß Jesus vorbeikam, und riefen: »Jesus, Sohn Davids, hab Erbarmen mit uns!« Die Leute fuhren sie an, sie sollten still sein. Doch die Blinden schrien nur noch lauter: »Herr, du Sohn Davids, hab Erbarmen mit uns!« Jesus blieb stehen und rief die beiden zu sich. »Was möchtet ihr von mir?« fragte er. »Herr«, antworteten sie, »wir möchten sehen können.« Da ergriff ihn tiefes Mitgefühl; er berührte ihre Augen, und im selben Augenblick konnten sie sehen. Von da an folgten sie Jesus nach. Und auch die ganze Volksmenge, die ihre Heilung miterlebt hatte, gab Gott die Ehre.

Ein reicher Zolleinnehmer begegnet Jesus

Jesus kam nach Jericho; sein Weg führte ihn mitten durch die Stadt. Zachäus, der oberste Zolleinnehmer, ein reicher Mann, wollte unbedingt sehen, wer dieser Jesus war. Aber es gelang ihm nicht, weil er klein war und die vielen Leute ihm die Sicht versperrten. Da lief er voraus und kletterte auf einen Maulbeerfeigenbaum; Jesus mußte dort vorbeikommen, und Zachäus hoffte, ihn dann sehen zu können. Als Jesus an dem Baum vorüberkam, schaute er hinauf und rief: »Zachäus, komm schnell herunter! Ich muß heute in deinem Haus zu Gast sein.« So schnell er konnte, stieg Zachäus vom Baum herab, und er nahm Jesus voller Freude bei sich auf.

Die Leute waren alle empört, als sie das sahen. »Wie kann er sich nur von solch einem Sünder einladen lassen!«

sagten sie. Zachäus aber trat vor den Herrn und sagte zu ihm: »Herr, die Hälfte meines Besitzes will ich den Armen geben, und wenn ich von jemand etwas erpreßt habe, gebe ich ihm das Vierfache zurück.« Da sagte Jesus zu Zachäus: »Der heutige Tag hat diesem Haus Rettung gebracht. Denn«, fügte er hinzu, »dieser Mann ist doch auch ein Sohn Abrahams. Und der Menschensohn ist gekommen, um zu suchen und zu retten, was verloren ist.«

Das Gleichnis vom anvertrauten Geld

Jesus fuhr mit einem Gleichnis fort. Weil er so nahe vor Jerusalem war, meinten seine Zuhörer nämlich, der Anbruch des Reiches Gottes stehe unmittelbar bevor. Er sagte: »Ein Mann aus vornehmer Familie reiste in ein fernes Land, um sich dort zum König über sein eigenes Land einsetzen zu lassen und dann zurückzukehren. Vor der Abreise rief er zehn seiner Diener zu sich und gab ihnen Geld, jedem ein Pfund. Arbeitet damit, bis ich wiederkomme! sagte er. Doch die Bürger des Landes haßten ihn. Sie schickten eine Abordnung hinter ihm her und ließen erklären: Wir wollen nicht, daß dieser Mann König über uns wird. Trotzdem wurde er zum König eingesetzt. Nach seiner Rückkehr ließ er die Diener rufen, denen er das Geld anvertraut hatte; er wollte erfahren, welchen Gewinn sie damit erzielt hatten.

Der erste erschien vor ihm und sagte: Herr, dein Pfund hat zehn weitere eingebracht. Sehr gut, erwiderte der Herr, du bist ein tüchtiger Diener. Weil du im Kleinsten treu gewesen bist, sollst du Verwalter von zehn Städten werden.

Der zweite kam und sagte: Herr, dein Pfund hat fünf weitere eingebracht. Auch ihn lobte der Herr. Du sollst über fünf Städte bestimmen, sagte er.

Doch der nächste, der kam, erklärte: Herr, hier hast du dein Pfund zurück. Ich habe es in einem Tuch aufbewahrt. Ich hatte nämlich Angst vor dir, weil du ein strenger Mann bist. Du forderst Gewinn, wo du nichts angelegt hast, und erntest, wo du nicht gesät hast. Sein Herr entgegnete ihm: Mit deinen eigenen Worten sprichst du dir das Urteil, du böser Mensch! Du hast also gewußt, daß ich ein strenger Mann bin, daß ich Gewinn fordere, wo ich nichts angelegt habe, und ernte, wo ich nicht gesät habe. Warum hast du mein Geld da nicht wenigstens auf die Bank gebracht? Dann hätte ich es bei meiner Rückkehr mit Zinsen zurückfordern können. Und er wandte sich zu den Umstehenden und sagte: Nehmt ihm das Pfund weg und gebt es dem, der die zehn Pfund hat! Aber Herr, wandten sie ein, er hat doch schon zehn! Ich sage euch, erwiderte er, jedem, der hat, wird gegeben; wer aber nicht hat, dem wird auch das genommen, was er hat.

Und nun zu meinen Feinden, die nicht wollten, daß ich über sie herrsche: Holt sie her, und bringt sie vor meinen Augen um!«

Nachdem Jesus dieses Gleichnis erzählt hatte, setzte er seine Reise hinauf nach Jerusalem fort.

Es kamen nun bald wieder die Tage, in denen die Juden ihr Passafest feierten. Schon vor dem Fest zogen viele Menschen aus dem ganzen Land nach Jerusalem hinauf, um sich nach den Reinigungsvorschriften darauf vorzubereiten. Alles hielt nach Jesus Ausschau. »Was meint ihr?« sagten die Leute, wenn sie auf dem Tempelplatz beieinanderstanden. »Ob er wohl zum Fest kommen wird?« Die führenden Priester und die Pharisäer aber, die Jesus festnehmen wollten, hatten den Befehl erlassen, jeder, der seinen Aufenthaltsort kenne, sei verpflichtet, es zu melden.

Sechs Tage vor dem Passafest kam Jesus wieder nach Betanien, wo Lazarus wohnte, den er von den Toten auferweckt hatte. Als unter der jüdischen Bevölkerung bekannt wurde, daß Jesus in Betanien war, strömten die Leute in Scharen dorthin. Sie kamen nicht nur wegen Jesus, sondern auch, weil sie Lazarus sehen wollten, den Mann, den Jesus von den Toten auferweckt hatte. Da beschlossen die führenden Priester, auch Lazarus zu töten, weil seinetwegen so viele Juden nach Betanien gingen und daraufhin an Jesus glaubten.

Jesu letzter Dienst in Jerusalem

Der Einzug in Jerusalem

Am nächsten Tag, als Jesus und seine Jünger nicht mehr weit von Jerusalem entfernt waren und in die Nähe von Betfage am Ölberg kamen, schickte Jesus zwei von ihnen voraus. Er gab ihnen folgende Anweisung: »Geht in das Dorf, das ihr vor euch seht. Gleich beim Ortseingang werdet ihr eine Eselin finden, die angebunden ist, und bei ihr ein Fohlen. Bindet sie beide los und führt sie zu mir. Und sollte jemand etwas zu euch sagen, dann antwortet: Der Herr braucht die Tiere. Dann wird man sie sofort mit euch gehen lassen.«

Die beiden machten sich auf den Weg und fanden tatsächlich draußen auf der Gasse einen jungen Esel an einem Tor angebunden. Als sie ihn losmachten, fragten einige, die dort standen: »Was tut ihr da? Warum bindet ihr das Tier los?« Sie antworteten so, wie Jesus es ihnen gesagt hatte, und man ließ sie gewähren. Sie brachten den Esel zu Jesus, legten ihre Mäntel über das Tier, und er setzte sich darauf. Das geschah, weil sich erfüllen sollte, was durch den Propheten vorausgesagt worden war:

Sagt der Tochter Zion:
Dein König kommt zu dir.
Er ist sanftmütig, und er
reitet auf einem Esel,
auf einem Fohlen, dem
Jungen eines Lasttiers.
(Jes 62, 11; Sach 9, 9)

Daß sich dieses Wort zu diesem Zeitpunkt erfüllte, verstanden die Jünger damals noch nicht. Später allerdings, als Jesus in seiner Herrlichkeit offenbart war, erinnerten sie sich daran, daß man ihn genauso empfangen hatte, wie es in der Schrift vorausgesagt war. Als die Menschen, die in großer Zahl zum Passahfest gekommen waren, hörten, daß Jesus auf dem Weg nach Jerusalem war, zogen sie ihm entgegen. Es waren deshalb so viele, weil die, die bei der Auferweckung des Lazarus dabeigewesen waren, überall davon erzählt hatten. Viele von ihnen breiteten ihre Mäntel auf dem Weg aus; andere hieben auf den Feldern Zweige von den Bäumen ab und legten sie auf den Weg.

Als Jesus das Wegstück erreichte, das vom Ölberg zur Stadt hinabführt, brach die ganze Schar der Jünger in Freudenrufe aus; mit lauter Stimme priesen sie Gott für all die Wunder, die sie miterlebt hatten. Sie riefen:

»Gepriesen sei der Sohn Davids!
Gesegnet sei der König,
der im Namen des Herrn kommt!« (Ps 118, 26)
Gepriesen sei Gott in der Höhe!

Einige Pharisäer aus der Menge erhoben Einspruch. »Meister«, sagten sie zu Jesus, »verbiete es deinen Jüngern, so zu reden!« Doch Jesus gab ihnen zur Antwort: »Ich sage euch: Wenn sie schweigen, werden die Steine schreien!«

Als Jesus sich nun der Stadt näherte und sie vor sich liegen sah, weinte er über sie und sagte: »Wenn doch auch du am heutigen Tag erkannt hättest, was dir Frieden bringen würde! Nun aber ist es dir verborgen, du siehst es nicht. Es kommt für dich eine Zeit, da werden deine Feinde rings um dich einen Wall aufwerfen, dich belagern und dich von allen Seiten bedrängen. Sie werden dich zerstören und deine Kinder, die in dir wohnen, zerschmettern und werden in der ganzen Stadt keinen Stein auf dem anderen lassen, weil du die Zeit, in der Gott dir begegnete, nicht erkannt hast.«

Die ganze Stadt geriet in Aufregung, und alle fragten: »Wer ist dieser Mann?« Die Menge, die Jesus begleitete, antwortete: »Das ist der Prophet Jesus aus Nazaret in Galiläa.«

Da sagten die Pharisäer zueinander: »Ihr seht doch, daß wir so nicht weiterkommen. Die ganze Welt läuft ihm nach!«

So zog Jesus in Jerusalem ein. Er ging in den Tempel und sah sich dort alles an. Dann kehrte er, da es inzwischen spät geworden war, mit den Zwölf nach Betanien zurück.

Als Jesus früh am nächsten Morgen Betanien wieder verließ und nach Jerusalem zurückkehrte, hatte er Hunger. Da sah er von weitem einen Feigenbaum, der schon Blätter hatte. Er ging hin, um zu sehen, ob auch Früchte an dem Baum waren; doch er fand nur Blätter daran. Es war allerdings auch nicht die Zeit der Feigen. Da sagte er zu dem Baum: »Nie wieder soll jemand von dir Feigen essen!« Das hörten auch seine Jünger.

In Jerusalem angekommen, ging Jesus in den Tempel und fing an, alle hinauszuweisen, die dort Handel trieben oder etwas kauften. Er warf die Tische der Geldwechsler und die Sitze der Taubenverkäufer um und duldete auch nicht, daß jemand etwas über den Tempelhof trug. Zur Erklärung sagte er ihnen: »Heißt es nicht in der Schrift: *Mein Haus soll ein Haus des Gebetes sein für alle Völker?* (Jes 56, 7) Ihr aber habt eine Räuberhöhle daraus gemacht!«

Während er im Tempel war, kamen Blinde und Lahme zu ihm, und er heilte sie. Aber die Wunder, die er tat, und der Jubel der Kinder, die im Tempel riefen: »Gepriesen sei der Sohn Davids!«, erregten den Unwillen der führenden Priester und der Schriftgelehrten. »Hörst du eigentlich, was die da rufen?« sagten sie zu ihm. »Gewiß«, erwiderte Jesus. »Habt ihr das Wort nie gelesen: *Unmündigen und kleinen Kindern hast du dein Lob in den Mund gelegt?«* (Ps 8, 3)

Als die führenden Priester und die Schriftgelehrten davon hörten, suchten sie nach einer Möglichkeit, Jesus zu beseitigen. Sie hatten aber Angst vor ihm, denn das ganze Volk hing an ihm und ließ sich keines seiner Worte entgehen. So wußten sie nicht, wie sie es anfangen sollten.

Früh am nächsten Morgen kamen sie wieder an dem Feigenbaum vorbei und sahen, daß er bis zu den Wurzeln verdorrt war. Da erinnerte sich Petrus an Jesu Worte und rief: »Rabbi, sieh nur, der Feigenbaum, den du verflucht hast, ist verdorrt!« Die Jünger sahen es voller Staunen. »Wie konnte der Feigenbaum so plötzlich verdorren?« fragten sie. Jesus antwortete: »Ich sage euch: Wenn ihr Glauben habt und nicht zweifelt, könnt ihr nicht nur das tun, was mit dem Feigenbaum geschehen ist; ihr könnt dann sogar zu diesem Berg hier sagen: Heb dich empor und stürz dich ins Meer!, und es wird geschehen. Wenn ihr betet und im Glauben um etwas bittet, werdet ihr es erhalten, was immer es auch sei.« Und wenn ihr beten wollt und etwas gegen jemand habt, dann vergebt ihm, damit euer Vater im Himmel euch eure Verfehlungen auch vergibt.«

Die Frage nach der Vollmacht Jesu

Als Jesus dann wieder im Tempel lehrte und dem Volk die Botschaft vom Reich Gottes verkündete, erschienen die führenden Priester und die Schriftgelehrten in Begleitung der Ältesten. »Sag uns«, forderten sie ihn auf, »woher nimmst du dir das Recht, das alles zu tun? Wer ist es, der dir die Vollmacht dazu gegeben hat?«

»Ich will euch eine Gegenfrage stellen«, erwiderte Jesus. »Wenn ihr mir darauf antwortet, werde ich euch sagen, woher ich die Vollmacht habe, so zu handeln. Die Taufe des Johannes – woher stammte sie? Vom Himmel oder von Menschen?« Sie überlegten miteinander hin und her: »Wenn wir antworten: Vom Himmel, wird er sagen: Warum habt ihr Johannes dann nicht geglaubt? Antworten wir aber: Von Menschen, dann müssen wir uns vor dem Volk fürchten; denn alle sind der Ansicht, daß Johannes ein Prophet war.« Schließlich gaben sie Jesus zur Antwort: »Wir wissen es nicht.« Da erwiderte er: »Dann sage ich euch auch nicht, woher ich die Vollmacht habe, so zu handeln.«

Das Gleichnis von den zwei Söhnen

Nun begann Jesus wieder in Gleichnissen zu ihnen zu reden. Er sagte: »Was sagt ihr zu folgender Geschichte? Ein Mann hatte zwei Söhne. Er ging zu dem einen und sagte: Mein Sohn, geh und arbeite heute im Weinberg! Ich will aber nicht, erwiderte dieser. Später bereute er seine Antwort und ging doch. Der Vater wandte sich mit derselben Bitte auch an den anderen Sohn. Selbstverständlich, Vater, erwiderte dieser, aber dann ging er doch nicht. Wer von den beiden hat nun getan, was der Vater wollte?« »Der erste«, antworteten sie. Da sagte Jesus zu ihnen: »Ich versichere euch: Die Zolleinnehmer und die Huren kommen eher ins Reich Gottes als ihr. Denn Johannes ist gekommen und hat euch den Weg der Gerechtigkeit gezeigt, und ihr habt ihm nicht geglaubt. Die Zolleinnehmer und die Huren dagegen haben ihm geglaubt. Ihr habt es gesehen, und trotzdem wart ihr nicht einmal nachträglich bereit, eure Haltung zu ändern und ihm zu glauben.«

Das Gleichnis von den Weinbergpächtern

»Hört noch ein anderes Gleichnis! Ein Gutsbesitzer legte einen Weinberg an, umgab ihn mit einem Zaun, hob auf dem Gelände eine Grube zum Keltern des Weins aus und baute einen Wachtturm. Dann verpachtete er den Weinberg und verreiste. Als die Zeit der Weinlese kam, schickte er seine Diener zu den Pächtern, um seinen Anteil am Ertrag abholen zu lassen. Doch die Pächter packten den Diener, verprügelten ihn und jagten ihn mit leeren Händen fort. Da schickte der Mann einen anderen Diener zu ihnen; dem ging es nicht besser: Sie schlugen ihm den Kopf blutig und trieben ihren Spott mit ihm. Danach schickte er einen dritten; den töteten sie. So ging es noch vielen anderen: Die einen wurden verprügelt, die anderen umgebracht.

Schließlich blieb ihm noch einer: sein geliebter Sohn. Den schickte er zuletzt auch noch zu ihnen, weil er sich sagte: Er ist mein Sohn, vor ihm werden sie Achtung haben. Aber die Pächter sagten zueinander: Das ist der Erbe. Kommt, wir bringen ihn um, dann gehört das Erbe uns! Und sie packten ihn, brachten ihn um und warfen ihn zum Weinberg hinaus.

Was wird nun der Besitzer des Weinbergs mit diesen Pächtern machen, wenn er zurückkommt?« Sie antworteten: »Ein böses Ende wird er diesen bösen Leuten bereiten, und den Weinberg wird er an andere verpachten, die ihm zur gegebenen Zeit den Ertrag abliefern.«

Jesus sagte: »Ja! Der Besitzer wird kommen und sie umbringen und den Weinberg wird er andern anvertrauen.« Die Zuhörer waren entsetzt. »Nur das nicht!« sagten sie. Jesus sah sie an und sagte dann: »Was bedeutet denn jene Schriftstelle:

Der Stein, den die Bauleute für unbrauchbar erklärten,
ist zum Eckstein geworden.
Das hat der Herr getan, und es ist etwas Wunderbares
in unseren Augen? (Ps 118, 22 – 23)

Deshalb sage ich euch: Das Reich Gottes wird euch weggenommen und einem Volk gegeben werden, das die rechten Früchte hervorbringt. Wer auf jenen Stein fällt, wird zerschmettert, und der, auf den der Stein fällt, wird von ihm zermalmt. «

Als die führenden Priester und die Pharisäer diese Gleichnisse hörten, war ihnen klar, daß sie damit gemeint waren. Sie hätten Jesus am liebsten festgenommen, aber sie hatten Angst vor dem Volk, weil es ihn für einen Propheten hielt.

Das Gleichnis von der Einladung zum Hochzeitsfest

Jesus fuhr fort, ihnen Gleichnisse zu erzählen. Er sagte: »Mit dem Himmelreich ist es wie mit einem König, der für seinen Sohn das Hochzeitsfest vorbereitet hatte. Er sandte seine Diener aus, um die, die zum Fest eingeladen waren, rufen zu lassen. Doch sie wollten nicht kommen. Daraufhin sandte der König andere Diener aus und ließ den Gästen sagen: Ich habe das Festessen zubereiten lassen, die Ochsen und das Mastvieh sind geschlachtet, alles ist bereit. Kommt zur Hochzeit! Aber sie kümmerten sich nicht darum, sondern wandten sich ihrer Feldarbeit oder ihren Geschäften zu. Einige jedoch packten die Diener des Königs, mißhandelten sie und brachten sie um.

Da wurde der König zornig. Er schickte seine Truppen und ließ die Mörder töten und ihre Stadt niederbrennen. Dann sagte er zu seinen Dienern: Das Hochzeitsfest ist vorbereitet, aber die Gäste, die ich eingeladen hatte, waren es nicht wert, daran teilzunehmen. Darum geht hinaus auf die Straßen und ladet alle zur Hochzeit ein, die ihr dort antrefft. Die Diener gingen auf die Straßen und holten alle herein, die sie fanden, Böse ebenso wie Gute, und der Hochzeitssaal füllte sich mit Gästen.

Als der König eintrat, um zu sehen, wer an dem Mahl teilnahm, bemerkte er einen, der kein Festgewand anhatte. Mein Freund, sagte er zu ihm, wie bist du ohne Festgewand hier hereingekommen? Der Mann wußte darauf nichts zu antworten. Da befahl der König seinen Dienern: Bindet ihm Hände und Füße, und werft ihn hinaus in die Finsternis, dorthin, wo es nichts gibt als lautes Jammern und angstvolles Zittern und Beben.

Denn viele sind gerufen, aber nur wenige sind auserwählt.«

Daraufhin kamen die Pharisäer zusammen und berieten, wie sie Jesus zu einer Äußerung verleiten könnten, die sich gegen ihn verwenden ließe. Sie schickten einige Pharisäer und einige Anhänger des Herodes zu ihm, die sich den Anschein geben sollten, als meinten sie es ehrlich, ihm aber eine Äußerung entlocken sollten, die es ermöglichen würde, ihn dem Gouverneur zu übergeben und ihn verurteilen zu lassen. Sie legten ihm deshalb die folgende Frage vor: »Meister, wir wissen, daß es dir um die Wahrheit geht und daß du nicht nach der Meinung der Leute fragst; denn du läßt dich von keinem Menschen beeinflussen, wie angesehen er auch sei. Wenn du lehrst, wie man nach Gottes Willen leben soll, läßt du dich allein von der Wahrheit leiten. Ist es nun richtig, dem Kaiser Steuern zu zahlen, oder nicht? Sollen wir sie ihm geben oder nicht?« Jesus durchschaute ihre böse Absicht. »Ihr Heuchler«, sagte er, »warum stellt ihr mir eine Falle? Zeigt mir die Münze, mit der ihr die Steuer bezahlt!« Sie reichten ihm einen Denar. »Wessen Bild und Name ist darauf?« fragte er. Sie antworteten: »Das Bild und der Name des Kaisers.« Da sagte Jesus zu ihnen: »Dann gebt dem Kaiser, was dem Kaiser gehört, und gebt Gott, was Gott gehört!«

Über diese Antwort waren sie so verblüfft, daß sie nichts mehr zu sagen wußten, Jesus in Ruhe ließen und weggingen.

Es war ihnen also nicht gelungen, Jesus vor dem Volk zu einer verfänglichen Aussage zu verleiten.

Auch aus den Reihen der Sadduzäer, die behaupten, es gebe keine Auferstehung, kamen an jenem Tag einige zu Jesus und legten ihm eine Frage vor. »Meister«, sagten sie, »Mose hat folgendes bestimmt: *Wenn ein Mann kinderlos stirbt, soll sein Bruder die Witwe heiraten und dem Verstorbenen Nachkommen verschaffen.*(5. Mose 25, 5)

Nun lebten da unter uns sieben Brüder. Der erste nahm sich eine Frau, starb jedoch, ohne Nachkommen zu hinterlassen. Daraufhin heiratete der zweite Bruder die Witwe. Aber auch er starb, ohne Nachkommen zu hinterlassen, ebenso der dritte, und so ging es weiter. Keiner der sieben hinterließ Nachkommen. Zuletzt starb auch die Frau. Wie ist es nun bei der Auferstehung? Wenn sie einmal auferstanden sind, wem von ihnen gehört sie dann? Alle sieben waren schließlich mit ihr verheiratet gewesen.«

Jesus gab ihnen zur Antwort: »Ihr irrt euch, weil ihr weder die Schrift noch die Kraft Gottes kennt. In der jetzigen Welt heiraten die Menschen und werden verheiratet. Aber diejenigen, die für würdig erachtet werden, an der kommenden Welt teilzuhaben und von den Toten aufzuerstehen, heiraten dann nicht mehr. Sie können dann ja auch nicht mehr sterben, sondern sind den Engeln gleich; als Menschen der Auferstehung sind sie Söhne Gottes.

Daß aber die Toten auferstehen, hat schon Mose deutlich gemacht. In der Geschichte vom Dornbusch nennt er den Herrn *den Gott Abrahams, den Gott Isaaks und den Gott Jakobs.* (2. Mose 3, 6) Gott ist doch nicht ein Gott der

Toten, sondern der Lebenden; für ihn sind alle lebendig. Ihr seid also völlig im Irrtum.«

Die ganze Menschenmenge, die Jesus zugehört hatte, war tief beeindruckt von seiner Lehre. Einige der Schriftgelehrten sagten: »Meister, das war eine gute Antwort.«

Die Frage nach dem wichtigsten Gebot

Einer der Schriftgelehrten hatte diesem Streitgespräch zugehört und gesehen, wie gut Jesus die Sadduzäer zum Schweigen gebracht hatte. Man war daraufhin zur Beratung zusammengekommen, und nun versuchte einer von ihnen, ein Gesetzeslehrer, Jesus eine Falle zu stellen. Er fragte ihn: »Welches ist das wichtigste Gebot im Gesetz?« Jesus antwortete: »Das wichtigste Gebot ist: *Höre, Israel, der Herr, unser Gott, ist der alleinige Herr. Du sollst den Herrn, deinen Gott, lieben von ganzem Herzen, mit ganzer Hingabe*, mit deinem ganzen Verstand *und mit aller deiner Kraft!* (5. Mose 6, 5)

An zweiter Stelle steht das Gebot: *Liebe deine Mitmenschen wie dich selbst!* (3. Mose 19, 18) Mit diesen beiden Geboten ist alles gesagt, was das Gesetz und die Propheten fordern.« »Sehr gut, Meister!« meinte darauf der Schriftgelehrte. »Es ist wirklich so, wie du sagst: Gott allein ist der Herr, und es gibt keinen anderen außer ihm. Und ihn zu lieben von ganzem Herzen, mit ganzem Verstand und mit aller Kraft und seine Mitmenschen zu lieben wie sich selbst ist viel mehr wert als alle Brandopfer und alle übrigen Opfer.«

Jesus sah, mit welcher Einsicht der Mann geantwortet hatte, und sagte zu ihm: »Du bist nicht weit vom Reich Gottes entfernt.«

Der Messias – Davids Sohn oder Davids Herr?

Während die Pharisäer versammelt waren, stellte Jesus ihnen die Frage: »Was denkt ihr über den Messias? Wessen Sohn ist er?« »Er ist der Sohn Davids«, antworteten sie. Da sagte Jesus: »Wie kommt es dann, daß David, geleitet vom Heiligen Geist, ihn Herr nennt? David sagt nämlich:
Der Herr sprach zu meinem Herrn:
Setze dich an meine rechte Seite,
bis ich deine Feinde unter deine Füße gelegt habe.
(Ps 110, 1)
Wenn der Messias also von David Herr genannt wird, wie kann er dann Davids Sohn sein?« Keiner konnte ihm darauf eine Antwort geben. Und von diesem Tag an wagte niemand mehr, ihm eine Frage zu stellen.

Warnung vor den Schriftgelehrten und Pharisäern

Das ganze Volk hörte zu, als Jesus daraufhin zu seinen Jüngeren sagte: »Das Lehramt des Mose haben heute die Schriftgelehrten und die Pharisäer inne. Richtet euch daher nach allem, was sie euch sagen, und befolgt es. Doch richtet euch nicht nach dem, was sie tun; denn sie reden zwar, handeln aber nicht danach. Sie binden schwere Lasten zusammen, die man kaum tragen kann, und laden sie den Menschen auf die Schultern; doch sie selbst denken nicht daran, diese Lasten auch nur anzurühren. Und alles, was sie tun, tun sie nur, um die Leute zu beeindrucken: Sie machen ihre Gebetsriemen besonders breit und die Quasten ihrer Gewänder besonders lang, und sie haben es gern, wenn man sie auf der Straße ehrfurchtsvoll grüßt. In den Synagogen nehmen sie die vordersten Sitze für sich in Anspruch und bei Festessen die Ehrenplätze. Sie verschlingen den Besitz der Witwen und sprechen zum Schein lange Gebete. Darum erwartet sie ein besonders hartes Urteil.«

Jesus geht mit den Schriftgelehrten und Pharisäern ins Gericht

»Wehe euch, ihr Schriftgelehrten und Pharisäer, ihr Heuchler! Ihr verschließt den Menschen das Himmelreich. Selbst geht ihr nicht hinein, und die, die hineingehen wollen, laßt ihr nicht hinein.

Wehe euch, ihr Schriftgelehrten und Pharisäer, ihr Heuchler! Ihr scheut keine Mühe und reist über Land und Meer, um auch nur einen einzigen Anhänger zu gewinnen, und wenn ihr einen gewonnen habt, macht ihr ihn zu einem Anwärter auf die Hölle, der doppelt so schlimm ist wie ihr.

Wehe euch, ihr verblendeten Führer! Ihr sagt: Wenn jemand beim Tempel schwört, braucht er seinen Eid nicht zu halten; wenn jemand aber beim Gold des Tempels schwört, ist er an seinen Eid gebunden. Ihr verblendeten Toren! Was ist denn wichtiger, das Gold oder der Tempel? Durch den Tempel wird das Gold doch erst geheiligt. Ihr sagt auch: Wenn jemand beim Altar schwört, braucht er seinen Eid nicht zu halten; wenn jemand aber beim Opfer auf dem Altar schwört, ist er an seinen Eid gebunden. Wie verblendet ihr seid! Was ist denn wichtiger, das Opfer oder der Altar? Durch den Altar wird das Opfer doch erst geheiligt. Wer also beim Altar schwört, der schwört nicht nur beim Altar, sondern auch bei allem, was darauf ist. Und wer beim Tempel schwört, der schwört nicht nur beim Tempel, sondern auch bei dem, der darin wohnt. Und wer beim Himmel schwört, der schwört beim Thron Gottes und somit bei dem, der darauf sitzt.

Wehe euch, ihr Schriftgelehrten und Pharisäer, ihr Heuchler! Ihr gebt den zehnten Teil von Kräutern wie Minze, Dill und Kümmel und laßt dabei die viel wichtigeren Forderungen des Gesetzes außer acht: Gerechtigkeit, Barmherzigkeit und Treue. Diese Forderungen solltet ihr erfüllen und das andere nicht außer acht lassen. Verblendete Führer seid ihr! Mücken siebt ihr aus, und Kamele verschluckt ihr.

Wehe euch, ihr Schriftgelehrten und Pharisäer, ihr Heuchler! Ihr reinigt das Äußere eurer Becher und Schüsseln, ihr Inhalt aber zeugt von eurer Raubgier und Maßlosigkeit. Du verblendeter Pharisäer! Sorg zuerst dafür, daß der Inhalt des Bechers rein ist, dann wird auch das Äußere rein sein.

Wehe euch, ihr Schriftgelehrten und Pharisäer, ihr Heuchler! Ihr seid wie weißgetünchte Gräber: Von außen sehen sie schön aus, innen aber sind sie voll von Totengebeinen und von Unreinheit aller Art. Genauso seid auch ihr: Nach außen hin erweckt ihr bei den Menschen den Anschein, gerecht zu sein, in Wirklichkeit aber seid ihr voller Heuchelei und Gesetzlosigkeit.

Wehe euch, ihr Schriftgelehrten und Pharisäer, ihr Heuchler! Ihr errichtet Grabmäler für die Propheten und schmückt die Gräber der Gerechten und behauptet: Wenn wir zur Zeit unserer Vorfahren gelebt hätten, hätten wir uns nicht mit ihnen am Tod der Propheten schuldig gemacht. Damit gebt ihr selbst zu, daß ihr die Nachkommen der Prophetenmörder seid. Ja, macht nur das Maß eurer Vorfahren voll!

Ihr Schlangen, ihr Natternbrut! Wie wollt ihr dem Gericht entgehen und verhindern, daß ihr in die Hölle geworfen werdet? Deshalb hört, was ich euch sage: Ich werde Propheten, Männer voller Weisheit und wahre Schriftgelehrte zu euch schicken. Einige von ihnen werdet ihr umbringen, ja sogar kreuzigen; andere werdet ihr in euren Synagogen auspeitschen und von einer Stadt zur anderen verfolgen. So wird schließlich euch die ganze Schuld am Tod der Gerechten angerechnet, angefangen bei Abel, dem Gerechten, bis hin zu Sacharja, dem Sohn Berechjas, den ihr zwischen dem Tempelgebäude und dem Altar ermordet habt. Ich sage euch: Die Strafe für all das wird diese Generation treffen.«

Klage über Jerusalem

»Jerusalem, Jerusalem, du tötest die Propheten und steinigst die, die Gott zu dir schickt. Wie oft wollte ich deine Kinder sammeln wie eine Henne, die ihre Küken unter ihre Flügel nimmt! Aber ihr habt nicht gewollt. Seht, euer Haus wird verlassen sein und verwüstet daliegen. Denn ich sage euch: Von jetzt an werdet ihr mich nicht mehr sehen, bis ihr ruft: *Gesegnet sei er, der im Namen des Herrn kommt!*« (Ps 118, 26)

Das Opfer der armen Witwe

Jesus setzte sich in die Nähe des Opferkastens und sah zu, wie die Leute Geld hineinwarfen. Viele Reiche gaben große Summen. Doch dann kam eine arme Witwe und warf zwei kleine Kupfermünzen hinein (das entspricht etwa einem Groschen).

Da rief Jesus seine Jünger zu sich und sagte: »Ich versichere euch: Diese arme Witwe hat mehr in den Opferkasten gelegt als alle anderen. Sie alle haben von ihrem Überfluß gegeben; diese Frau aber, so arm sie ist, hat alles gegeben, was sie besaß – alles, was sie zum Leben nötig hatte.«

Menschen nichtjüdischer Herkunft wollen Jesus sehen

Unter denen, die zum Fest nach Jerusalem hinaufgezogen waren, um anzubeten, befanden sich auch einige

Leute nichtjüdischer Herkunft. Sie wandten sich an Philippus, der aus Betsaida in Galiläa stammte, und baten ihn: »Herr, wir möchten gern Jesus kennenlernen.« Philippus ging zu Andreas und teilte ihm das mit, worauf Andreas und Philippus zusammen zu Jesus gingen, um es ihm zu sagen.

Jesus gab ihnen zur Antwort: »Die Zeit ist gekommen, wo der Menschensohn in seiner Herrlichkeit offenbart wird. Ich sage euch: Wenn das Weizenkorn nicht in die Erde fällt und stirbt, bleibt es ein einzelnes Korn. Wenn es aber stirbt, bringt es viel Frucht. Wem sein eigenes Leben über alles geht, der verliert es. Wer aber in dieser Welt sein Leben losläßt, der wird es für das ewige Leben in Sicherheit bringen. Wenn jemand mir dienen will, muß er mir nach folgen. Und da, wo ich bin, wird auch mein Diener sein. Wer mir dient, den wird der Vater ehren.«

Jesus kündigt seinen Tod an

»Mein Herz ist jetzt voll Angst und Unruhe. Soll ich sagen: Vater, rette mich vor dem, was auf mich zukommt? Nein, denn jetzt ist die Zeit da; jetzt geschieht das, wofür ich gekommen bin. Vater, offenbare die Herrlichkeit deines Namens!« Da sprach eine Stimme aus dem Himmel: »Ich habe es getan und werde es auch jetzt wieder tun.«

Viele Menschen standen dabei und hörten die Stimme. Sie sagten: »Es hat gedonnert.« Einige meinten: »Ein

Engel hat zu ihm gesprochen.« Da sagte Jesus: »Nicht meinetwegen hat diese Stimme gesprochen, sondern euretwegen. Jetzt ist für diese Welt die Stunde des Gerichts gekommen; jetzt wird der Herrscher dieser Welt hinausgeworfen werden. Ich aber werde über die Erde erhöht werden und werde dann alle zu mir ziehen.« Jesus deutete damit an, auf welche Weise er sterben würde.

Die Leute hielten ihm entgegen: »Das Gesetz lehrt uns, daß der Messias ewig bleiben wird. Wie kannst du da behaupten, der Menschensohn müsse erhöht werden? Wer ist überhaupt dieser Menschensohn?« Jesus erwiderte: »Das Licht ist nur noch kurze Zeit unter euch. Geht euren Weg im Licht, solange ihr das Licht habt, damit die Finsternis euch nicht überfällt. Wer in der Finsternis unterwegs ist, weiß nicht, wohin sein Weg ihn führt. Glaubt an das Licht, solange ihr das Licht habt, damit ihr zu Menschen des Lichts werdet.«

Nachdem Jesus so zu ihnen gesprochen hatte, zog er sich zurück und hielt sich von da an vor ihnen verborgen.

Rückblick auf Jesu öffentliches Wirken:
Der Unglaube des jüdischen Volkes

Trotz all der Wunder, durch die Jesus unter ihnen seine Macht bewiesen hatte, glaubten sie nicht an ihn. Denn es sollte sich erfüllen, was der Prophet Jesaja vorausgesagt hatte:

Herr, wer hat unserer Botschaft geglaubt?

Und wem konnte sich der Herr mit seinem mächtigen Handeln offenbaren? (Jes 53, 1)

An einer anderen Stelle nennt Jesaja den Grund, warum sie nicht glauben konnten:

Der Herr hat ihre Augen blind gemacht
und ihre Herzen verschlossen.
Daher kommt es, sagt der Herr,
daß sie mit ihren Augen nicht sehen
und mit ihrem Herzen nichts verstehen
und daß sie nicht umkehren, so daß ich sie heilen könnte.
(Jes 6,10)

Jesaja sagte das, weil er die Herrlichkeit Jesu gesehen hatte; auf ihn bezogen sich seine Worte.

Es gab allerdings sogar unter den führenden Männern viele, die an Jesus glaubten. Aber wegen der Pharisäer bekannten sie sich nicht offen zu ihm; sie mußten befürchten, aus der Synagoge ausgeschlossen zu werden. Es war ihnen wichtiger, ihr Ansehen bei den Menschen nicht zu verlieren, als bei Gott Anerkennung zu finden.

Jesus aber rief mit lauter Stimme: »Wer an mich glaubt, der glaubt nicht nur an mich, sondern auch an den, der mich gesandt hat. Und wer mich sieht, sieht den, der mich gesandt hat. Ich bin als das Licht in die Welt gekommen, damit jeder, der an mich glaubt, das Licht hat und nicht in der Finsternis bleibt. Wenn jemand hört, was ich sage, und sich nicht daran hält, dann bin nicht ich es, der ihn verurteilt. Denn ich bin nicht gekommen, um die Welt zu verurteilen, sondern um die

Welt zu retten. Wer mich ablehnt und das, was ich sage, nicht annimmt, der hat seinen Richter damit schon gefunden: Das Wort, das ich gesprochen habe, wird ihn an jenem letzten Tag verurteilen. Denn ich habe nicht aus mir selbst heraus geredet; der Vater, der mich gesandt hat, hat mir aufgetragen, was ich reden und verkünden soll. Und ich weiß: Bei seinem Auftrag geht es um das ewige Leben. Was ich darum verkünde, verkünde ich so, wie der Vater es mir gesagt hat.«

JESU REDEN VON DER ENDZEIT

Zerstörung des Tempels und Vorzeichen des Endes

Als Jesus den Tempel verließ, sagten seine Jünger zu ihm: »Meister, sieh doch! Was für mächtige Steine und was für prachtvolle Bauten!« »Das alles beeindruckt euch, nicht wahr?« sagte Jesus. »Doch ich versichere euch: Kein Stein wird hier auf dem anderen bleiben; es wird alles zerstört werden.«

Später saß Jesus auf dem Ölberg, von wo aus man zum Tempel hinüberblickt. Petrus, Jakobus, Johannes und Andreas waren mit ihm allein. Da baten sie ihn: »Sag uns doch: Wann wird das geschehen? An welchem Zeichen werden wir erkennen können, daß die Erfüllung all dieser Dinge bevorsteht? Welches Zeichen wird deine Wiederkunft und das Ende der Welt ankündigen?«

»Gebt acht, daß euch niemand irreführt!« erwiderte Jesus. »Denn viele werden unter meinem Namen auftreten; sie werden behaupten, sie seien der Messias, und werden viele irreführen. Ihr werdet von Kriegen hören; ihr werdet hören, daß Kriegsgefahr droht. Laßt euch dadurch nicht erschrecken. Es muß so kommen, aber das Ende ist es noch nicht.«

Weiter sagte er zu ihnen: »Ein Volk wird sich gegen das andere erheben und ein Reich gegen das andere. Es wird schwere Erdbeben geben; Hungersnöte und Seuchen werden bald diese Gegend heimsuchen und bald jene; furchtbare Dinge werden geschehen, und am Himmel werden gewaltige Zeichen zu sehen sein.« Doch das ist alles erst der Anfang, es ist wie der Beginn von Geburtswehen.

Habt acht auf euch selbst! Aber noch bevor es zu dem allem kommt, wird man mit Gewalt gegen euch vorgehen und wird euch verfolgen. Man wird euch in den Synagogen vor Gericht stellen und wird euch ins Gefängnis werfen; man wird euch vor Könige und Machthaber führen. Das alles wird man euch um meines Namens willen antun, und es wird für euch eine Gelegenheit sein, das Evangelium zu bezeugen. Meint nicht, ihr müßtet euch im voraus zurechtlegen, wie ihr euch verteidigen sollt. Denn ich selbst werde euch Worte in den Mund legen, denen eure Gegner nichts entgegenzusetzen haben, und werde euch eine Weisheit geben, der sie nicht widersprechen können. Denn wenn es soweit ist, wird euch eingegeben werden, was ihr sagen müßt. Nicht ihr seid es, die dann reden, sondern der heilige Geist. In dieser Zeit werden viele vom Glauben abfallen; sie werden einander verraten, sie werden einander hassen. Menschen werden ihre nächsten Angehörigen dem Henker ausliefern: der Bruder den Bruder und der Vater sein Kind; und auch Kinder werden sich gegen ihre Eltern stellen und sie töten lassen. Um meines Namens willen werdet ihr von allen Menschen gehaßt werden. Und doch soll kein Haar von eurem Kopf verlorengehen. Seid standhaft, dann werdet ihr das Leben gewinnen. Falsche Propheten werden in großer Zahl auftreten und viele irreführen. Sogar eure Eltern und Geschwister, eure Verwandten und eure Freunde werden euch verraten, und manche von euch wird man töten. Und weil die Gesetzlosigkeit überhandnehmen wird, wird bei den meisten die Liebe erkalten. Wer aber bis ans Ende standhaft bleibt, wird gerettet. Die Botschaft vom Reich Gottes wird in der ganzen Welt verkündet werden, damit alle Völker sie hören. Dann erst kommt das Ende.

Wenn ihr seht, daß Jerusalem von feindlichen Truppen eingeschlossen wird, könnt ihr sicher sein, daß die Zerstörung der Stadt bevorsteht. Wenn ihr den *Greuel der Entweihung* (Dan 9, 27; 11, 31; 12, 11), von dem der Prophet Daniel gesprochen hat (wer das liest, der überlege, was es bedeutet), an heiligem Ort seht, sollen die, die in Judäa sind, in die Berge fliehen. Wer in der Stadt ist, soll sie verlassen, und wer auf dem Land ist, soll nicht in der Stadt Schutz suchen. Wer sich gerade auf dem Dach seines Hauses aufhält, soll nicht erst noch hintersteigen, um seine Sachen aus dem Haus zu holen. Und wer auf dem Feld ist, soll nicht mehr nach Hause zurücklaufen, um seinen Mantel zu holen. Wie schwer werden es die Frauen haben, die in jener Zeit ein Kind erwarten oder stillen! Betet auch, daß ihr nicht im Winter oder an einem Sabbat fliehen müßt. Denn es wird eine Not herrschen, wie es sie von Beginn der Welt an bis heute nicht gegeben hat und wie es sie danach auch nie mehr geben wird. Die Menschen werden mit dem Schwert getötet oder als Gefangene unter alle Völker verschleppt werden. Jerusalem wird von fremden Völkern niedergetreten werden, bis deren Zeit abgelaufen ist. Hätte der Herr diese Zeit nicht verkürzt, dann würde kein Mensch gerettet werden; aber um derer willen, die er auserwählt hat, hat er sie verkürzt. Wenn dann jemand zu euch sagt: Seht, hier ist der Messias! oder: Seht, er ist dort!, so glaubt es nicht. Denn mancher falsche Messias und mancher falsche Prophet wird auftreten und große Zeichen und Wunder vollbringen, um, wenn möglich, sogar die Auserwählten irrezuführen. Seht *ihr* euch darum vor! Ich habe euch alles vorausgesagt. Denn wenn der Menschensohn wiederkommt, wird es sein, wie wenn der Blitz im Osten aufzuckt und bis zum Westen hin leuchtet. Wo Aas liegt, da sammeln sich die Geier.

Unmittelbar nach jener Zeit der Not wird *sich die Sonne verfinstern, und der Mond wird nicht mehr scheinen. Die Sterne werden vom Himmel fallen, und die Kräfte des Himmels werden aus dem Gleichgewicht geraten.* (Jes 13, 10; 34, 4) Und die Völker auf der Erde werden in Angst und Schrecken geraten und weder aus noch ein wissen vor den tobenden Wellen des Meeres. Die Menschen werden vergehen vor Angst und vor banger Erwartung dessen, was noch alles über die Erde kommen wird.

Und dann wird das Zeichen des Menschensohnes am Himmel erscheinen, und alle Völker der Erde werden jammern und klagen; sie werden *den Menschensohn* mit großer Macht und Herrlichkeit *auf den Wolken des Himmels kommen* sehen. (Dan 7, 13)

Er wird seine Engel mit mächtigem Posaunenschall aussenden, und sie werden seine Auserwählten aus allen Himmelsrichtungen zusammenbringen, von einem Ende des Himmels bis zum anderen.

Wenn diese Dinge zu geschehen beginnen, richtet euch auf und faßt Mut, denn dann ist eure Erlösung nahe.« Jesus gebrauchte einen Vergleich; er sagte: »Seht euch den Feigenbaum an, oder nehmt irgendeinen anderen Baum. Wenn sie ausschlagen, wißt ihr, daß der Sommer nahe ist. Genauso ist es, wenn ihr seht, daß jene Dinge geschehen: Dann wißt ihr, daß das Reich Gottes nahe ist. Ich sage euch: Diese Generation wird nicht vergehen, bis alles geschehen ist. Himmel und Erde werden vergehen, aber meine Worte werden nicht vergehen.«

Mahnung zur Wachsamkeit

»Doch wann jener Tag und jene Stunde sein werden, weiß niemand, auch nicht die Engel im Himmel, nicht einmal der Sohn; nur der Vater weiß es. Bei der Wiederkunft des Menschensohnes wird es wie in den Tagen Noahs sein. Damals vor der großen Flut aßen und tranken die Menschen, sie heirateten und wurden verheiratet – bis zu dem Tag, an dem Noah in die Arche ging. Sie merkten nichts, bis die Flut hereinbrach und sie alle hinwegraffte. So wird es auch bei der Wiederkunft des

Menschensohnes sein. Von zwei Männern, die dann auf dem Feld arbeiten, wird der eine angenommen und der andere zurückgelassen. Von zwei Frauen, die zusammen Getreide mahlen, wird die eine angenommen und die andere zurückgelassen. Seid also wachsam! Denn ihr wißt nicht, an welchem Tag euer Herr kommt, ob am Abend oder um Mitternacht, ob beim ersten Hahnenschrei oder früh am Morgen.

Ihr könnt gewiß sein: Ein Hausherr, der wüßte, zu welchem Zeitpunkt in der Nacht der Dieb kommt, würde wachbleiben und nicht zulassen, daß in sein Haus eingebrochen wird. Darum haltet auch ihr euch ständig bereit; denn der Menschensohn kommt zu einem Zeitpunkt, an dem ihr nicht damit rechnet.

Hütet euch vor einem ausschweifenden Leben und vor übermäßigem Weingenuß, und laßt euch nicht von den Sorgen des täglichen Lebens gefangennehmen. Sonst wird euer Herz abgestumpft, und ihr werdet von jenem Tag überrascht werden wie von einer Falle, die zuschnappt. Denn er wird über alle Bewohner der Erde hereinbrechen. Seid wachsam und betet, ohne nachzulassen, damit ihr die Kraft habt, all dem zu entrinnen, was geschehen wird, und damit ihr bestehen könnt, wenn ihr vor den Menschensohn tretet.

Woran erkennt man einen treuen und klugen Diener? Angenommen, ein Herr hat einem seiner Diener die Verantwortung übertragen, der ganzen Dienerschaft zur gegebenen Zeit das Essen auszuteilen. Wenn nun sein Herr kommt und ihn bei der Arbeit findet – wie glücklich ist da der Diener zu preisen! Ich sage euch: Der Herr wird

ihm die Verantwortung für seinen ganzen Besitz übertragen. Wenn jener Diener aber ein böser Mensch ist und
sich sagt: Mein Herr kommt noch lange nicht! und anfängt, die anderen Diener zu schlagen, während er selbst
mit Trunkenbolden schwelgt und praßt, dann wird sein
Herr an einem Tag kommen, an dem er ihn nicht erwartet, und zu einem Zeitpunkt, an dem er es nicht vermutet. Er wird den Diener in Stücke hauen und dort hin-
bringen lassen, wo die Heuchler sind und wo es nichts
gibt als lautes Jammern und angstvolles Zittern und Beben.«

Das Gleichnis von den klugen und den törichten Brautjungfern

»Wenn der Menschensohn kommt, wird es mit dem
Himmelreich wie mit zehn Brautjungfern sein, die ihre
Fackeln nahmen und dem Bräutigam entgegengingen.
Fünf von ihnen waren töricht, und fünf waren klug. Die
Törichten nahmen zwar ihre Fackeln mit, aber keinen
Ölvorrat. Die Klugen dagegen hatten außer ihren Fak-
keln auch Gefäße mit Öl dabei. Als sich nun die Ankunft
des Bräutigams verzögerte, wurden sie alle müde und
schliefen ein.

Mitten in der Nacht ertönte plötzlich der Ruf: Der
Bräutigam kommt! Geht ihm entgegen! Die Brautjungfern wachten alle auf und machten sich daran, ihre Fak-
keln in Ordnung zu bringen. Die Törichten sagten zu
den Klugen: Gebt uns etwas von eurem Öl; unsere Fak-
keln gehen aus. Aber die Klugen erwiderten: Das kön-

nen wir nicht, es reicht sonst weder für uns noch für euch. Geht doch zu einem Kaufmann und holt euch selbst, was ihr braucht! Während die Törichten weg waren, um Öl zu kaufen, kam der Bräutigam. Die fünf, die bereit waren, gingen mit ihm in den Hochzeitssaal. Dann wurde die Tür geschlossen. Später kamen auch die anderen Brautjungfern und riefen: Herr, Herr, mach uns auf! Doch der Bräutigam antwortete: Ich kann euch nur das eine sagen: Ich kenne euch nicht!

Seid also wachsam!« schloß Jesus. »Denn ihr wißt weder den Tag noch die Stunde im voraus.«

Das Gleichnis vom anvertrauten Geld

»Es ist wie bei einem Mann, der vorhatte, in ein anderes Land zu reisen. Er rief seine Diener zu sich und vertraute ihnen sein Vermögen an. Einem gab er fünf Talente, einem anderen zwei und wieder einem anderen eines – jedem seinen Fähigkeiten entsprechend. Dann reiste er ab. Der Diener, der fünf Talente bekommen hatte, begann sofort, mit dem Geld zu arbeiten, und gewann fünf weitere dazu. Ebenso gewann der, der zwei Talente bekommen hatte, zwei weitere dazu. Der aber, der nur ein Talent bekommen hatte, grub ein Loch in die Erde und versteckte das Geld seines Herrn.

Nach langer Zeit kehrte der Herr zurück und forderte seine Diener auf, mit ihm abzurechnen. Zuerst kam der, der fünf Talente erhalten hatte. Er brachte die anderen fünf Talente mit und sagte: Herr, fünf Talente hast du mir gegeben; diese fünf hier habe ich dazugewonnen. Sehr gut, erwiderte der Herr, du bist ein tüchtiger und treuer Diener. Du bist mit dem wenigen treu umgegangen, darum will ich dir viel anvertrauen. Komm herein zum Freudenfest deines Herrn! Dann kam der, der zwei Talente erhalten hatte. Herr, sagte er, zwei Talente hast du mir gegeben; hier sind die zwei, die ich dazugewonnen habe. Sehr gut, erwiderte der Herr, du bist ein tüchtiger und treuer Diener. Du bist mit dem wenigen treu umgegangen, darum will ich dir viel anvertrauen. Komm herein zum Freudenfest deines Herrn! Zuletzt kam auch der, der ein Talent bekommen hatte. Herr, sagte er, ich wußte, daß du ein harter Mann bist. Du erntest, wo du nicht gesät hast, und sammelst ein, wo du nicht ausgestreut hast. Deshalb hatte ich Angst und vergrub dein Talent in der Erde. Hier hast du zurück, was dir gehört. Da gab ihm sein Herr zur Antwort: Du böser und fauler Mensch! Du hast also gewußt, daß ich ernte, wo ich nicht gesät habe, und einsammle, wo ich nicht ausgestreut habe. Da hättest du mein Geld doch wenigstens zur Bank bringen können; dann hätte ich es bei meiner Rückkehr mit Zinsen zurückbekommen. Nehmt ihm das Talent weg und gebt es dem, der die zehn Talente hat! Denn jedem, der hat, wird gegeben, und er wird im Überfluß haben; wer aber nicht hat, dem wird auch das genommen, was er hat. Doch diesen unnützen Diener werft in die Finsternis hinaus, dorthin, wo es nichts gibt als lautes Jammern und angstvolles Zittern und Beben.«

»Wenn der Menschensohn in seiner Herrlichkeit kommen wird und mit ihm alle Engel, dann wird er in königlichem Glanz auf seinem Thron Platz nehmen. Alle Völker werden vor ihm versammelt werden, und er wird die Menschen in zwei Gruppen teilen, so wie der Hirte die Schafe und die Ziegen voneinander trennt. Die Schafe wird er rechts von sich aufstellen und die Ziegen links.

Dann wird der König zu denen auf der rechten Seite sagen: Kommt her, ihr seid von meinem Vater gesegnet! Nehmt das Reich in Besitz, das seit der Erschaffung der Welt für euch vorbereitet ist. Denn ich war hungrig, und ihr habt mir zu essen gegeben; ich war durstig, und ihr habt mir zu trinken gegeben; ich war ein Fremder, und ihr habt mich aufgenommen; ich hatte nichts anzuziehen, und ihr habt mir Kleidung gegeben; ich war krank, und ihr habt euch um mich gekümmert; ich war im Gefängnis, und ihr habt mich besucht.

Dann werden ihn die Gerechten fragen: Herr, wann haben wir dich denn hungrig gesehen und dir zu essen gegeben, oder durstig und dir zu trinken gegeben? Wann haben wir dich als Fremden bei uns gesehen und haben dich aufgenommen? Oder wann haben wir dich gesehen, als du nichts anzuziehen hattest, und haben dir Kleidung gegeben? Wann haben wir dich krank gesehen oder im Gefängnis und haben dich besucht?

Darauf wird der König ihnen antworten: Ich sage euch: Was immer ihr für einen meiner Brüder getan habt

– und wäre er noch so geringgeachtet gewesen –, das habt ihr für mich getan.

Dann wird er zu denen auf der linken Seite sagen: Geht weg von mir, ihr seid verflucht! Geht in das ewige Feuer, das für den Teufel und seine Engel vorbereitet ist! Denn ich war hungrig, und ihr habt mir nicht zu essen gegeben; ich war durstig, und ihr habt mir nicht zu trinken gegeben; ich war ein Fremder, und ihr habt mich nicht aufgenommen; ich hatte nichts anzuziehen, und ihr habt mir keine Kleidung gegeben; ich war krank und war im Gefängnis, und ihr habt euch nicht um mich gekümmert.

Dann werden auch sie fragen: Herr, wann haben wir dich denn hungrig oder durstig gesehen oder als Fremden oder ohne Kleidung oder krank oder im Gefängnis und haben dir nicht geholfen?

Darauf wird er ihnen antworten: Ich sage euch: Was immer ihr an einem meiner Brüder zu tun versäumt habt – und wäre er noch so geringgeachtet gewesen –, das habt ihr mir gegenüber versäumt.

So werden sie an den Ort der ewigen Strafe gehen, die Gerechten aber werden ins ewige Leben eingehen.«

DER MORDPLAN DES HOHEN RATES; DAS PASSALAMM UND GETSEMANE

Pläne des Hohen Rates gegen Jesus

Als Jesus alle diese Dinge gelehrt und seine Rede beendet hatte, sagte er zu seinen Jüngern: »Ihr wißt, daß in zwei Tagen das Passafest beginnt. Dann wird der Menschensohn verraten und gekreuzigt werden.«

Etwa um die gleiche Zeit versammelten sich die führenden Priester und die Ältesten des jüdischen Volkes im Palast des Hohenpriesters Kajafas und berieten miteinander, zu welcher List sie greifen könnten, um Jesus festzunehmen und dann umzubringen. »Auf keinen Fall darf es während des Festes geschehen«, sagten sie, »sonst gibt es einen Aufruhr im Volk.«

Die Salbung Jesu in Betanien

Jesus war in Betanien bei Simon dem Aussätzigen zu Gast, der ihm zu Ehren ein Festmahl gab. Martha bediente, und Lazarus war unter denen, die mit Jesus an dem Essen teilnahmen.

Da brachte Maria ein Alabastergefäß voll echtem, kostbaren Nardenöl. Sie zerbrach das Gefäß und goß Jesus das Öl über den Kopf. Der Duft des Öls erfüllte das ganze Haus.

Einige der Anwesenden waren empört. »Was soll das, dieses Öl so zu verschwenden?« sagten sie zueinander. Und Judas Iskariot, der Jünger, der Jesus später verriet, sagte: »Warum hat man dieses Öl nicht verkauft? Man hätte dreihundert Denare dafür bekommen und das Geld den Armen geben können!« Er sagte das nicht etwa, weil ihm die Armen am Herzen lagen, sondern weil er ein Dieb war. Er verwaltete die gemeinsame Kasse und entwendete immer wieder etwas von dem, was hineingelegt wurde.

Jesus merkte, wie ärgerlich sie waren. »Warum macht ihr es der Frau so schwer?« sagte er zu ihnen. »Sie hat ein gutes Werk an mir getan. Arme wird es immer bei euch geben, und ihr könnt ihnen Gutes tun, so oft ihr wollt. Mich aber habt ihr nicht mehr lange bei euch. Sie hat getan, was sie konnte: Sie hat mich im voraus für mein Begräbnis gesalbt. Ich sage euch: Überall in der Welt, wo man das Evangelium verkünden wird, wird man sich auch an sie erinnern und von dem reden, was sie getan hat.«

Judas wird zum Verräter

Danach ergriff der Satan Besitz von Judas, er ging zu den führenden Priestern und den Offizieren der Tempelwache und machte ihnen einen Vorschlag, wie sie Jesus mit seiner Hilfe in ihre Gewalt bringen konnten. Die führenden Priester waren erfreut, als sie das hörten, und beschlossen, ihm zur Belohnung Geld zu geben; sie zahlten ihm dreißig Silberstücke aus. Judas war einverstanden und suchte von da an nach einer günstigen Gelegenheit, Jesus an sie zu verraten, ohne daß das Volk etwas merkte.

Vorbereitung des Passamahls

So kam nun der erste Tag des Festes der ungesäuerten Brote, der Tag, der für das Schlachten des Passalamms bestimmt war. Die Jünger kamen zu Jesus und fragten: »Wo sollen wir das Passamahl für dich vorbereiten?« Er gab zwei von ihnen den Auftrag: »Geht in die Stadt! Dort werdet ihr einem Mann begegnen, der einen Wasserkrug trägt. Folgt ihm, bis er in ein Haus hineingeht, und sagt dort zu dem Hausherrn: Der Meister läßt fragen: Wo ist der Raum für mich, in dem ich mit meinen Jüngern das Passamahl feiern kann? Er wird euch ein großes Zimmer im Obergeschoß zeigen, das mit Sitzpolstern ausgestattet und für das Festmahl hergerichtet ist. Bereitet dort das Passa für uns vor.« Die beiden Jünger machten sich auf den Weg. In der Stadt angekommen, fanden sie alles so, wie Jesus es ihnen gesagt hatte, und bereiteten das Passamahl vor.

Das Passafest stand nun unmittelbar bevor. Jesus wußte, daß für ihn die Zeit gekommen war, diese Welt zu verlassen und zum Vater zu gehen. Darum gab er denen, die in der Welt zu ihm gehörten und die er immer geliebt hatte, jetzt den vollkommensten Beweis seiner Liebe.

Er war mit seinen Jüngern beim Abendessen. Der Teufel hatte Judas, dem Sohn von Simon Iskariot, bereits den Gedanken ins Herz gegeben, Jesus zu verraten. Jesus aber wußte, daß der Vater ihm Macht über alles gegeben hatte und daß er von Gott gekommen war und wieder zu Gott ging. Er stand vom Tisch auf, zog sein Obergewand aus und band sich ein leinenes Tuch um. Dann goß er Wasser in eine Waschschüssel und begann, den Jüngern die Füße zu waschen und mit dem Tuch abzutrocknen, das er sich umgebunden hatte.

Simon Petrus jedoch wehrte sich, als die Reihe an ihn kam. »Herr, du willst mir die Füße waschen?« sagte er. Jesus gab ihm zur Antwort: »Was ich tue, verstehst du jetzt nicht; aber später wirst du es begreifen.« »Nie und nimmer wäschst du mir die Füße!« erklärte Petrus. Jesus entgegnete: »Wenn ich sie dir nicht wasche, hast du keine Gemeinschaft mit mir.« Da rief Simon Petrus: »Herr, dann wasche mir nicht nur die Füße, wasch mir auch die Hände und den Kopf!« Jesus erwiderte: »Wer ein Bad genommen hat, ist ganz rein; er braucht sich später nur noch die Füße zu waschen. Auch ihr seid rein, allerdings nicht alle.« Jesus wußte, wer ihn verraten würde;

das war der Grund, warum er sagte: »Ihr seid nicht alle rein.«

Nachdem Jesus seinen Jüngern die Füße gewaschen hatte, zog er sein Obergewand wieder an und kehrte an seinen Platz am Tisch zurück. »Versteht ihr, was ich eben getan habe, als ich euch die Füße wusch?« fragte er sie. »Ihr nennt mich Meister und Herr, und das mit Recht, denn ich bin es. Wenn nun ich, der Herr und der Meister, euch die Füße gewaschen habe, sollt auch ihr einander die Füße waschen. Ich habe euch ein Beispiel gegeben, damit auch ihr so handelt, wie ich an euch gehandelt habe. Denkt daran: Ein Diener ist nicht größer als sein Herr, und ein Bote ist nicht größer als der, der ihn sendet. Ihr wißt das jetzt alles; glücklich seid ihr zu nennen, wenn ihr auch danach handelt.

Ich rede nicht von euch allen. Ich kenne die, die ich erwählt habe; aber was in der Schrift vorausgesagt ist, muß sich erfüllen: *Der, mit dem ich mein Brot geteilt habe, hat sich gegen mich gewandt.* (Ps 41, 10) Ich sage euch das schon jetzt, bevor es eintrifft, damit ihr, wenn es dann geschieht, an mich als den glaubt, der ich bin. Ich versichere euch: Wer jemand aufnimmt, den ich sende, nimmt mich auf, und wer mich aufnimmt, nimmt den auf, der mich gesandt hat.«

Jesus sagt seinen Verrat voraus

Als es Zeit war, mit der Feier zu beginnen, setzte sich Jesus mit den Aposteln zu Tisch. Er sagte: »Wie sehr habe ich mich danach gesehnt, dieses Passamahl mit euch zu feiern, bevor ich leiden muß. Denn ich sage euch: Ich werde das Passamahl nicht mehr feiern, bis sich im Reich Gottes seine volle Bedeutung erfüllt.«

Während des Essens erklärte Jesus, bis ins Innerste erschüttert: »Ich sage euch: Einer von euch wird mich verraten, einer, der hier mit mir ißt.«

Die Jünger waren bestürzt, und einer nach dem anderen fragte ihn: »Doch nicht etwa ich?« »Es ist einer von euch zwölf«, erwiderte er, »einer, der mit mir das Brot in die Schüssel taucht. Der Menschensohn geht zwar den Weg, der ihm in der Schrift vorausgesagt ist; doch wehe dem Menschen, durch den er verraten wird! Für diesen Menschen wäre es besser, er wäre nie geboren worden.«

Der Jünger, den Jesus besonders liebte, hatte bei Tisch seinen Platz unmittelbar an Jesu Seite. Simon Petrus gab ihm durch ein Zeichen zu verstehen, er solle Jesus fragen, von wem er gesprochen habe. Da lehnte sich jener Jünger so weit zu Jesus hinüber, daß er ihn unauffällig fragen konnte: »Herr, wer ist es?« »Ich werde ein Stück Brot in die Schüssel tauchen«, antwortete Jesus, »und der, dem ich es gebe, der ist es.« Er nahm ein Stück Brot, tauchte es in die Schüssel und gab es Judas, dem Sohn von Simon Iskariot.

Sowie Judas das Brotstück genommen hatte, ergriff der Satan Besitz von ihm. Da sagte Jesus zu Judas: »Tu das, was du vorhast, bald!« Keiner von denen, die mit am Tisch waren, verstand, weshalb er das zu ihm sagte. Da Judas die gemeinsame Kasse verwaltete, dachten einige, Jesus habe ihm den Auftrag gegeben, das einzukaufen, was für das Fest nötig war, oder er habe ihn angewiesen, den Armen etwas zu geben. Als Judas das Brot gegessen hatte, ging er sofort hinaus. Es war Nacht.

Einsetzung des Abendmahls

Im weiteren Verlauf des Essens nahm Jesus Brot, dankte Gott dafür, brach es in Stücke und gab es den Jüngern mit den Worten: »Nehmt und eßt! Das ist mein Leib, der für euch hingegeben wird.« Ebenso nahm er, nachdem sie gegessen hatten, einen Becher mit Wein, sprach ein Dankgebet und gab ihn den Jüngern, und sie tranken alle daraus. Er sagte zu ihnen: »Das ist mein Blut, das Blut des Bundes, das für viele vergossen wird. Ich sage euch: Von nun an werde ich nicht mehr vom Saft der Reben trinken bis zu dem Tag, an dem ich den neuen Wein im Reich meines Vaters mit euch trinken werde.«

Herrschen oder Dienen?

Unter den Jüngern kam es auch zu einem Streit über die Frage, wer von ihnen als der Größte zu gelten habe. Da sagte Jesus zu ihnen: »Die Könige führen sich als Herren über ihre Völker auf, und die Mächtigen lassen sich Wohltäter nennen. Bei euch soll es nicht so sein. Im Gegenteil: Der Größte unter euch soll sich auf eine Stufe stellen mit dem Geringsten, und wer in führender Stellung ist, soll sein wie der, der dient. Wer ist denn höhergestellt – der, der am Tisch sitzt, oder der, der ihn bedient? Der, der am Tisch sitzt, nicht wahr? Ich aber bin unter euch als der, der dient! Und ihr – ihr habt in allem, was ich durchgemacht habe, treu bei mir ausgehalten. Darum gebe ich euch Anteil an der Herrschaft, die mein Vater mir übertragen hat. Ihr sollt in meinem Reich an meinem Tisch essen und trinken, und ihr werdet auf Thronen sitzen und die zwölf Stämme Israels richten.«

Jesus kündigt an, daß Petrus ihn verleugnen wird

Nachdem Judas hinausgegangen war, sagte Jesus: »Jetzt wird der Menschensohn in seiner Herrlichkeit offenbart, und durch ihn wird Gott selbst in seiner Herrlichkeit offenbart. Wenn der Menschensohn die Herrlichkeit Gottes offenbart hat, dann wird auch Gott die Herrlichkeit des Menschensohnes offenbaren, und das wird bald geschehen.

Meine Kinder, ich bin nur noch kurze Zeit bei euch. Ihr werdet mich suchen, aber was ich schon den Juden gesagt habe, das sage ich jetzt auch euch: Da, wo ich hingehe, könnt ihr nicht hinkommen.

Ich gebe euch ein neues Gebot: Liebt einander! Ihr sollt einander lieben, wie ich euch geliebt habe. An eurer Liebe zueinander werden alle erkennen, daß ihr meine Jünger seid.«

»Herr«, fragte Simon Petrus, »wohin gehst du?« Jesus gab ihm zur Antwort: »Wo ich hingehe, kannst du jetzt nicht mitkommen; aber später wirst du mir dorthin folgen.« Petrus entgegnete: »Herr, warum kann ich nicht jetzt schon mitkommen? Ich bin bereit, mein Leben für dich herzugeben!« »Du willst dein Leben für mich hergeben?« erwiderte Jesus. Jesus sagte zu seinen Jüngern: »Ihr werdet euch alle von mir abwenden. Denn es heißt in der Schrift:

Ich werde den Hirten töten,
und die Schafe werden sich zerstreuen. (Sach 13, 7)

Aber nach meiner Auferstehung werde ich euch nach Galiläa vorausgehen.«

Doch Petrus versicherte: »Auch wenn alle sich von dir abwenden – ich nicht!« Jesus erwiderte: »Simon, Simon, Satan hat sich erbeten, euch schütteln zu dürfen wie den Weizen im Sieb. Ich aber habe für dich gebetet, daß du deinen Glauben nicht verlierst. Wenn du dann umgekehrt und zurechtgekommen bist, stärke den Glauben deiner Brüder!«

Da sagte Petrus zu ihm: »Herr, ich bin bereit, mit dir sogar ins Gefängnis und in den Tod zu gehen.« Jesus antwortete: »Ich sage dir: Noch heute nacht, bevor der Hahn zweimal kräht, wirst du mich dreimal verleugnen.« Dann fragte Jesus die Jünger: »Als ich euch ohne Geldbeutel, ohne Vorratstasche und ohne Sandalen aussandte, hat euch da etwas gefehlt?« »Nein, gar nichts«, antworteten sie. Jesus fuhr fort: »Von jetzt an gilt folgendes: Wer einen Geldbeutel oder eine Vorratstasche besitzt, soll sie mit sich nehmen, und wer nichts als seinen Mantel besitzt, soll diesen verkaufen und sich dafür ein Schwert kaufen. Denn in der Schrift heißt es: *Er wurde zu den Gottlosen gerechnet* (Jes 53, 12), und ich sage euch: Dieses Wort muß sich an mir erfüllen. In der Tat, mein Weg ist bald vollendet.« Die Jünger sagten: »Herr, hier sind zwei Schwerter.« Doch Jesus erwiderte: »Genug davon!«

Jesus Christus, der Weg zum Vater

»Laßt euch durch nichts in eurem Glauben erschüttern!« sagte Jesus zu seinen Jüngern. »Vertraut auf Gott, und vertraut auf mich! Im Haus meines Vaters gibt es viele Wohnungen. Wenn es nicht so wäre, hätte ich dann etwa zu euch gesagt, daß ich dorthin gehe, um einen Platz für euch vorzubereiten? Und wenn ich einen Platz für euch vorbereitet habe, werde ich wiederkommen und euch zu mir holen, damit auch ihr dort seid, wo ich bin. Den Weg, der dorthin führt, wo ich hingehe, kennt ihr ja.«

»Herr«, sagte Thomas, »wir wissen doch nicht einmal, wohin du gehst. Wie sollen wir dann den Weg dorthin kennen?« »Ich bin der Weg«, antwortete Jesus, »ich bin die Wahrheit, und ich bin das Leben. Zum Vater kommt man nur durch mich. Wenn ihr erkannt habt, wer ich bin, werdet ihr auch meinen Vater erkennen. Ja, ihr kennt ihn bereits; ihr habt ihn bereits gesehen.«

»Herr«, sagte Philippus, »zeig uns den Vater; das genügt uns.« »So lange bin ich schon bei euch, und du kennst mich immer noch nicht, Philippus?« entgegnete Jesus. »Wer mich gesehen hat, hat den Vater gesehen.

Wie kannst du da sagen: Zeig uns den Vater? Glaubst du nicht, daß ich im Vater bin und daß der Vater in mir ist? Was ich euch sage, sage ich nicht aus mir selbst heraus. Der Vater, der in mir ist, handelt durch mich; es ist alles sein Werk. Glaubt es mir, daß ich im Vater bin und daß der Vater in mir ist. Wenn ihr immer noch nicht davon überzeugt seid, dann glaubt es doch aufgrund von dem, was durch mich geschieht.

Ich versichere euch: Wer an mich glaubt, wird die Dinge, die ich tue, auch tun; ja er wird sogar noch größere Dinge tun. Denn ich gehe zum Vater, und alles, worum ihr dann in meinem Namen bittet, werde ich tun, damit durch den Sohn die Herrlichkeit des Vaters offenbart wird. Wenn ihr mich in meinem Namen um etwas bitten werdet, werde ich es tun.«

Der Heilige Geist – Jesu Stellvertreter

»Wenn ihr mich liebt, werdet ihr meine Gebote halten. Und der Vater wird euch an meiner Stelle einen anderen Helfer geben, der für immer bei euch sein wird; ich werde ihn darum bitten. Er wird euch den Geist der Wahrheit geben, den die Welt nicht bekommen kann, weil sie ihn nicht sieht und nicht kennt. Aber ihr kennt ihn, denn er bleibt bei euch und wird in euch sein.

Ich werde euch nicht als hilflose Waisen zurücklassen; ich komme zu euch. Nur noch kurze Zeit, dann sieht die Welt mich nicht mehr. Ihr aber werdet mich sehen, und weil ich lebe, werdet auch ihr leben. An jenem

Tag werdet ihr erkennen, daß ich in meinem Vater bin und daß ihr in mir seid und ich in euch bin.

Wer sich an meine Gebote hält und sie befolgt, der liebt mich wirklich. Und wer mich liebt, den wird mein Vater lieben; und auch ich werde ihn lieben und mich ihm zu erkennen geben.«

Da fragte ihn Judas (der andere Judas, nicht Judas Iskariot): »Herr, wie kommt es denn, daß du dich nur uns zu erkennen geben willst und nicht der Welt?« Jesus gab ihm zur Antwort: »Wenn jemand mich liebt, wird er sich nach meinem Wort richten. Mein Vater wird ihn lieben, und wir werden zu ihm kommen und bei ihm wohnen. Wer mich nicht liebt, richtet sich nicht nach meinen Worten. Und was ich euch sage, ist nicht mein Wort; ihr hört das Wort des Vaters, der mich gesandt hat.

Diese Dinge sage ich euch, solange ich noch bei euch bin. Der Helfer, der Heilige Geist, den der Vater in meinem Namen senden wird, wird euch alles weitere lehren und euch an alles erinnern, was ich euch gesagt habe.

Was ich euch zurücklasse, ist Frieden: Ich gebe euch meinen Frieden – einen Frieden, wie ihn die Welt nicht geben kann. Laßt euch durch nichts in eurem Glauben erschüttern, und laßt euch nicht entmutigen! Ihr erinnert euch, daß ich zu euch gesagt habe: Ich gehe weg, und ich komme wieder zu euch. Wenn ihr mich wirklich lieben würdet, würdet ihr euch freuen, daß ich zum Vater gehe; denn der Vater ist größer als ich. Ich sage euch das alles, bevor es eintrifft, damit ihr, wenn es dann geschieht, glaubt. Viel werde ich nicht mehr mit euch reden können, denn der Herrscher dieser Welt hat sich bereits gegen mich aufgemacht. Er findet zwar nichts an mir, was ihm Macht über mich geben könnte, aber die Welt soll erkennen, daß ich den Vater liebe und so handle, wie der Vater es mir aufgetragen hat. Steht auf, wir wollen gehen!« Nach dem Loblied gingen sie hinaus an den Ölberg.

Der Weinstock und die Reben

»Ich bin der wahre Weinstock, und mein Vater ist der Weinbauer. Jede Rebe an mir, die nicht Frucht trägt, schneidet er ab; eine Rebe aber, die Frucht trägt, schneidet er zurück; so reinigt er sie, damit sie noch mehr Frucht hervorbringt. Ihr seid schon rein; ihr seid es aufgrund des Wortes, das ich euch verkündet habe. Bleibt in mir, und ich werde in euch bleiben. Eine Rebe kann nicht aus sich selbst heraus Frucht hervorbringen; sie muß am Weinstock bleiben. Genausowenig könnt ihr Frucht hervorbringen, wenn ihr nicht in mir bleibt.

Ich bin der Weinstock, und ihr seid die Reben. Wenn jemand in mir bleibt und ich in ihm bleibe, trägt er reiche Frucht; ohne mich könnt ihr nichts tun. Wenn jemand nicht in mir bleibt, geht es ihm wie der unfruchtbaren Rebe: Er wird weggeworfen und verdorrt. Die verdorrten Reben werden zusammengelesen und ins Feuer geworfen, wo sie verbrennen. Wenn ihr in mir bleibt und meine Worte in euch bleiben, könnt ihr bitten, um was ihr wollt: Eure Bitte wird erfüllt werden. Dadurch, daß ihr reiche Frucht tragt und euch als meine

Jünger erweist, wird die Herrlichkeit meines Vaters offenbart.

Wie mich der Vater geliebt hat, so habe ich euch geliebt. Bleibt in meiner Liebe! Wenn ihr meine Gebote haltet, werdet ihr in meiner Liebe bleiben, so wie ich immer die Gebote meines Vaters gehalten habe und in seiner Liebe bleibe. Ich sage euch das, damit meine Freude euch erfüllt und eure Freude vollkommen ist.

Liebt einander, wie ich euch geliebt habe; das ist mein Gebot. Niemand liebt seine Freunde mehr als der, der sein Leben für sie hergibt. Ihr seid meine Freunde, wenn ihr tut, was ich euch gebiete. Ich nenne euch Freunde und nicht mehr Diener. Denn ein Diener weiß nicht, was sein Herr tut; ich aber habe euch alles mitgeteilt, was ich von meinem Vater gehört habe. Nicht ihr habt mich erwählt, sondern ich habe euch erwählt: Ich habe euch dazu bestimmt, zu gehen und Frucht zu tragen – Frucht, die Bestand hat. Wenn ihr dann den Vater in meinem Namen um etwas bittet, wird er es euch geben, was immer es auch sei. Einander zu lieben – das ist das Gebot, das ich euch gebe.«

Der Haß der Welt auf die Jünger Jesu

»Wenn die Welt euch haßt, dann denkt daran, daß sie mich schon vor euch gehaßt hat. Sie würde euch lieben, wenn ihr zu ihr gehören würdet, denn die Welt liebt ihresgleichen. Doch ihr gehört nicht zur Welt; ich habe euch aus der Welt heraus erwählt. Das ist der Grund, warum sie euch haßt. Denkt an das, was ich euch gesagt habe: Ein Diener ist nicht größer als sein Herr. Wenn sie mich verfolgt haben, werden sie auch euch verfolgen. Wenn sie sich nach meinem Wort gerichtet haben, werden sie sich auch nach eurem Wort richten. Doch alles, was sie gegen euch unternehmen, ist gegen meinen Namen gerichtet; denn sie kennen den nicht, der mich gesandt hat.

Wenn ich nicht gekommen wäre und zu ihnen gesprochen hätte, hätten sie keine Schuld. So aber haben sie keine Entschuldigung für ihre Sünde. Wer mich haßt, haßt auch meinen Vater. Wenn ich nicht Dinge unter ihnen getan hätte, die kein anderer je getan hat, hätten sie keine Schuld. Nun haben sie diese Dinge aber gesehen, und trotzdem hassen sie sowohl mich als auch meinen Vater. Doch es mußte so kommen, weil sich erfüllen sollte, was in ihrem Gesetz steht: *Sie haben mich ohne Grund gehaßt.* (Ps 35, 19; 69, 5)

Wenn der Helfer kommen wird, wird er mein Zeuge sein – der Geist der Wahrheit, der vom Vater kommt und den ich zu euch senden werde, wenn ich beim Vater bin. Und auch ihr seid meine Zeugen, denn ihr seid von Anfang an bei mir gewesen. Ich sage euch diese Dinge, damit ihr euch durch nichts vom Glauben abbringen laßt. Man wird euch aus den Synagogen ausschließen. Ja, es kommt eine Zeit, wo jeder, der euch tötet, meint, Gott damit einen Dienst zu erweisen. Das alles werden sie deshalb tun, weil sie weder den Vater noch mich kennen. Wenn jene Zeit kommt, sollt ihr euch daran erinnern können, daß ich euch diese Dinge angekündigt habe. Darum spreche ich im voraus mit euch darüber.«

»Bisher habe ich nicht mit euch darüber gesprochen, weil ich ja bei euch war. Aber jetzt gehe ich zu dem, der mich gesandt hat. Und keiner von euch fragt mich: Wohin gehst du? Denn ihr seid erfüllt von tiefer Traurigkeit über das, was ich euch sage. Doch glaubt mir: Es ist gut für euch, daß ich weggehe. Denn wenn ich nicht von euch wegginge, käme der Helfer nicht zu euch; wenn ich aber gehe, werde ich ihn zu euch senden.

Und wenn er kommt, wird er der Welt zeigen, daß sie im Unrecht ist; er wird den Menschen die Augen öffnen für die Sünde, für die Gerechtigkeit und für das Gericht. Er wird ihnen zeigen, worin ihre Sünde besteht: darin, daß sie nicht an mich glauben. Er wird ihnen zeigen, worin sich Gottes Gerechtigkeit erweist: darin, daß ich zum Vater gehe, wenn ich euch verlasse und ihr mich nicht mehr seht. Und was das Gericht betrifft, wird er ihnen zeigen, daß der Herrscher dieser Welt verurteilt ist.

Ich hätte euch noch viel zu sagen, aber ihr wärt jetzt überfordert. Doch wenn der Helfer kommt, der Geist der Wahrheit, wird er euch zum vollen Verständnis der Wahrheit führen. Denn was er sagen wird, wird er nicht aus sich selbst heraus sagen; er wird das sagen, was er hört. Und er wird euch die zukünftigen Dinge verkünden. Er wird meine Herrlichkeit offenbaren; denn was er euch verkünden wird, empfängt er von mir. Alles, was der Vater hat, gehört auch mir. Aus diesem Grund sage ich: Was er euch verkünden wird, empfängt er von mir.

Es dauert nur noch kurze Zeit, dann werdet ihr mich nicht mehr sehen. Und es dauert noch einmal eine kurze Zeit, dann werdet ihr mich wieder sehen.«

Die Traurigkeit der Jünger wird sich in Freude verwandeln

Einige seiner Jünger sagten zueinander: »Was meint er damit, wenn er zu uns sagt: Es dauert nur noch kurze Zeit, dann werdet ihr mich nicht mehr sehen. Und es dauert noch einmal eine kurze Zeit, dann werdet ihr mich wieder sehen? Und was bedeutet es, wenn er sagt: Ich gehe zum Vater?« Sie überlegten hin und her: »Eine kurze Zeit, hat er gesagt. Was heißt das? Wir wissen nicht, wovon er redet.«

Jesus merkte, daß sie ihn gern gefragt hätten. Er sagte zu ihnen: »Überlegt ihr miteinander, was ich meinte, als ich sagte: Es dauert nur noch kurze Zeit, dann werdet ihr mich nicht mehr sehen. Und es dauert noch einmal eine kurze Zeit, dann werdet ihr mich wieder sehen? Ich sage euch: Ihr werdet weinen und klagen, aber die Welt wird sich freuen. Ihr werdet traurig sein, doch eure Traurigkeit wird sich in Freude verwandeln. Es geht euch wie der Frau, die ein Kind bekommt: Während der Geburt macht sie Schweres durch, aber wenn das Kind dann geboren ist, sind alle Schmerzen vergessen, so groß ist ihre Freude über das Kind, das sie zur Welt gebracht hat. Auch ihr seid jetzt traurig; doch ich werde wieder zu euch kommen. Dann wird euer Herz voll Freude sein, und diese Freude kann euch niemand mehr nehmen. An jenem Tag werdet ihr mich nichts mehr zu fragen brauchen. Ich versichere euch: Wenn ihr dann den Vater in meinem Namen um etwas bittet, wird er es euch geben. Bisher habt ihr nichts in meinem Namen erbeten. Bittet, und ihr werdet empfangen; dann wird eure Freude vollkommen sein.

Bisher habe ich mit Hilfe von Bildern zu euch gesprochen. Aber es kommt eine Zeit, wo ich nicht mehr in dieser Weise mit euch reden werde; frei und offen werde ich dann über den Vater zu euch sprechen. Wenn jene Zeit gekommen ist, werdet ihr ihn in meinem Namen bitten. Ich sage nicht, daß ich dann den Vater für euch bitten werde. Denn er selbst, der Vater, hat euch lieb, weil ihr mich liebt und daran glaubt, daß ich von Gott gekommen bin. Ja, vom Vater gesandt, bin ich in die Welt gekommen. Und jetzt verlasse ich die Welt wieder und gehe zum Vater zurück.«

Da sagten seine Jünger: »Jetzt redest du frei und offen und nicht mehr in Bildern. Wir wissen jetzt, daß du alles weißt; du kennst unsere Fragen, bevor wir sie dir stellen. Darum glauben wir, daß du von Gott gekommen bist.« »Jetzt glaubt ihr?« sagte Jesus. »Seht, die Zeit kommt, ja sie ist schon da, wo ihr davonlaufen werdet, jeder dorthin, wo er herkommt, und mich werdet ihr allein lassen. Aber ich bin nicht allein; der Vater ist bei mir.

Ich habe euch das alles gesagt, damit ihr in mir Frieden habt. In der Welt werdet ihr hart bedrängt. Doch ihr braucht euch nicht zu fürchten: Ich habe die Welt besiegt.«

Nachdem Jesus so zu seinen Jüngern gesprochen hatte, blickte er zum Himmel auf und betete:

»Vater, die Zeit ist jetzt da. Offenbare die Herrlichkeit deines Sohnes, damit der Sohn deine Herrlichkeit offenbart. Du hast ihm ja Macht über die ganze Menschheit gegeben, damit er allen, die du ihm anvertraut hast, das ewige Leben schenkt. Und das ewige Leben zu haben heißt, dich zu kennen, den einzigen wahren Gott, und den zu kennen, den du gesandt hast, Jesus Christus. Ich habe das Werk vollendet, das du mir aufgetragen hast: Ich habe hier auf der Erde deine Herrlichkeit offenbart. Und nun, Vater, gib mir, wenn ich wieder bei dir bin, von neuem die Herrlichkeit, die ich schon vor der Erschaffung der Welt bei dir hatte.«

Jesus betet für seine Jünger

»Ich habe deinen Namen den Menschen offenbart, die du mir aus der Welt gegeben hast. Sie gehörten dir, du hast sie mir gegeben, und sie haben sich nach deinem Wort gerichtet. Sie wissen jetzt, daß alles, was du mir gegeben hast, tatsächlich von dir kommt. Denn was du mir gesagt hast, habe ich ihnen mitgeteilt, und sie haben es angenommen und haben erkannt, daß ich wirklich von dir gekommen bin; sie sind zu der Überzeugung gelangt und glauben daran, daß du mich gesandt hast.

Für sie bete ich. Ich bete nicht für die Welt, sondern

für die, die du mir gegeben hast; denn sie sind dein Eigentum. Alles, was mir gehört, gehört dir, und was dir gehört, gehört mir; und meine Herrlichkeit ist ihnen offenbar geworden. Bald bin ich nicht mehr in der Welt; ich komme ja zu dir. Sie aber sind noch in der Welt. Vater, du heiliger Gott, der du mir deine Macht gegeben hast, die Macht deines Namens, bewahre sie durch diese Macht, damit sie eins sind wie wir. Solange ich bei ihnen war, habe ich sie durch die Macht bewahrt, die du mir gegeben hast, die Macht deines Namens. Ich habe sie beschützt, und keiner von ihnen ist verlorengegangen – keiner außer dem, der verlorengehen mußte; doch das geschah, weil sich erfüllen sollte, was in der Schrift vorausgesagt ist.

Jetzt aber komme ich zu dir. Ich sage das alles, solange ich noch hier in der Welt bei ihnen bin, damit meine Freude sie ganz erfüllt. Ich habe ihnen dein Wort weitergegeben, und nun haßt sie die Welt, weil sie nicht zu ihr gehören, so wie auch ich nicht zu ihr gehöre. Ich bitte dich nicht, sie aus der Welt herauszunehmen; aber ich bitte dich, sie vor dem Bösen zu bewahren. Sie gehören nicht zur Welt, sowenig wie ich zur Welt gehöre. Mach sie durch die Wahrheit zu Menschen, die dir geweiht sind. Dein Wort ist die Wahrheit. So wie du mich in die Welt gesandt hast, habe ich auch sie in die Welt gesandt. Und für sie weihe ich mich dir, damit auch sie durch die Wahrheit dir geweiht sind.«

»Ich bete aber nicht nur für sie, sondern auch für die Menschen, die auf ihr Wort hin an mich glauben werden. Ich bete darum, daß sie alle eins sind – sie in uns, so wie du, Vater, in mir bist und ich in dir bin. Dann wird die Welt glauben, daß du mich gesandt hast. Die Herrlichkeit, die du mir gegeben hast, habe ich nun auch ihnen gegeben, damit sie eins sind, so wie wir eins sind. Ich in ihnen und du in mir – so sollen sie zur völligen Einheit gelangen, damit die Welt erkennt, daß du mich gesandt hast und daß sie von dir geliebt sind, wie ich von dir geliebt bin.

Vater, ich will, daß die, die du mir gegeben hast, dort sind, wo ich bin. Sie sollen bei mir sein, damit sie meine Herrlichkeit sehen – die Herrlichkeit, die du mir gabst, weil du mich schon vor der Erschaffung der Welt geliebt hast.

Vater, du gerechter Gott, die Welt kennt dich nicht; aber ich kenne dich, und diese hier haben erkannt, daß du mich gesandt hast. Ich habe ihnen deinen Namen offenbart und werde es auch weiterhin tun, damit die Liebe, mit der du mich geliebt hast, auch in ihnen ist, ja damit ich selbst in ihnen bin.«

Getsemane

Dann verließ Jesus die Stadt und ging wie gewohnt zum Ölberg; seine Jünger begleiteten ihn. Sie überquerten dabei den Kidronbach und gingen in einen Garten, der sich auf der anderen Seite des Tals befand und Getsemane heißt.

Als er dort angekommen war, sagte er zu ihnen: »Setzt euch hier und wartet! Ich gehe noch ein Stück weiter, um zu beten!«

Petrus, Jakobus und Johannes jedoch nahm er mit. Von Angst und Grauen gepackt, sagte er zu ihnen: »Meine Seele ist zu Tode betrübt. Bleibt hier und wacht mit mir!« Er selbst ging noch ein paar Schritte weiter, warf sich zu Boden mit dem Gesicht zur Erde, und betete: »Abba, Vater«, sagte er, »alles ist dir möglich. Laß diesen bitteren Kelch an mir vorübergehen! Aber nicht wie ich will, sondern wie du willst.«

Als er zu den Jüngern zurückkam, schliefen sie. Da sagte er zu Petrus: »Simon, du schläfst? Konntest du nicht einmal eine einzige Stunde wach bleiben? Wacht und betet, damit ihr nicht in Versuchung geratet! Der Geist ist willig, aber die menschliche Natur ist schwach.«

Dann ging Jesus ein zweites Mal weg und betete:

»Mein Vater, wenn es nicht anders sein kann und ich diesen Kelch trinken muß, dann soll dein Wille geschehen.« Da erschien ihm ein Engel vom Himmel und stärkte ihn. Der Kampf wurde jedoch so heftig und Jesus betete mit solcher Anspannung, daß sein Schweiß wie Blut auf die Erde tropfte.

Als er vom Gebet aufstand und zu den Jüngern zurückkam, waren sie vor Kummer eingeschlafen. »Wie könnt ihr nur schlafen?« sagte er zu ihnen. Sie wußten nicht, was sie ihm antworten sollten.

So ließ er sie schlafen, ging wieder weg und betete ein drittes Mal dasselbe Gebet. Als er zurückkam, sagte er: »Wollt ihr noch länger schlafen und euch ausruhen? Es ist soweit! Die Stunde ist gekommen; jetzt wird der Menschensohn in die Hände der Sünder gegeben. Steht auf, laßt uns gehen! Der, der mich verrät, ist da.«

Jesu Verurteilung, Tod und Begräbnis

Die Gefangennahme Jesu

Noch während Jesus redete, tauchte plötzlich eine Schar Männer auf. An ihrer Spitze war Judas, einer der Zwölf. Da Jesus vorher oft zusammen mit seinen Jüngern in Getsemane gewesen war, kannte auch Judas, der Verräter, diesen Ort.

Jetzt kam er dorthin, begleitet von Soldaten der römischen Besatzungstruppe und von den Männern der Tempelwache, die ihm die führenden Priester und die Pharisäer zur Verfügung gestellt hatten. Sie waren bewaffnet und trugen Laternen und Fackeln.

Jesus wußte genau, was ihm bevorstand. Er ging ihnen bis vor den Eingang des Gartens entgegen und fragte sie: »Wen sucht ihr?« »Jesus von Nazaret«, antworteten sie. »Ich bin es«, erklärte Jesus. Als er zu ihnen sagte: »Ich bin es«, wichen sie zurück und fielen zu Boden. Jesus fragte sie noch einmal: »Wen sucht ihr?« »Jesus von Nazaret«, erwiderten sie. »Ich habe euch doch gesagt, daß ich es bin«, sagte Jesus. »Wenn ich der bin, den ihr sucht, dann laßt die anderen hier gehen.« So sollte sich

Jesu eigenes Wort erfüllen: »Von denen, die du mir gegeben hast, habe ich keinen verloren gehen lassen .«

Der Verräter hatte vorher mit seinen Begleitern ein Zeichen vereinbart: »Der, den ich mit einem Kuß begrüßen werde, der ist es. Den müßt ihr festnehmen und abführen.« Jetzt ging er sofort auf Jesus zu und sagte: »Sei gegrüßt, Rabbi!« und gab ihm einen Kuß. Jesus aber sagte zu ihm: »Judas, mit einem Kuß verrätst du den Menschensohn?« Und schon traten die Männer heran, packten Jesus und nahmen ihn fest.

Als die, die bei Jesus waren, begriffen, in welcher Absicht die Männer gekommen waren, fragten sie: »Herr, sollen wir zum Schwert greifen?« Simon Petrus hatte ein Schwert bei sich. Er zog es, ging damit auf den Diener des Hohenpriesters los (einen Mann namens Malchus) und schlug ihm das rechte Ohr ab. Doch Jesus sagte zu ihm: »Steck dein Schwert zurück! Denn alle, die zum Schwert greifen, werden durchs Schwert umkommen. Oder glaubst du nicht, daß ich meinen Vater um Hilfe bitten könnte und daß er mir sofort mehr als zwölf Legionen Engel zur Seite stellen würde? Wie würden sich dann aber die Voraussagen der Schrift erfüllen, nach denen es so geschehen muß? Soll ich den bitteren Kelch, den mir der Vater gegeben hat, etwa nicht trinken?« Und er berührte das Ohr des Mannes und heilte ihn.

Dann wandte er sich zu den führenden Priestern, den Offizieren der Tempelwache und den Ältesten, die gegen ihn angerückt waren, und sagte: »Mit Schwertern und Knüppeln seid ihr ausgezogen, um mich gefangenzunehmen, als wäre ich ein Verbrecher. Dabei war ich doch Tag für Tag bei euch im Tempel und lehrte, und ihr habt mich nicht festgenommen. Aber jetzt ist eure Stunde gekommen, jetzt übt die Finsternis ihre Macht aus.«

Da verließen ihn alle Jünger und flohen. Ein junger Mann allerdings folgte Jesus; er trug nur einen leinenen Umhang auf dem bloßen Leib. Doch als man ihn festnehmen wollte, ließ er den Umhang fahren und rannte nackt davon.

Jesus vor Hannas

Die römischen Soldaten unter der Führung ihres Offiziers und die Männer der Tempelwache, nahmen Jesus nun fest. Sie fesselten ihn und brachten ihn als erstes zu Hannas. Hannas war der Schwiegervater von Kajafas, der in jenem Jahr Hoherpriester war. Kajafas war es gewesen, der den Juden klargemacht hatte, daß es in ihrem Interesse sei, wenn ein Mensch für das Volk stirbt. Danach führten sie ihn zum Hohenpriester Kajafas, wo bereits die Schriftgelehrten und die Ältesten versammelt waren.

Petrus verleugnet Jesus

Simon Petrus und ein anderer Jünger folgten Jesus, als er abgeführt wurde, in einiger Entfernung bis zum hohenpriesterlichen Palast. Dieser andere Jünger war mit dem Hohenpriester bekannt und konnte deshalb bis in den Innenhof des hohepriesterlichen Palastes mitgehen. Petrus aber blieb draußen vor dem Tor stehen. Da kam der andere Jünger, der Bekannte des Hohenpriesters, wieder zurück, redete mit der Pförtnerin und nahm dann Petrus mit hinein. In der Mitte des Innenhofes hatte man ein Kohlenfeuer angezündet, weil es kalt war. Petrus setzte sich zu den Leuten, die dort beieinandersaßen, um zu sehen, wie alles ausgehen würde. Eine Dienerin sah ihn im Schein des Feuers dasitzen, musterte ihn aufmerksam und meinte dann: »Der hier war auch mit ihm zusammen!« Aber Petrus stritt es ab. »Ich weiß nicht, wovon du redest; ich verstehe gar nicht, was du willst« sagte er und ging hinaus in den Vorhof.

Das Verhör vor dem Hohenpriester

Inzwischen befragte der Hohepriester Jesus über seine Jünger und über seine Lehre. Jesus erklärte: »Ich habe immer frei und offen geredet und so, daß alle Welt es hören konnte. Ich habe nie im geheimen gelehrt, sondern immer in den Synagogen und im Tempel, wo alle Juden zusammenkommen. Warum fragst du mich also? Frag die, die mich gehört haben; sie wissen, was ich gesagt habe.«

Empört über diese Worte, schlug ihn einer der Gerichtsdiener, die dabeistanden, ins Gesicht und sagte: »Wie kannst du es wagen, dem Hohenpriester so eine Antwort zu geben?« Jesus entgegnete: »Wenn an dem, was ich gesagt habe, etwas Unrechtes war, dann beweise es. Wenn ich aber nichts Unrechtes gesagt habe, warum behandelst du mich so?«

Hannas ließ Jesus daraufhin gefesselt vor den Hohenpriester Kajafas bringen.

Petrus verleugnet Jesus nochmals

Etwa eine Stunde später erklärte jemand anderes mit Bestimmtheit: »Natürlich war der auch mit ihm zusammen; er ist doch auch ein Galiläer! Seine Sprache verrät ihn!«

Einer der Diener des Hohenpriesters, ein Verwandter des Mannes, dem Petrus das Ohr abgeschlagen hatte, sagte: »Habe ich dich nicht dort im Garten bei ihm gesehen?« Da begann Petrus Verwünschungen auszustoßen und schwor: »Ich kenne den Menschen nicht!« Im gleichen Augenblick – noch während er das sagte – krähte ein Hahn. Da wandte sich der Herr um und blickte Petrus an. Petrus erinnerte sich daran, wie der Herr zu ihm gesagt hatte: »Bevor der Hahn heute nacht kräht, wirst du mich dreimal verleugnen.« Und er ging hinaus und weinte in bitterer Verzweiflung.

Jesus vor dem Hohen Rat

Die führenden Priester und der gesamte Hohe Rat suchten nun nach einer Zeugenaussage gegen Jesus, die es rechtfertigen würde, ihn zum Tod zu verurteilen;

doch sie konnten nichts finden. Viele brachten zwar falsche Anschuldigungen gegen ihn vor, aber ihre Aussagen stimmten nicht überein.

Schließlich traten zwei Männer vor und erklärten: »Wir haben ihn sagen hören: Ich werde diesen Tempel, der von Menschenhand erbaut wurde, niederreißen und in drei Tagen einen anderen errichten, der nicht von Menschenhand erbaut ist.« Doch auch in diesem Fall stimmten die Aussagen der Zeugen nicht überein.

Der Hohepriester erhob sich und fragte Jesus: »Hast du darauf nichts zu sagen? Wie stellst du dich zu dem, was diese Leute gegen dich vorbringen?« Aber Jesus schwieg.

Da sagte der Hohepriester zu ihm: »Ich nehme dich vor dem lebendigen Gott unter Eid. Sag uns: »Bist du der Messias, der Sohn des Hochgelobten?« »Ich bin es«, erwiderte Jesus, »und ihr werdet *den Menschensohn an der rechten Seite des Allmächtigen sitzen und auf den Wolken des Himmels kommen sehen.*« (Dan 7, 13; Ps 110, 1) Da zerriß der Hohepriester sein Gewand und rief: »Wozu brauchen wir noch Zeugen? Ihr habt die Gotteslästerung gehört. Was ist eure Meinung?« Daraufhin erklärten sie: »Wozu brauchen wir noch Zeugenaussagen? Wir haben es ja selbst gehört, und dazu noch aus seinem eigenen Mund.« Alle erklärten, er sei schuldig und müsse sterben.

Einige begannen, Jesus anzuspucken, und die Männer, die ihn bewachten, trieben ihren Spott mit ihm und schlugen ihn. Sie verhüllten sein Gesicht und sagten zu ihm: »Du bist doch ein Prophet! Sag uns, wer es war!«

Und noch viele andere Schmähungen mußte er über sich ergehen lassen.

Bei Tagesanbruch faßten alle führenden Priester zusammen mit den Ältesten des jüdischen Volkes den Beschluß, Jesus hinrichten zu lassen. Sie ließen ihn fesseln und abführen und übergaben ihn dem römischen Gouverneur Pilatus.

Das Ende des Judas

Als Judas sah, daß sein Verrat zur Verurteilung Jesu geführt hatte, bereute er seine Tat. Er brachte den führenden Priestern und den Ältesten die dreißig Silberstücke zurück und sagte: »Ich habe gesündigt, ich habe einen unschuldigen Menschen verraten.« »Was geht uns das an?« erwiderten sie. »Das ist deine Sache!« Da nahm Judas das Geld und warf es in den Tempel. Danach ging er weg und erhängte sich. Die führenden Priester nahmen die Silberstücke an sich und sagten: »Dieses Geld darf man nicht zum Tempelschatz legen, weil Blut daran klebt.« Sie berieten über die Sache und kauften dann von dem Geld den sogenannten Töpferacker als Friedhof für die Fremden. Dieses Stück Land heißt daher bis heute »Blutacker«. Damals erfüllte sich, was durch den Propheten Jeremia vorausgesagt worden war: *Sie nahmen die dreißig Silberstücke – den Preis, den die Israeliten für ihn festgesetzt hatten – und kauften davon den Töpferacker, wie mir der Herr befohlen hatte.* (Sach 11,12–13; Jer 19, 1–13; 32, 6–15)

Es war früh am Morgen. Die vom Hohen Rat, die Jesus verhört hatten und ihn bis zum Prätorium hatten abführen lassen, betraten das Gebäude nicht, um die Reinheitsvorschriften nicht zu verletzen; sie hätten sonst nicht am Passafest teilnehmen können. Deshalb kam Pilatus zu ihnen heraus. »Was für eine Anklage erhebt ihr gegen diesen Mann?« fragte er. Sie erwiderten: »Wenn er kein Verbrecher wäre, hätten wir ihn nicht zu dir gebracht. Wir haben festgestellt«, sagten sie, »daß dieser Mann unser Volk aufwiegelt, er hält die Leute davon ab, dem Kaiser Steuern zu zahlen, und behauptet, er sei der Messias und König.« Da sagte Pilatus: »Nehmt doch ihr ihn, und richtet ihn nach eurem Gesetz!« Die Juden entgegneten: »Wir haben nicht das Recht, jemand hinzurichten.« So sollte sich das Wort erfüllen, mit dem Jesus angedeutet hatte, auf welche Weise er sterben werde.

Pilatus ging ins Prätorium zurück und ließ Jesus vorführen. »Bist du der König der Juden?« fragte er ihn. Jesus erwiderte: »Bist du selbst auf diesen Gedanken gekommen, oder haben andere dir das über mich gesagt?« »Bin ich etwa ein Jude?« gab Pilatus zurück. »Dein eigenes Volk und die führenden Priester haben dich mir übergeben. Was hast du getan?« Jesus antwortete: »Das Reich, dessen König ich bin, ist nicht von dieser Welt. Wäre mein Reich von dieser Welt, dann hätten meine Diener für mich gekämpft, damit ich nicht den Juden in die Hände falle. Nun ist aber mein Reich nicht von dieser Erde.« Da sagte Pilatus zu ihm: »Dann bist du also tatsächlich ein König?« Jesus erwiderte: »Du hast recht – ich bin ein König. Ich bin in die Welt gekommen, um für die Wahrheit Zeuge zu sein; dazu bin ich geboren. Jeder, der auf der Seite der Wahrheit steht, hört auf meine Stimme.« »Wahrheit?« sagte Pilatus zu ihm. »Was ist das?«

Damit brach Pilatus das Verhör ab und ging wieder zu den Juden hinaus. »Ich kann keine Schuld an diesem Menschen finden« erklärte er.

Die führenden Priester und die Ältesten brachten weitere Beschuldigungen gegen ihn vor, aber Jesus verteidigte sich mit keinem Wort. Da sagte Pilatus zu ihm: »Hörst du nicht, was sie alles gegen dich vorbringen?« Jesus gab ihm keine Antwort; zum großen Erstaunen des Gouverneurs sagte er nicht ein einziges Wort. Sie beharrten auf ihren Anschuldigungen und erklärten:

»Mit seiner Lehre, die er im ganzen jüdischen Land verbreitet, hetzt er das Volk auf. Angefangen hat er damit in Galiläa, und jetzt ist er bis hierher gekommen.«

Als Pilatus das hörte, fragte er, ob der Mann ein Galiläer sei. Man bestätigte ihm, daß Jesus aus dem Herrschaftsbereich des Herodes kam. Da ließ er ihn zu Herodes führen, der in jenen Tagen ebenfalls in Jerusalem war.

Jesus vor Herodes

Herodes war hocherfreut, Jesus endlich zu Gesicht zu bekommen. Er hatte sich seit langer Zeit gewünscht, ihn einmal zu sehen, nachdem er schon viel von ihm gehört hatte. Nun hoffte er, Jesus würde in seiner Gegenwart ein Wunder tun. Er stellte ihm viele Fragen, aber Jesus gab ihm nicht eine einzige Antwort. Die führenden Priester und die Schriftgelehrten standen dabei und brachten schwere Beschuldigungen gegen ihn vor. Auch Herodes und seine Soldaten hatten für Jesus nur Verachtung übrig. Sie trieben ihren Spott mit ihm und hängten ihm ein Prachtgewand um, und so schickte Herodes ihn zu Pilatus zurück. Herodes und Pilatus, die bis dahin miteinander verfeindet gewesen waren, wurden an diesem Tag Freunde.

Die Verurteilung Jesu

Daraufhin rief Pilatus die führenden Priester, die anderen führenden Männer und das Volk zusammen und erklärte: »Ihr habt diesen Mann vor mich gebracht, weil er angeblich das Volk aufwiegelt. Nun, ich habe ihn in eurem Beisein verhört und habe ihn in keinem der Anklagepunkte, die ihr gegen ihn erhebt, für schuldig befunden. Im übrigen ist auch Herodes zu keinem anderen Schluß gekommen, sonst hätte er ihn nicht zu uns zurückgeschickt. Ihr seht also: Der Mann hat nichts getan, womit er den Tod verdient hätte. Darum werde ich ihn auspeitschen lassen und dann freigeben.«

Nun war es so, daß Pilatus an jedem Passafest einen Gefangenen freiließ, den die Juden selbst bestimmen durften. Damals saß ein gewisser Barabbas zusammen mit einigen anderen Aufrührern im Gefängnis; sie hatten bei einem Aufstand einen Mord begangen. Als jetzt eine große Menschenmenge zu Pilatus hinaufzog und ihn bat, wie üblich jemand zu begnadigen, fragte er sie: »Wollt ihr, daß ich euch den König der Juden freigebe?« Denn es war ihm klar geworden, daß die führenden Priester Jesus nur aus Neid an ihn ausgeliefert hatten.

Doch die führenden Priester wiegelten das Volk dazu auf, die Freilassung des Barabbas zu fordern. So schrien sie alle im Chor: »Nein, den nicht! Weg mit ihm! Wir wollen Barabbas!«

Pilatus, der Jesus freilassen wollte, versuchte noch einmal, sich bei der Menge Gehör zu verschaffen. »Wen soll ich euch freigeben: Jesus Barabbas oder den Jesus, von dem man sagt, er sei der Messias?« Die Menge schrie: »Barabbas!«

»Und was soll ich mit Jesus tun, von dem es heißt, er sei der Messias?« wollte Pilatus wissen. »Ans Kreuz mit ihm!«

Pilatus machte noch einen dritten Versuch. »Was für ein Verbrechen hat er denn begangen?« fragte er sie. »Ich habe nichts an ihm gefunden, wofür er den Tod verdient hätte. Darum werde ich ihn auspeitschen lassen und dann freigeben.«

Doch sie schrien nur noch lauter: »Laß ihn kreuzigen!« Daraufhin ließ Pilatus Jesus abführen und auspeitschen. Nachdem die Soldaten ihn ausgepeitscht hatten, zogen sie ihn aus und hängten ihm einen scharlachroten Mantel um, flochten aus Dornenzweigen eine Krone, setzten sie ihm auf den Kopf und drückten ihm einen

Stock in die rechte Hand. Dann knieten sie vor ihm nieder, verspotteten ihn und riefen: »Es lebe der König der Juden!« Sie spuckten ihn an, nahmen den Stock und schlugen ihm damit auf den Kopf.

Anschließend wandte sich Pilatus ein weiteres Mal an die Menge. Er ging hinaus und sagte: »Ich bringe ihn jetzt zu euch heraus. Ihr sollt wissen, daß ich keine Schuld an ihm finden kann.« Jesus trat heraus. Auf dem Kopf trug er die Dornenkrone, und er hatte den Purpurmantel um. Pilatus sagte zu der Menge: »Seht diesen Menschen!« Aber sowie die führenden Priester und ihre Leute Jesus erblickten, schrien sie: »Laß ihn kreuzigen! Laß ihn kreuzigen!« »Nehmt ihn doch selbst und kreuzigt ihn!« erwiderte Pilatus. »Ich jedenfalls kann keine Schuld an ihm finden.« »Wir haben ein Gesetz«, hielten ihm die Juden entgegen, »und nach diesem Gesetz muß er sterben, weil er behauptet hat, er sei Gottes Sohn.«

Als Pilatus das hörte, wurde ihm noch unheimlicher zumute. Er ging ins Prätorium zurück und fragte Jesus: »Woher bist du eigentlich?« Aber Jesus gab ihm keine Antwort. »Du weigerst dich, mit mir zu reden?« sagte Pilatus. »Weißt du nicht, daß es in meiner Macht steht, dich freizulassen, aber daß ich auch die Macht habe, dich kreuzigen zu lassen?« Jesus erwiderte: »Du hättest keine Macht über mich, wenn sie dir nicht von oben gegeben wäre. Deshalb trägt der, der mich dir übergeben hat, eine größere Schuld.« Daraufhin machte Pilatus noch einmal einen Versuch, Jesus freizulassen. Doch die Juden schrien: »Wenn du den freiläßt, bist du nicht mehr der Freund des Kaisers! Jeder, der sich selbst zum König macht, stellt sich gegen den Kaiser.«

Diese Worte verfehlten ihre Wirkung nicht. Pilatus ließ Jesus auf den Platz herausführen, den man das »Steinpflaster« nannte und der auf hebräisch Gabbata hieß. Dort nahm Pilatus auf dem Richterstuhl Platz. Es war der Rüsttag in der Passafestzeit, und es war inzwischen etwa zwölf Uhr mittags. Pilatus sagte zu den Juden: »Seht da, euer König!« Doch sie schrien: »Weg mit ihm! Weg mit ihm! Laß ihn kreuzigen!« »Euren König soll ich kreuzigen lassen?« fragte Pilatus. »Wir haben keinen König außer dem Kaiser!« entgegneten die führenden Priester.

Während Pilatus auf dem Richterstuhl saß, ließ seine Frau ihm ausrichten: »Laß die Hände von diesem Mann, er ist unschuldig! Ich habe seinetwegen heute Nacht im Traum viel Schweres durchgemacht.«

Doch Pilatus sah, daß er nichts erreichte. Im Gegenteil, der Tumult wurde immer schlimmer. Er ließ sich Wasser bringen, wusch sich vor den Augen der Menge die Hände und sagte: »Ich bin unschuldig am Tod dieses Mannes. Was jetzt geschieht, ist eure Sache.« Da rief das ganze Volk: »Die Schuld an seinem Tod soll uns und unseren Kindern angerechnet werden!«

Da gab Pilatus schließlich ihrer Forderung nach und befahl, Jesus zu kreuzigen. Er übergab ihn den Soldaten; sie zogen ihm den Mantel aus und legten ihm seine eigenen Kleider wieder an. Dann führten sie ihn ab, um ihn zu kreuzigen.

Jesus wurde abgeführt und aus der Stadt hinausgeführt zu der sogenannten Schädelstätte, die auf hebräisch Golgatha heißt.

Unterwegs begegnete ihnen ein Mann, der gerade vom Feld kam, ein gewisser Simon aus Zyrene, der Vater von Alexander und Rufus. Sie hielten ihn an und luden ihm das Kreuz auf, und er mußte es hinter Jesus hertragen.

Eine große Menschenmenge folgte Jesus, darunter viele Frauen, die laut klagten und um ihn weinten. Aber Jesus wandte sich zu ihnen um und sagte: »Ihr Frauen von Jerusalem, weint nicht über mich! Weint über euch selbst und über eure Kinder! Denn es kommt eine Zeit, da wird man sagen: Glücklich die Frauen, die unfruchtbar sind und nie ein Kind zur Welt gebracht und gestillt haben! Dann *wird man zu den Bergen sagen: Fallt auf uns herab! und zu den Hügeln: Begrabt uns!* (Hos 10, 8) Denn wenn man schon mit dem grünen Holz so umgeht, was wird dann erst mit dem dürren geschehen?« Zusammen mit Jesus wurden auch zwei andere Männer zur Hinrichtung geführt, zwei Verbrecher.

So kamen sie an eine Stelle, die Golgata genannt wird. Dort gab man Jesus Wein mit einem Zusatz, der bitter wie Galle war. Aber als er gekostet hatte, wollte er nicht davon trinken. Dann kreuzigte man ihn und mit ihm zwei andere Verbrecher, die mit ihm zur Hinrichtung geführt worden waren, einen auf jeder Seite. Jesus aber sagte: »Vater, vergib ihnen, denn sie wissen nicht, was sie tun.« Es war neun Uhr morgens, als man ihn kreuzigte.

Eine am Kreuz angebrachte Aufschrift gab den Grund für seine Verurteilung an, sie lautete: »Jesus von Nazaret, König der Juden!« Dieses Schild wurde von vielen Juden gelesen; denn der Ort, an dem Jesus gekreuzigt wurde, war ganz in der Nähe der Stadt, und die Aufschrift war hebräisch, lateinisch und griechisch abgefaßt. Die führenden Priester des jüdischen Volkes erhoben Einspruch. »Es darf nicht heißen: König der Juden«, sagten sie zu Pilatus. »Schreibe: Dieser Mann hat behauptet: Ich bin der König der Juden.« Pilatus erwiderte: »Was ich geschrieben habe, habe ich geschrieben.«

Die Soldaten, die Jesus gekreuzigt hatten, nahmen seine Kleider und teilten sie unter sich auf; sie waren zu viert. Beim Untergewand stellten sie fest, daß es von oben bis unten durchgehend gewebt war, ohne jede Naht. »Das zerschneiden wir nicht«, sagten sie zueinander. »Wir lassen das Los entscheiden, wer es bekommt.« So sollte sich erfüllen, was in der Schrift vorausgesagt war:

Sie haben meine Kleider unter sich verteilt;
um mein Gewand haben sie das Los geworfen.(Ps 22, 19)

Dann setzten sie sich beim Kreuz nieder und hielten Wache.

Die Leute, die vorübergingen, schüttelten den Kopf und riefen höhnisch: »Du wolltest doch den Tempel niederreißen und in drei Tagen wieder aufbauen! Wenn du Gottes Sohn bist, dann hilf dir selbst und steig herab vom Kreuz!« Und die führenden Männer sagten verächtlich: »Anderen hat er geholfen; soll er sich doch jetzt selbst helfen, wenn er der von Gott gesandte Messias ist, der Auserwählte! Er ist ja der König von Israel! Soll er doch jetzt vom Kreuz herabsteigen, dann werden wir an ihn glauben. *Er hat auf Gott vertraut; der soll ihn jetzt befreien, wenn er Freude an ihm hat.* (Ps 22, 9) Er hat ja gesagt: Ich bin Gottes Sohn.«

Auch die Soldaten trieben ihren Spott mit ihm; sie traten zu ihm hin, boten ihm Weinessig an und sagten: »Wenn du der König der Juden bist, dann hilf dir selbst!«

Und genauso beschimpften ihn die Verbrecher, die mit ihm gekreuzigt worden waren.

Einer der beiden Verbrecher, die mit ihm am Kreuz hingen, höhnte: »Du bist doch der Messias, oder nicht? Dann hilf dir selbst, und hilf auch uns!« Aber der andere wies ihn zurecht. »Fürchtest du Gott auch jetzt noch nicht, wo du doch ebenso schlimm bestraft worden bist wie dieser Mann und wie ich?« sagte er zu ihm. »Dabei werden wir zu Recht bestraft; wir bekommen den Lohn für das, was wir getan haben. Er aber hat nichts Unrechtes getan.« Dann sagte er: »Jesus, denk an mich, wenn du deine Herrschaft als König antrittst!« Jesus antwortete ihm: »Ich sage dir: Heute noch wirst du mit mir im Paradies sein.«

Bei dem Kreuz, an dem Jesus hing, standen seine Mutter und ihre Schwester sowie Maria, die Frau von Klopas, und Maria aus Magdala. Als Jesus seine Mutter sah und neben ihr den Jünger, den er besonders geliebt hatte, sagte er zu seiner Mutter: »Liebe Frau, das ist jetzt dein Sohn!« Dann wandte er sich zu dem Jünger und sagte: »Sieh, das ist jetzt deine Mutter!« Da nahm der Jünger die Mutter Jesu zu sich und sorgte von da an für sie.

Der Tod Jesu

Um zwölf Uhr mittags brach über das ganze Land eine Finsternis herein, die bis drei Uhr nachmittags dauerte. Gegen drei Uhr schrie Jesus laut: »*Eli, Eli, lema sabachtani*?« (Das bedeutet: *Mein Gott, mein Gott, warum hast du mich verlassen?* [Ps 22, 2]) Einige der Umstehenden sagten, als sie das hörten: »Er ruft Elia.«

Jesus wußte, daß nun alles vollbracht war. Und weil sich das, was in der Schrift vorausgesagt war, bis ins letzte erfüllen sollte, sagte er: »Ich habe Durst!«

Da tauchten die Soldaten einen Schwamm in ein Gefäß mit Weinessig, das dort stand, steckten ihn auf einen Ysopstengel und hielten ihn Jesus zum Trinken hin. Nachdem er ein wenig von dem Essig genommen hatte, sagte er: »Es ist vollbracht. *Vater, in deine Hände gebe ich meinen Geist*!« (Ps 31, 6) Dann neigte er den Kopf und starb.

Im selben Augenblick riß der Vorhang im Tempel von oben bis unten entzwei; die Erde begann zu beben, die Felsen spalteten sich, und die Gräber öffneten sich. Viele verstorbene Heilige wurden auferweckt. Sie kamen nach der Auferstehung Jesu aus ihren Gräbern, gingen in die Heilige Stadt und erschienen vielen Menschen.

Der Hauptmann und die Soldaten, die mit ihm zusammen beim Kreuz Jesu Wache hielten, waren zutiefst erschrocken über das Erdbeben und die anderen Dinge, die sie miterlebt hatten, und sagten: »Dieser Mann war wirklich Gottes Sohn.«

Die Scharen von Menschen, die zu dem Schauspiel der Kreuzigung herbeigeströmt waren und das ganze Geschehen miterlebt hatten, schlugen sich an die Brust und kehrten betroffen in die Stadt zurück.

Alle die, die mit Jesus bekannt gewesen waren, hatten in einiger Entfernung gestanden, unter ihnen befanden sich Maria aus Magdala, Maria, die Mutter von Jakobus dem Jüngeren und von Joses, sowie Salome, die Mutter der Zebedäussöhne und Frauen, die Jesus gefolgt waren und ihm gedient hatten, als er noch in Galiläa war. Da es Rüsttag war, der Tag vor dem Sabbat, wollten die führenden Männer des jüdischen Volkes nicht, daß die Gekreuzigten den Sabbat über am Kreuz hängen blieben, um so mehr als dieser Sabbat ein besonders hoher Feiertag war. Deshalb baten sie Pilatus, daß man den Männern, die am Kreuz hingen, die Beine brach und sie, sobald der Tod eingetreten war, herunterholte. Die Soldaten gingen zunächst zu dem einen von den beiden, die mit Jesus gekreuzigt worden waren, und brachen ihm die Beine. Dasselbe taten sie mit dem anderen. Als sie jedoch zu Jesus kamen und feststellten, daß er bereits tot war, brachen sie ihm die Beine nicht. Einer von den Soldaten allerdings stach mit der Lanze in seine Seite, worauf sofort Blut und Wasser aus der Wunde traten.

Das bezeugt der, der es mit eigenen Augen gesehen hat, und sein Bericht ist wahr; er weiß, daß er die Wahrheit sagt. Und er bezeugt es, damit auch ihr glaubt. Diese Dinge sind geschehen, weil sich erfüllen sollte, was in der Schrift vorausgesagt ist: *Es wird ihm kein Knochen gebrochen werden.* (2. Mose 12, 46; 4. Mose 9, 12; Ps 34, 21)

Und an einer anderen Stelle der Schrift heißt es: *Sie werden auf den blicken, den sie durchbohrt haben.* (Sach 12,10)

Das Begräbnis Jesu

Unter den Mitgliedern des Hohen Rates war ein Mann von edler und gerechter Gesinnung, der den Beschlüssen und dem Vorgehen der übrigen Ratsmitglieder nicht zugestimmt hatte. Er stammte aus Arimatäa, einer Stadt in Judäa, und wartete auf das Kommen des Reiches Gottes. Er faßte sich ein Herz, ging zu Pilatus und bat um den Leichnam Jesu. Pilatus war überrascht zu hören, daß Jesus schon tot sei. Er ließ den Hauptmann rufen und fragte ihn, ob Jesus wirklich bereits gestorben sei. Als der Hauptmann es ihm bestätigte, überließ er Josef den Leichnam. Josef kaufte ein Leinentuch und wickelte Jesus in das Tuch.

Auch Nikodemus, der Jesus am Anfang einmal bei Nacht aufgesucht hatte, war gekommen. Er brachte etwa hundert Pfund einer Mischung von Myrrhe und Aloe mit. Die beiden Männer nahmen den Leichnam Jesu und wickelten ihn unter Beigabe der wohlriechenden

Öle in Leinenbinden, wie es der jüdischen Begräbnissitte entspricht.

Dort, wo Jesus gekreuzigt worden war, befand sich ein Garten, und in dem Garten war ein neues Grab, das Josef von Arimatäa für sich selbst in einen Felsen hatte hauen lassen. In dieses Grab, in das noch niemand gelegt worden war, legten sie Jesus. Bevor sie fortgingen, wälzten sie einen großen Stein vor den Eingang des Grabes. Die Frauen, die Jesus seit den Anfängen in Galiläa begleitet hatten, waren Josef gefolgt. Sie sahen das Grab und schauten zu, wie der Leichnam hineingelegt wurde. Dann kehrten sie in die Stadt zurück und bereiteten wohlriechende Öle und Salben zu.

Die Bewachung des Grabes

Am nächsten Tag gingen die führenden Priester und die Pharisäer gemeinsam zu Pilatus; es war der Tag nach dem Rüsttag. »Herr«, sagten sie, »uns ist eingefallen, daß dieser Betrüger, als er noch lebte, behauptet hat: Nach drei Tagen werde ich auferstehen. Befiehl deshalb bitte, daß das Grab bis zum dritten Tag bewacht wird! Sonst könnten seine Jünger kommen und den Leichnam stehlen und dann dem Volk gegenüber behaupten, er sei von den Toten auferstanden. Dieser zweite Betrug wäre noch schlimmer als der erste.« »Ihr sollt eure Wache haben«, antwortete Pilatus. »Geht und sichert das Grab, so gut ihr könnt!« Da gingen sie zum Grab, versiegelten den Stein am Eingang und sicherten es, indem sie die Wache aufstellten.

DIE AUFERSTEHUNG JESU, DIE BEGEGNUNGEN DES AUFERSTANDENEN MIT DEN JÜNGERN UND SEINE HIMMELFAHRT

Das leere Grab: Jesus ist auferstanden

Am Sabbat hielten die Frauen die im Gesetz vorgeschriebene Ruhe ein. Doch am ersten Tag der neuen Woche nahmen sie in aller Frühe die Salben, die sie zubereitet hatten, und gingen damit zum Grab. Plötzlich fing die Erde an, heftig zu beben. Ein Engel des Herrn war vom Himmel herabgekommen und zum Grab getreten. Er wälzte den Stein weg und setzte sich darauf. Seine Gestalt leuchtete wie ein Blitz, und sein Gewand war weiß wie Schnee. Als die Wächter ihn sahen, zitterten sie vor Angst und fielen wie tot zu Boden.

Unterwegs hatten die Frauen zueinander gesagt: »Wer wird uns den Stein vom Eingang des Grabes wegwälzen?«

Doch jetzt, als sie vor dem Grab standen, sahen sie, daß der Stein – ein großer, schwerer Stein – bereits weggerollt war. Sie gingen in die Grabkammer hinein, aber der Leichnam Jesu, des Herrn, war nirgends zu sehen. Während sie noch ratlos dastanden, traten plötzlich zwei Männer in hell leuchtenden Gewändern zu ihnen. Die Frauen erschraken und wagten nicht aufzublicken. Doch die beiden Männer sagten zu ihnen: »Was sucht ihr den Lebendigen bei den Toten? Er ist nicht hier; er ist auferstanden. Erinnert euch an das, was er euch gesagt hat, als er noch in Galiläa war: Der Menschensohn muß in die Hände sündiger Menschen gegeben werden; er muß gekreuzigt werden und wird drei Tage danach auferstehen.«

Da erinnerten sich die Frauen an jene Worte Jesu. Zitternd vor Furcht und Entsetzen verließen die Frauen das Grab und liefen davon. Sie hatten solche Angst, daß sie niemand etwas von dem erzählten, was sie erlebt hatten. So schnell sie konnten, verließen sie das Grab, kehrten in die Stadt zurück, um den Jüngern alles zu berichten. Plötzlich trat ihnen Jesus entgegen. »Seid gegrüßt!« sagte er. Da liefen sie zu ihm hin, warfen sich vor ihm nieder und umfaßten seine Füße. »Ihr braucht euch nicht zu fürchten!« sagte Jesus zu ihnen. »Geht und sagt meinen Brüdern, sie sollen nach Galiläa gehen. Dort werden sie mich sehen.« Bei den Frauen handelte es sich um Maria aus Magdala, um Johanna und um Maria, die Mutter des Jakobus; zusammen mit einigen anderen Frauen, die bei ihnen gewesen waren, erzählten sie den Aposteln, was sie erlebt hatten. Aber diese hielten das alles für leeres Gerede und glaubten ihnen nicht.

Doch sofort machten sich Petrus und der andere Jünger auf den Weg und gingen zum Grab hinaus. Die beiden liefen zusammen los, aber der andere Jünger war schneller als Petrus und erreichte das Grab als erster. Er beugte sich vor, um hineinzuschauen, und sah die Leinenbinden daliegen; aber er ging nicht hinein. Simon Petrus jedoch, der inzwischen auch angekommen war, ging in die Grabkammer hinein. Er sah die Leinenbinden daliegen und sah auch das Tuch, das man dem Toten um den Kopf gewickelt hatte. Es lag zusammengerollt an einer anderen Stelle, nicht bei den Binden. Jetzt ging auch der Jünger, der zuerst angekommen war, ins Grab hinein und sah alles. Und er glaubte. Nach der Schrift stand es ja fest, daß Jesus von den Toten auferstehen würde; aber das verstanden sie damals noch nicht.

Der Auferstandene erscheint Maria aus Magdala

Die beiden Jünger gingen nun wieder nach Hause. Maria aber blieb draußen vor dem Grab stehen und weinte.

Auf einmal stand Jesus hinter ihr. Sie drehte sich nach ihm um und sah ihn, erkannte ihn jedoch nicht. »Warum weinst du, liebe Frau?« fragte er sie. »Wen suchst du?« Maria dachte, es sei der Gärtner, und sagte zu ihm: »Herr, wenn du ihn weggebracht hast, sag mir bitte, wo du ihn hingelegt hast, dann hole ich ihn wieder.« »Maria!« sagte Jesus. Da wandte sie sich um und rief: »Rabbuni!« (Das bedeutet »Meister« auf Hebräisch.) Jesus sagte zu ihr: »Halte mich nicht fest! Ich bin noch nicht zum Vater in den Himmel zurückgekehrt. Geh zu mei-

nen Brüdern und sag ihnen, daß ich zu ihm zurückkehre
– zu meinem Vater und eurem Vater, zu meinem Gott
und eurem Gott.«

Die Bestechung der Wächter

Während die Frauen auf dem Weg zu den Jüngern
waren, liefen einige Soldaten der Wachmannschaft in die
Stadt und berichteten den führenden Priestern alles, was
geschehen war. Diese trafen sich daraufhin mit den Ältesten zur Beratung. Sie gaben den Soldaten eine ansehnli-
che Summe Geld und machten folgendes mit ihnen ab:
»Sagt, seine Jünger seien in der Nacht gekommen, während ihr schlieft, und hätten den Leichnam gestohlen.
Wenn der Gouverneur davon erfährt, werden wir ihn
beschwichtigen; wir werden dafür sorgen, daß ihr nichts
zu befürchten habt.« Die Soldaten nahmen das Geld und
taten, wie man ihnen gesagt hatte. So wurde diese Geschichte in Umlauf gebracht und ist bei den Juden bis
zum heutigen Tag verbreitet.

Der Auferstandene erscheint zwei Jüngern auf dem Weg
nach Emmaus

Am selben Tag gingen zwei von den Jüngern nach
Emmaus, einem Dorf, das zwei Stunden von Jerusalem
entfernt liegt. Unterwegs sprachen sie miteinander über
alles, was in den zurückliegenden Tagen geschehen war;

und während sie so miteinander redeten und sich Gedanken machten, trat Jesus selbst zu ihnen und schloß sich ihnen an. Doch es war, als würden ihnen die Augen zugehalten: Sie erkannten ihn nicht.

»Worüber redet ihr denn miteinander auf eurem Weg?« fragte er sie. Da blieben sie traurig stehen, und einer von ihnen – er hieß Kleopas – meinte: »Bist du der einzige, der sich zur Zeit in Jerusalem aufhält und nichts von dem weiß, was dort in diesen Tagen geschehen ist?« »Was ist denn geschehen?« fragte Jesus. Sie erwiderten: »Es geht um Jesus von Nazaret, der sich durch sein Wirken und sein Wort vor Gott und vor dem ganzen Volk als mächtiger Prophet erwiesen hatte. Ihn haben unsere führenden Priester und die anderen führenden Männer zum Tod verurteilen und kreuzigen lassen. Und wir hatten gehofft, er sei es, der Israel erlösen werde! Heute ist außerdem schon der dritte Tag, seitdem das alles geschehen ist. Doch nicht genug damit: Einige Frauen aus unserem Kreis haben uns auch noch in Aufregung versetzt. Sie waren heute früh am Grab und fanden seinen Leichnam nicht. Als sie zurückkamen, erzählten sie, Engel seien ihnen erschienen und hätten ihnen gesagt, daß er lebt. Daraufhin gingen einige von uns zum Grab und fanden alles so, wie es die Frauen berichtet hatten. Aber ihn selbst sahen sie nicht.«

Da sagte Jesus zu ihnen: »Ihr unverständigen Leute! Wie schwer fällt es euch, all das zu glauben, was die Propheten gesagt haben! Mußte denn der Messias nicht das alles erleiden, um zu seiner Herrlichkeit zu gelangen?« Dann ging er mit ihnen die ganze Schrift durch und erklärte ihnen alles, was sich auf ihn bezog – zuerst bei Mose und dann bei sämtlichen Propheten.

So erreichten sie das Dorf, zu dem sie unterwegs waren. Jesus tat, als wollte er weitergehen. Aber die beiden Männer hielten ihn zurück. »Bleib doch bei uns!« baten sie. »Es ist schon fast Abend, der Tag geht zu Ende.« Da begleitete er sie hinein und blieb bei ihnen.

Als er dann mit ihnen am Tisch saß, nahm er das Brot, dankte Gott dafür, brach es in Stücke und gab es ihnen. Da wurden ihnen die Augen geöffnet, und sie erkannten ihn. Doch im selben Augenblick verschwand er; sie sahen ihn nicht mehr. »War uns nicht zumute, als würde ein Feuer in unserem Herzen brennen, während er unterwegs mit uns sprach und uns das Verständnis für die Schrift öffnete?« sagten sie zueinander.

Unverzüglich brachen sie auf und kehrten nach Jerusalem zurück. Dort fanden sie alle versammelt, die Elf und die, die sich zu ihnen hielten. Man empfing sie mit den Worten: »Der Herr ist tatsächlich auferstanden! Er ist Simon erschienen!« Da berichteten die beiden, was sie unterwegs erlebt und wie sie den Herrn erkannt hatten, als er das Brot in Stücke brach.

Der Auferstandene erscheint der ganzen Jüngerschaft

Es war am Abend jenes ersten Tages der neuen Woche. Die Jünger hatten solche Angst vor den Juden, daß sie die Türen des Raumes, in dem sie beisammen waren, verschlossen hielten. Doch während sie noch am Erzählen waren, stand mit einem Mal Jesus selbst in ihrer Mitte und grüßte sie mit den Worten: »Friede sei mit euch!« Doch sie waren starr vor Schreck, denn sie meinten, einen Geist zu sehen. »Warum seid ihr so erschrocken?« sagte Jesus. »Und wie kommt es, daß solche Zweifel in euren Herzen aufsteigen? Schaut euch meine Hände und meine Füße an: Ich bin es wirklich! Berührt mich und überzeugt euch selbst! Ein Geist hat doch nicht Fleisch und Knochen, wie ihr sie an mir seht.« Und er zeigte ihnen seine Hände und seine Füße. Da sie es vor Freude immer noch nicht glauben konnten und vor Staunen kein Wort herausbrachten, fragte er sie: »Habt ihr etwas zu essen hier?« Sie gaben ihm ein Stück gebratenen Fisch, und er nahm es und aß es vor ihren Augen.

Dann sagte er zu ihnen: »Nun ist in Erfüllung gegangen, wovon ich sprach, als ich noch bei euch war; ich sagte: Alles, was im Gesetz des Mose, bei den Propheten und in den Psalmen über mich geschrieben ist, muß sich erfüllen.«

Und er öffnete ihnen das Verständnis für die Schrift, so daß sie sie verstehen konnten, und er sagte zu ihnen: »So steht es doch in der Schrift: Der Messias muß leiden und sterben, und drei Tage danach wird er von den Toten auferstehen.«

»Friede sei mit euch!« sagte Jesus noch einmal zu ihnen. »Wie der Vater mich gesandt hat, so sende ich jetzt euch.« Und er hauchte sie an und sagte: »Empfangt den Heiligen Geist! Wem ihr die Sünden vergebt, dem sind sie vergeben; wem ihr sie nicht vergebt, dem sind sie nicht vergeben.«

Der Auferstandene und Thomas: vom Unglauben zur Anbetung

Thomas, auch Didymus genannt, einer der Zwölf, war nicht dabeigewesen, als Jesus zu den Jüngern gekommen war. Die anderen erzählten ihm: »Wir haben den Herrn gesehen!« Thomas erwiderte: »Erst muß ich seine von den Nägeln durchbohrten Hände sehen; ich muß meinen Finger auf die durchbohrten Stellen und meine Hand in seine durchbohrte Seite legen. Vorher glaube ich es nicht.«

Acht Tage später waren die Jünger wieder beisammen; diesmal war auch Thomas dabei. Mit einem Mal kam Jesus, obwohl die Türen verschlossen waren, zu ihnen herein. Er trat in ihre Mitte und grüßte sie mit den Worten: »Friede sei mit euch!« Dann wandte er sich Thomas zu. »Leg deinen Finger auf diese Stelle hier und sieh dir meine Hände an!« forderte er ihn auf. »Reich deine Hand her und leg sie in meine Seite! Und sei nicht mehr ungläubig, sondern glaube!« Thomas sagte zu ihm: »Mein Herr und mein Gott!« Jesus erwiderte: » Jetzt, wo du mich gesehen hast, glaubst du. Glücklich zu nennen sind die, die nicht sehen und trotzdem glauben.«

Der Auferstandene erscheint seinen Jüngern am See von Tiberias

Jesus zeigte sich seinen Jüngern später noch ein weiteres Mal. Er erschien ihnen am See von Tiberias, wo Simon Petrus, Thomas – auch Didymus genannt -, Natanael aus Kana in Galiläa, die Söhne des Zebedäus und noch zwei andere Jünger zusammen waren. Simon Petrus sagte: »Ich gehe fischen.« »Wir auch«, sagten die anderen, »wir kommen mit.« Sie gingen zum Boot hinaus und legten ab, aber in jener Nacht fingen sie nichts.

Als es dann Tag wurde, stand Jesus am Ufer, doch die Jünger erkannten ihn nicht. »Kinder«, rief er ihnen zu, »habt ihr nicht ein paar Fische für das Frühstück?« »Nein«, riefen sie zurück, »nicht einen einzigen !« »Werft das Netz auf der rechten Seite des Bootes aus!« forderte er sie auf. »Ihr werdet sehen, daß ihr etwas fangt.« Sie warfen das Netz aus, aber dann konnten sie es nicht mehr einholen, solch eine Menge Fische hatten sie gefangen.

Da sagte jener Jünger, den Jesus besonders liebte, zu Petrus: »Es ist der Herr!« Als Simon Petrus ihn sagen hörte: »Es ist der Herr«, warf er sich das Obergewand über, das er bei der Arbeit abgelegt hatte, band es fest und sprang ins Wasser, um schneller am Ufer zu sein. Die anderen Jünger kamen mit dem Boot nach, das Netz mit den Fischen im Schlepptau. Sie hatten es nicht weit bis zum Ufer – nur etwa hundert Meter. Als sie aus dem Boot stiegen und an Land gingen, sahen sie ein Kohlenfeuer, auf dem Fische brieten; auch Brot lag dabei. »Bringt ein paar von den Fischen, die ihr eben gefangen habt!« forderte Jesus sie auf. Da stieg Simon Petrus ins Boot und zog das Netz an Land. Es war voll von großen Fischen, im ganzen hundertdreiundfünfzig. Und trotz dieser Menge riß das Netz nicht. »Kommt her und eßt!« sagte Jesus. Die Jünger hätten ihn am liebsten gefragt: »Wer bist du?« Aber keiner von ihnen wagte es; sie wußten, daß es der Herr war. Jesus trat ans Feuer, nahm das Brot und gab es ihnen, und ebenso den Fisch.

Das war nun schon das dritte Mal, daß Jesus seinen Jüngern erschien, nachdem er von den Toten auferstanden war.

Der Auferstandene und Petrus: Erneuertes Vertrauen

Als sie gegessen hatten, sagte Jesus zu Simon Petrus: »Simon, Sohn des Johannes, liebst du mich mehr als irgendein anderer hier?« Petrus gab ihm zur Antwort: »Ja, Herr, du weißt, daß ich dich liebhabe.« Darauf sagte Jesus zu ihm: »Sorge für meine Lämmer!« Jesus fragte ihn ein zweites Mal: »Simon, Sohn des Johannes, liebst du mich?« Petrus antwortete: »Ja, Herr, du weißt, daß ich dich liebhabe.« Da sagte Jesus zu ihm: »Hüte meine Schafe!« Jesus fragte ihn ein drittes Mal: »Simon, Sohn des Johannes, hast du mich lieb?« Petrus wurde traurig, weil Jesus ihn nun schon zum dritten Mal fragte: »Hast du mich lieb?« »Herr, du weißt alles«, erwiderte er. »Du weißt, daß ich dich liebhabe.« Darauf sagte Jesus zu ihm: »Sorge für meine Schafe!

Ich möchte dir etwas sagen: Als du noch jung warst, hast du dir den Gürtel selbst umgebunden und bist gegangen, wohin du wolltest. Doch wenn du einmal alt bist, wirst du deine Hände ausstrecken, und ein anderer wird dir den Gürtel umbinden und dich dahin führen, wo du nicht hingehen willst.« Jesus deutete damit an, auf welche Weise Petrus sterben würde und daß durch seinen Tod die Herrlichkeit Gottes offenbart würde. Er schloß, indem er sagte: »Folge mir nach!«

Petrus wandte sich um und sah, daß der Jünger, den Jesus besonders liebte, ihnen folgte – jener Jünger, der sich damals beim Abendessen zu Jesus hinübergelehnt und ihn gefragt hatte: »Herr, wer wird dich verraten?« Als Petrus ihn sah, fragte er Jesus: »Herr, und was wird aus diesem hier?« Jesus erwiderte: »Wenn ich will, daß er am Leben bleibt, bis ich wiederkomme, was geht dich das an? Folge du mir nach!«

Weitere Erscheinungen des Auferstandenen

Bis zu dem Tag, an dem Jesus in den Himmel aufgenommen wurde, war er den Aposteln viele Male begegnet, sodaß sie den untrüglichen Beweis hatten, daß er lebt. Während vierzig Tagen erschien er ihnen und redete mit ihnen über das Reich Gottes.

Nachdem er Kephas erschienen war, zeigte er sich den Zwölfen. Später erschien er 500 Brüdern auf einmal, die meisten sind noch (zur Zeit des Apostels Paulus) am Leben. Danach erschien er Jakobus und all den anderen Aposteln.

Der Auftrag des Auferstandenen und die Verheißung des Heiligen Geistes

Als die Jünger noch mit Jesus zusammen waren, fragten sie ihn: »Herr, ist jetzt die Zeit, in der du in Israel das Königreich wieder erstehen lassen wirst?« Er antwortete ihnen »Es steht euch nicht zu, um bestimmte Zeitpunkte und Zeitabschnitte zu wissen, die der Vater in seiner Allmacht festgesetzt hat. Aber wenn der Heilige Geist auf euch kommen wird, werdet ihr Kraft empfangen und meine Zeugen sein, in Jerusalem, in ganz Judäa und Samaria und bis in die entferntesten Gebiete der Erde.

Mir ist alle Gewalt im Himmel und auf Erden gegeben.

Geht hin in die ganze Welt und verkündet der ganzen Schöpfung das Evangelium und macht die Menschen zu meinen Jüngern. Und in meinem Namen sollen alle Völker zur Umkehr aufgerufen werden, damit sie Vergebung ihrer Sünden empfangen.

Wer glaubt und sich taufen läßt, wird gerettet werden. Wer aber nicht glaubt, wird verurteilt werden.

Ich werde die Kraft aus der Höhe auf euch herabsenden, wie mein Vater es versprochen hat. Bleibt hier in der Stadt, bis ihr damit ausgerüstet seid. Folgende Zeichen werden die begleiten, die glauben: In meinem Namen werden sie Dämonen austreiben; sie werden in neuen Sprachen sprechen; wenn sie Schlangen anfassen oder ein tödliches Gift trinken, wird ihnen das nicht schaden. Kranke, denen sie die Hände auflegen, werden gesund werden. Und seid gewiß: Ich bin bei euch jeden Tag bis an das Ende der Welt.«

Die Himmelfahrt Jesu

Dann führte Jesus die Jünger aus der Stadt hinaus bis in die Nähe von Betanien. Dort erhob er die Hände, um sie zu segnen. Und während er sie segnete, wurde er vor ihren Augen von der Erde emporgehoben, und eine Wolke entzog ihn ihren Blicken. Als sie immer noch wie gebannt zum Himmel hinaufschauten, wohin er entschwunden war, traten plötzlich zwei Männer, ganz in weiß gekleidet, zu ihnen und sagten: »Ihr Männer von Galiläa, warum steht ihr da und seht zum Himmel hinauf? Dieser Jesus, der aus eurer Mitte in den Himmel hinaufgehoben wurde, wird auf dieselbe Weise wieder aus dem Himmel herabkommen, wie ihr ihn hinaufgehen saht.« Da warfen sich die Jünger nieder und beteten an.

Von großer Freude erfüllt kehrten sie nach Jerusalem zurück. Und sie waren von da an ständig im Tempel und priesen Gott.

Das Kommen des Heiligen Geistes

Am fünfzigsten Tag nach dem Passafest, dem jüdischen Pfingstfest, als sie alle an einem Ort zusammen waren, kam plötzlich ein Rauschen vom Himmel her, wie ein Brausen eines gewaltigen Windes, das das ganze Haus erfüllte, in dem sie saßen.

Und sie wurden alle mit dem Heiligen Geist erfüllt.

Sie aber gingen überall hin und verkündeten das Evangelium. Der Herr wirkte mit und bekräftigte das Wort durch die Zeichen, die die Verkündigung begleiteten.

ANHANG: BIBELSTELLENANGABEN

In diesem Anhang sind die Bibeltexte aufgelistet, aus denen die einzelnen Abschnitte erstellt worden sind.

Johannes 1,1-5, 10-14, 16-18
Lukas 1, 5 – 25
Lukas 1, 26 – 38
Lukas 1, 39 – 45
Lukas 1, 46 – 56
Lukas 1, 57 – 66
Lukas 1, 67 – 80
Matthäus 1, 18b – 25a
Lukas 3, 23b – 38
Matthäus 1, 1 – 17
Matthäus 1, 18a ; Lukas 2, 1 – 7
Lukas 2, 8 – 20
Matthäus 1, 25b ; Lukas 2, 21 – 39a
Matthäus 2, 1 – 12
Matthäus 2, 13 – 18
Matthäus 2, 19 – 23 ; Lukas 2, 39b – 40
Lukas 2, 41 – 52
Matthäus 3, 1 – 12; Markus 1, 1 – 8; Lukas 3, 1 – 18;
Johannes 1, 6 – 9. 15
Matthäus 3, 13 – 17; Markus 1, 9 – 11; Lukas 3, 21 – 23a
Matthäus 4, 1 – 11; Markus 1, 12 – 13; Lukas 4, 1 – 13
Johannes 1, 19 – 28
Johannes 1, 29 – 34
Johannes 1, 35 – 42

Johannes 1, 43 – 51
Johannes 2, 1 – 11
Johannes 2, 12 – 25
Johannes 3, 1 – 21
Johannes 3, 22 – 36
Matthäus 4, 12. 3 – 5; Markus 1, 14a; 6, 17 – 18;
Lukas 3, 19 – 20; Johannes 4, 1 – 3
Johannes 4, 4 – 26
Johannes 4, 27 – 38
Johannes 4, 39 – 42
Matthäus 4, 17; Markus 1, 14b – 15; Lukas 4, 14b – 15;
Johannes 4, 43 – 45
Johannes 4, 46 – 54
Lukas 4, 16 – 30
Matthäus 4, 13 – 16
Matthäus 4, 18 – 22; Markus 1, 16 – 20; Lukas 5, 1 – 11
Markus 1, 21 – 27 Lukas 4, 31 – 37
Matthäus 8, 14 – 17; Markus 1, 29 – 34; Lukas 4, 38 – 41
Matthäus 4, 23; Markus 1, 35 – 39; Lukas 4, 42 – 44
Matthäus 8, 2 – 4; Markus 1, 40 – 45; Lukas 5, 12 – 16
Matthäus 9, 1 – 8; Markus 2, 1 – 12; Lukas 5, 17 – 26
Matthäus 9, 9 – 13; Markus 2, 13 – 17; Lukas 5, 27 – 32
Matthäus 9, 14 – 17; Markus 2, 18 – 22; Lukas 5, 33 – 39
Johannes 5,1 – 15
Johannes 5, 16 – 30
Johannes 5, 31 – 47
Matthäus 12, 1 – 14; Markus 2, 23 – 3, 6; Lukas 6, 1 – 11
Matthäus 4, 24 – 25; 12, 15 – 21; Markus 3, 7 – 12
Matthäus 5, 1a; 10, 2–4; Markus 3, 13–19; Lukas 6, 12–16
Matthäus 5, 1b – 12; Lukas 6, 17 – 26

Matthäus 5, 13 – 16

Matthäus 5, 17 – 20

Matthäus 5, 21 – 22

Matthäus 5, 23 – 26

Matthäus 5, 27 – 30

Matthäus 5, 31 – 32

Matthäus 5, 33 – 37

Matthäus 5, 38 – 42; Lukas 6, 29 – 31

Matthäus 5, 43 – 48; Lukas 6, 27 – 28; 32 – 36

Matthäus 6, 1 – 4

Matthäus 6, 5 – 15

Matthäus 6, 16 – 18

Matthäus 6, 19 – 24

Matthäus 6, 25 – 34

Matthäus 7, 1 – 6; Lukas 6, 37 – 42

Matthäus 7, 7 – 12

Matthäus 7, 13 – 14

Matthäus 7, 15 – 23; Lukas 6, 43 – 46

Matthäus 7, 21 – 23; Lukas 6, 46

Matthäus 7, 24 – 29; Lukas 6, 47 – 49

Matthäus 8, 1. 5 – 13; Lukas 7, 1 – 10

Lukas 11, 11 – 17

Matthäus 11, 2 – 19; Lukas 7, 18 – 35

Lukas 7, 36 – 50

Lukas 8, 1 – 3

Matthäus 12, 22 – 37; Markus 3, 20 – 30

Matthäus 12, 38 – 45

Matthäus 12, 46 – 50; Markus 3, 31 – 35; Lukas 8, 19. 12

Matthäus 13, 1 – 23; Markus 4, 1 – 20; Lukas 8, 4 – 15

Markus 4, 21 – 25; Lukas 8, 16 – 18

Markus 4, 26 – 29
Matthäus 13, 24 – 30
Matthäus 13, 31 – 35; Markus 4, 30 – 34
Matthäus 13, 36 – 43
Matthäus 13, 44 – 46
Matthäus 13, 47 – 53
Matthäus 8, 18. 23 – 27; Markus 4, 35 – 41;
Lukas 8, 22 – 25
Markus 5, 1 – 20; Lukas 8, 26 – 39
Matthäus 9, 18 – 26; Markus 5, 21 – 43; Lukas 8, 40 – 56
Matthäus 9, 27 – 34
Matthäus 13, 54 – 58; Markus 6, 1 – 6a
Matthäus 9, 35 – 38; Markus 6, 6b
Matthäus 10, 1. 5 – 11, 1; Markus 6, 7 – 13;
Lukas 9, 1 – 6
Matthäus 14, 6 – 12; Markus 6, 19 – 29
Matthäus 14, 1 – 2; Markus 6, 14 – 16; Lukas 9, 7 – 9
Matthäus 4, 13 – 21; Markus 6, 30 – 44; Lukas 9, 10 – 17;
Johannes 6, 1 – 14
Matthäus 14, 22 – 36; Markus 6, 45 – 56;
Johannes 6, 15 – 24
Johannes 6, 25 – 59
Johannes 6, 60 – 71
Matthäus 15, 1 – 20; Markus 7, 1 – 23; Johannes 7, 1
Matthäus 15, 21 – 28; Markus 7, 24 – 30
Matthäus 15, 29 – 31; Markus 7, 31 – 37
Matthäus 15, 32 – 39; Markus 8, 1 – 10
Matthäus 16, 1 – 4; Markus 8, 11 – 13
Matthäus 16, 5 – 12; Markus 8, 14 – 21
Markus 8, 22 – 26

Matthäus 16, 13 – 20; Markus 8, 27 – 30; Lukas 9, 18 – 21
Matthäus 16, 21 – 28; Markus 8, 31–9, 1; Lukas 9, 22 – 27
Matthäus 17, 1 – 13; Markus 9, 2 – 13; Lukas 9, 28 – 36
Matthäus 17, 14 – 23; Markus 9, 14 – 29; Lukas 9, 37 – 45
Matthäus 17, 24 – 27
Matthäus 18, 1 – 5; Markus 9, 33b – 37; Lukas 9, 46 – 48
Markus 9, 38 – 41; Lukas 9, 49 – 50
Matthäus 18, 6 – 9; Markus 9, 42 – 50
Matthäus 18, 10 – 14
Matthäus 18, 15 – 20
Matthäus 18, 21 – 35
Johannes 7, 2 – 9
Lukas 9, 51 – 56
Matthäus 8, 19 – 22; Lukas 9, 57 – 62
Johannes 7, 10 – 24
Johannes 7, 25 – 44
Johannes 7, 45 – 53
Johannes 8, 1 – 11
Johannes 8, 12 – 30
Johannes 8, 31 – 41
Johannes 8, 37 – 47
Johannes 8, 48 – 59
Johannes 9, 1 – 12
Johannes 9, 13 – 34
Johannes 9, 35 – 41
Johannes 10, 1 – 13
Lukas 10, 1 – 12
Matthäus 11, 20 – 24; Lukas 10, 13 – 16
Matthäus 11, 25 – 30; Lukas 10, 17 – 24
Lukas 10, 25 – 37

Johannes 12, 20 – 26

Johannes 12, 27 – 36

Johannes 12, 37 – 50

Matthäus 24, 1 – 35; Markus 13, 1 – 31; Lukas 21, 5 – 33

Matthäus 24, 36–51; Markus 13, 32–37; Lukas 21, 34 – 36

Matthäus 25, 1 – 13

Matthäus 25, 14 – 30

Matthäus 25, 31 – 46; Lukas 21, 37 – 38

Matthäus 26, 1 – 5; Markus 14, 1 – 2; Lukas 22, 1 – 2

Matthäus 26, 6 – 13; Markus 14, 3 – 9; Johannes 12, 2 – 8

Matthäus 26, 14 – 16; Markus 14, 10 – 11; Lukas 22, 3 – 6

Matthäus 26, 17 – 19; Markus 14, 12 – 16; Lukas 22, 7–13

Johannes 13, 1 – 20

Matthäus 26, 20 – 25; Markus 14, 18–21; Lukas 22, 14–16;
21 – 23; Johannes 13, 21 – 30

Matthäus 26, 26–30; Markus 14, 22–25; Lukas 22, 17–20

Lukas 22, 24 – 30

Matthäus 26, 31–35; Markus 14, 26–31; Lukas 22, 31–38;
Johannes 13, 13–38

Johannes 14, 1–14

Matthäus 26, 30; Markus 14, 26; Johannes 14, 15 – 31

Johannes 15, 1 – 17

Johannes 15, 18 – 16, 4a

Johannes 16, 4b – 16

Johannes 16, 17 – 33

Johannes 17, 1 – 5

Johannes 17, 6 – 19

Johannes 17, 20 – 26

Matthäus 26, 36–46; Markus 14, 32–42; Lukas 22, 39–46;
Johannes 18, 1

Matthäus 26, 47 – 56; Markus 14, 43 – 52;
Lukas 22, 47 – 54a; Johannes 18, 2 – 11
Matthäus 26, 57; Markus 14, 53; Lukas 22, 54b;
Johannes 18, 12 – 14
Matthäus 26, 58. 69. 71a; Markus 14, 54, 66 – 68;
Lukas 22, 54c – 57; Johannes 18, 15 – 18
Johannes 18, 19 – 24
Matthäus 26, 71b–75; Markus 14, 69–72; Lukas 22, 58–62;
Johannes 18, 25 – 27
Matthäus 26, 59 – 68; 27, 1 – 2; Markus 14, 55 – 65; 15, 1;
Lukas 22, 63 – 23,1; Johannes 18, 28a
Matthäus 27, 3 – 10
Matthäus 27, 11 – 14; Markus 15, 2 – 5; Lukas 23, 2 – 7;
Johannes 18, 28 – 38
Lukas 23, 8 – 12
Matthäus 27, 15–31; Markus 15, 6 – 20; Lukas 23, 13 – 25;
Johannes 18, 39 – 40; 19,4
Matthäus 27, 32–44; Markus 15, 21 – 32; Lukas 23, 26–43;
Johannes 19, 17 – 27
Matthäus 27, 45 – 56; Markus 15, 33–41; Lukas 23, 44–49;
Johannes 19, 28 – 34. 36 – 37
Matthäus 27, 57 – 61; Markus 15, 42–47; Lukas 23, 50–56;
Johannes 19, 38 – 42
Matthäus 27, 62 – 66
Matthäus 28, 1 – 8; Markus 16, 1 – 8; Lukas 24, 1 – 12;
Johannes 20, 1 – 9
Matthäus 28, 9–10; Markus 16, 9–11; Johannes 20, 10 – 18
Matthäus 28, 11 – 15
Markus 16, 12 – 13; Lukas 24, 13 – 35
Markus 16, 14; Lukas 24, 36 – 43; Johannes 20, 19 – 23

Johannes 20, 24 – 29

Johannes 21, 1 – 14

Johannes 21, 15 – 23

Apostelgeschichte 1,3; 1. Korinther 15, 5b – 7

Matthäus 28, 16–20; Markus 16, 15b–18; Lukas 24, 47–49;
Johannes 20, 21b – 23

Markus 16, 19; Lukas 24, 50–53; Apostelgeschichte 1, 6–11

Apostelgeschichte 2, 1 – 2,4; Markus 16, 20